中国书籍学术之光文库

汉语儿童语言发展个案研究

杨春梅｜著

中国书籍出版社
China Book Press

光明日报出版社

图书在版编目（CIP）数据

汉语儿童语言发展个案研究/杨春梅著. —北京：
中国书籍出版社：光明日报出版社，2020.10
ISBN 978－7－5068－8043－5

Ⅰ.①汉…　Ⅱ.①杨…　Ⅲ.①学前儿童—汉语—语言
能力—研究　Ⅳ.①H193.1

中国版本图书馆 CIP 数据核字（2020）第 206256 号

汉语儿童语言发展个案研究

杨春梅　著

责任编辑	李　新
责任印制	孙马飞　马　芝
封面设计	中联华文
出版发行	中国书籍出版社　光明日报出版社
地　　址	北京市丰台区三路居路 97 号（邮编：100073）
电　　话	（010）52257143（总编室）　（010）52257140（发行部）
电子邮箱	eo@ chinabp. com. cn
经　　销	全国新华书店
印　　刷	三河市华东印刷有限公司
开　　本	710 毫米×1000 毫米　1/16
字　　数	235 千字
印　　张	16.5
版　　次	2020 年 10 月第 1 版　2020 年 10 月第 1 次印刷
书　　号	ISBN 978－7－5068－8043－5
定　　价	95.00 元

自　序

　　儿童的语言发展一直以来是语言学、心理学、哲学、认知科学、教育学等学科领域研究的重要话题，也是一个争议与挑战并存的研究领域。时至今日，儿童的语言发展仍然需要广大学者深入研究。作为社会符号系统之一，语言与人、社会、环境的关系不再是简单静态的线性关系，而是一种复杂动态的非线性关系。在儿童语言发展过程中，我们只有认清儿童成长过程中各种因素相互作用的特点和规律，才能准确地把握语言的个体发生本质。个体化研究是语言学研究的一个持续性工程，也是人本主义思想在哲学层面上的体现，而最能体现本土化的当属汉语儿童的语言发展研究。

　　研究儿童语言发展，其自然发生的语言就是最理想的研究对象。2011年笔者的女儿（简称 Y）出生，成为本研究的最佳观察对象。笔者以母亲和研究者的双重身份与其朝夕相处，能够随时随地近距离观察，记录其语言的发生和发展状况，为本研究提供了真实可靠的自发语料来源。

　　语言学家克拉申（Krashen）认为，人类通过吸收可理解的输入信息（Comprehensible Input）来获取语言知识，听力活动对儿童的语言习得至关重要，只要儿童听到有意义的语言信息并设法对其进行理解加工，就会产生语言习得的效果。笔者对女儿最早的语言输入从胎教就开始了，输入的主要方式包括母亲的儿向语以及绘本阅读。早期的胎教日记显示，笔者在与胎儿的日常对话交际中不自觉地运用了克拉申的输入假设理论。

　　宝宝，你知道吗？现在，你在妈妈的肚子里已经17周了。在医院产检的时候，妈妈听到了你的心跳，知道你在妈妈的肚子里健康地成长，真的好开心。晚上妈妈躺在床上，轻轻对你讲，宝宝，不要再让妈妈的肚子痛了，好吗？你好像听懂了妈妈的话。好神奇啊，从那天开始，妈妈的肚脐真的就不痛了。妈妈知道你听懂了，你真是世界上最善解人意的宝宝。既然你能听懂妈妈的话，从现在开始，妈妈每天给你读《塔木德胎教童话》《小熊维尼经典睡前故事》，希望这些故事能陪伴你长大。其实妈妈也不确定你是否都听懂了，不过妈妈期待着你长大后可以重新阅读这些故事。(选自胎教日记)

　　2011年7月30日，在Y出生两个月后，我们为她申请了一个新浪微博账号。建立这个微博账号的初衷并不是为了观察孩子的语言发展情况，而是记录孩子成长的点点滴滴。第一条微博记录如下：

　　我叫依依，生于2011年5月16日下午5时30分，系金牛座女孩一枚，现在我已经两个月大了。这是爸爸给我织的围脖，爸爸说，等我长大了自己会织了就交给我。(选自2011年7月30日微博)

　　从六个月龄时Y叫了第一声"妈妈"以后，笔者开始有意识地对孩子的语言现象进行观察和记录，时间长达六年，记录文字超过5万字。从这些看似杂乱无章的记录中，我们能够清晰地看到早期汉语儿童语言发展的脉络，并找到汉语儿童各个阶段语言发展的特点和规律。

　　在语言习得的初期阶段，Y的语言环境主要是家庭环境，父母的儿向语、音视频是其语言输入的主要来源。这个阶段Y的语言带有明显的模仿痕迹，不仅能惟妙惟肖地模仿父母的言行，还能模仿电视节目中的各种语言。比如，下面的微博记录显示Y在2岁7个月龄时，语音语调甚至词汇中都带有明显的台湾腔。

> 妈妈，我想快快长大，这样就可以上幼稚园了。
> 爸爸，你把牙签给我，我帮你丢进 lese 桶。
> 好漂亮的耶诞树，我好想要耶诞老公公的礼物哦。
> 妈妈，好有意思的读本哦，我们一起来认国字吧。
>
> （选自 2013 年 12 月 15 日微博）

随着年龄的增长、认知能力的提高和交际范围的扩大，Y 的语言不再是对成人的简单模仿，而是在语言的各个层面都得到了极大的发展，还出现了儿童特有的言语幽默。例如：

> Y：妈妈，你看，一朵美丽的黑色的花盛开了。
> 妈妈：宝贝儿，你在什么地方见过黑色的花?
> Y：想象的时候。（选自 2016 年 8 月 1 日微博）

中国是一个多民族国家，绝大多数民族都有自己的语言，同一个民族不同的区域也有不同的方言。Y 从出生开始接触到的便是重庆方言和普通话两种语言，我们意识到，只有两种语言都受到儿童的认同，双言经验才会促进儿童的认知发展。因此，在家庭教育中，我们会有意识地提高 Y 对方言的认同度，同时注重 Y 对普通话的习得。

儿童的语言习得是一个渐进而复杂的过程。在这个过程中，多种因素都在发挥作用，儿童语言的习得不仅受制于儿童先天的语言学习能力，还受到后天因素的影响。所以，重视并认真研究影响儿童语言习得的不同因素，并在此基础上采取相关的措施，才能促进儿童的语言习得。

本书属个案研究，涉及的内容有：国内外儿童语言发展研究综述、调查对象语言发展概况、儿童言语幽默分析、双言儿童的语言发展、影响儿童语言习得的因素分析。值得一提的是本书收录了调查对象长达六年的微博记录，这些记录既是孩子成长的足迹，更是一份丰富而翔实的语料档案。

目　录
CONTENTS

第一章

儿童语言发展研究综述

随着国际交流的日益频繁，越来越多的人开始关注第二语言的习得，却忽略了对母语的学习和研究。众所周知，儿童能够轻松掌握自己的母语，因此，对第一语言（即母语）的习得研究势必会给第二语言习得的认识提供理论基础，从而为第二语言的教与学开辟更多的路径。

对儿童母语习得的研究最早可以追溯到公元前五世纪的古埃及法老 Psammetichus 对语言起源的实验，而现代意义的第一语言习得研究则始于 18 世纪末。从 20 世纪 50 年代起，国外出现了对母语习得的系统研究，并且取得了重大突破。比如：行为主义的代表人物斯金纳（Skinner）提出了"强化理论"（Reinforcement Theory），指出强化是语言获得的决定因素。班杜拉（Bandura）认为儿童语言不过是成人语言的简单翻版，提出了"模仿假说"（Imitation Hypothesis）。乔姆斯基（Chomsky）提出了"天赋论"，认为人的大脑中天生就有遗传的语言习得机制（Language Acquisition Device）。勒纳伯格（Lenneberg）则建立了语言习得关键期假说（The Critical Period Hypothesis）。美国心理学家布鲁纳（Bruner）强调社会文化对儿童语言发展的重要作用，建立了语言习得支持系统（Language Acquisition Supporting System）。心理学家皮亚杰（Piaget）提出了认知相互作用论，认为语言源于智力，认知结构是语言发展的基础。

相对国外对儿童语言发展研究而言，我国对儿童语言的研究相对较晚，但心理学界、医学界和语言学界基于不同的研究目的对儿童语言的发展做了大量的研究。国内第一本专门研究儿童语言的论文集是 1986 年朱曼殊发表的《儿童语言发展研究》。1992 年李宇明和唐志东共同发表了《汉族儿童问句系统习得探微》。1995 年李宇明发表了我国第一部全面论述儿童语言学的著作《儿童语言的发展》，概括了国内心理学界与语言学界的主要成果。同一时期的王葆华、李向龙、周国光、孔令达等采用横向调查法、实验法对语言习得和发展的重要问题进行了深入研究。此外，还有李行德等进行的汉语儿童早期习得项目以及张秋云等在汉语儿童的副词习得和儿童语言获得的动因和机制的研究。

第一节　国外儿童语言习得研究

　　早期西方对儿童语言的发展研究是心理学研究的一部分，心理学家大多采用日记的方式对儿童语言资料进行收集，其主要目的在于揭示儿童的心理发展过程和儿童的智力水平。20 世纪 50 年代以后，在心理学和语言学的双重影响下，西方儿童语言发展的研究主要是为了验证语言学的相关假设。皮亚杰在认知的基础上提出了儿童语言发展相互作用论，乔姆斯基让我们开始思索儿童对语言知道些什么。近二十年来，儿童语言的发展研究逐渐成为语言学和心理学交叉的独立学科，对儿童语言能力的获得和儿童语言的制约因素等领域进行了研究。随着认知科学的发展，尤其是认知功能语言学的发展，研究者们开始深入探讨语言功能、社会文化环境以及儿童的主动建构在语言习得中的作用。

一、主要理论（纵向）

　　国外对儿童语言的发展研究有三个重要理论：环境论、先天论、相互作用论。

（一）环境论

传统的行为主义者认为，研究者们很难对语言的内在语法规则和语言能力进行界定和直接测量，因此他们把更多的注意力投向了可观测的行为上。例如，通过探寻语言行为发生的环境刺激来预测特定的语言行为。与语言能力相比，行为主义者更注重语言表现，行为主义者认为，和其他行为技能的获得一样，语言学习也是一种技能学习。华生（Watson, 1924）指出，语言是一种可操作的习惯，是一种简单行为的开始。斯金纳（Skinner, 1957）认为语言是一种根据他人的强调而形成的特殊行为。

既然语言学习是一种技能和习惯，那就可以通过模仿和强化来实现。模仿假说认为儿童可以通过对成人的语言模仿习得语言。根据儿童对成人语言模仿的不同程度，可以分为机械模仿假说和选择性模仿假说。机械模仿假说强调模仿在儿童语言习得中的重要性，却忽略了儿童并不是简单地模仿成人的句式，因为儿童常常会坚持固有的句式或创造性地改变成人的示范句式。怀特赫斯特和瓦斯托（Whitehurst & Vasta, 1975）提出的选择性模仿假说认为儿童语言习得是在自然环境中选择性地模仿成人的语言。基于对动物的操作性条件反射实验，以刺激 – 反应学说和模仿假说为基础，斯金纳提出了强化理论。强化理论认为，与其他行为的学习一样，儿童的语言习得也是通过操作性条件反射来实现的。

模仿假说和强化理论都忽略了儿童内在的语言能力，无法对儿童语言的习得做出合理的解释，因而受到了众多研究者的批评。20 世纪 50 年代后期，奥斯古德（Osgood）等提出了中介理论（Meditational Theory），认为在刺激 – 反应模式之间，个体所表现的反应不是由外在刺激直接引发，而是由中介物来产生连接作用，从而将巴甫洛夫的两个信号系统和刺激 – 反应理论结合起来。

以斯金纳为代表的行为主义强调环境在儿童语言习得中的重要作用，他们认为语言是人对外界一系列环境刺激的反应，如果刺激 – 反应能够得到正确的强化，多次的重复就会成为习惯，从而学会语言。行为主义把儿童看作环境的被动接受者，忽略了儿童自身的作用，比如斯金纳（1957）认为说话者就是一个"有趣的旁观者"，在语言的发展中不具有主动性。因此，行为主义者把注意力主要集中在学习的简单机制上，认为语言习得的最简单方式就是形成条件反射，语言的习得就是从自发言语到通过条件反射以及模仿达到成人水平的过程，同时，强化在儿童语言的习得过程中也起着重要作用。

（二）先天论

与环境论相反，先天论否定环境和学习在语言习得中的重要作用，认为语言是一种规则体系，语言习得是一种本能的、天然的技能。其代表人物有乔姆斯基、麦克尼尔（McNeil）、勒纳伯格等。

乔姆斯基（1981）对环境论提出了质疑，认为儿童通过环境接收的语言输入和刺激是有限的，因此儿童不能仅仅依靠从环境中获得的经验来习得语言，而是必须依靠儿童自身的能力和结构来完成。乔姆斯基提出了语言的先天习得机制，认为儿童本身具有学会任何一门语言的能力，这种语言能力即普遍语法（Universal Grammar）是先天遗传的，儿童语言习得的过程就是从普遍语法向个别语法转换的过程。

麦克尼尔（1970）认为儿童天生就具有一些强大的"语言普遍原则"，比如句子、语法和语音等。儿童是语言的解码者，他们能够运用内在的语言知识对母语进行破解。

勒纳伯格通过对先天性和后天性进行实验，得出语言行为是先天的结论，认为人类获得语言的决定因素在于生物的遗传。语言以大脑的基本认识功能为基础，根据大脑发育的阶段性，勒纳伯格提出了语言习得关键期假说。根据这一假说，儿童在关键期内，即便没有明显的语言教授，也会习得语言，而一旦过了这个关键期，语言学习能力就会受到限制。

先天论虽然没有完全否认后天的语言环境在儿童进行话语交流时的作用，但认为语言环境的作用十分有限，只是起着触发语言习得机制的作用，否定了儿童在语言获得过程中的主动性和创造性，因此先天论的论断是片面的。

（三）相互作用论

在过去半个世纪里，环境论和先天论都没有得到完美的证明，于是相互作用论应运而生，其代表人物有皮亚杰和布鲁纳。

儿童心理学家皮亚杰（1972）从认知学的角度指出认知结构是语言发展的基础，只有认知结构发展到一定的阶段才会出现语言，而语言只是认知发展的一个标志，语言对认知的发展不起作用，只有儿童的认知能力发展了，他们才能在语言上获得发展。皮亚杰认为人类具有先天的认知机制，但这种认知机制只是一般的加工能力，并不是乔姆斯基所说的普遍语法。个体与环境相互作用并向环境学习，形成一定的认知结构和认知能力。儿童的语言发展是通过与环境互动，从环境中学到对自身发展有用的知识，逐渐适应环境中的各种因素，平衡自身与外界因素的相互制约，通过适应和同化发展到更高阶段的。这种认知相互作用论肯定了儿童的认知能力是语言能力发展的基础，却忽略了儿童语言能力的发展对认知能力的发展也有一定的促进作用。

社会相互作用论是当前发展较为完善的一种儿童语言习得理论。其主要论断是语言的发展是先天的生物学基础和后天的环境因素相互作用的结果。以伯科（Berko）、欧文（Ervin）、塔戈兹（Tagatz）等为代表的"规则学说"认为语言具有一定的结构和规则，语言发展在很大程度上就是语言规则的获得。这一观点强调儿童在语言习得过程中的主动性，认为儿童可以利用自己的先天机制在学习时不断地对母语进行归纳并得出普遍的规律和特征。这种归纳类似一个刺激联结反应，其实也是儿童与环境不断互动学习和探索的过程。以布鲁纳、贝茨（Bates）、麦克维尼为代表的"社会交往学说"认为活动和社会交往在人的高级心理机能发展中起着重要作用。他们指出语言环境和语言输入对儿童语言习得十分重要，强调儿童与成人的话语互动实践才是儿童获得语言的关键。

二、语言学分支（横向）

近年来，儿童语言的研究已成为心理语言学研究的重点，在语言学的各个分支都有重要的研究成果。下面将从语音、词语、语法、语义和语用几个方面进行概述。

（一）儿童语音习得

儿童早期的语音习得模式会经历不同的过程：省略最后的辅音；省略连续的几个辅音；在辅音之间或者结尾插入元音，或用元音代替辅音；在双音节或多音节词中，遗漏不重读的音节。在语音的习得中，儿童常常用一个辅音代替另一个辅音，例如：儿童倾向于用发音位置相同的塞音代替擦音；倾向于在词的开头用浊塞音，在词的末尾用清塞音；用单词末尾的辅音同化开头的辅音等。对于语音的习得，雅各布森（Jakobson）提出了非延续性假说，认为婴儿的咿呀声是非语言性的。巴蒂斯（Bardies）等则认为婴儿的发声具有母语的某些特征。相对于元音和辅音的掌握来说，儿童能较早地习得声调。对于音位系统的习得，雅各布森提出不可逆性结合定律，认为儿童语音中的音位对立是按固定次序出现的。

（二）儿童词语习得

人们对于儿童是否习得某个词汇的标准看法不一。比较宽泛的一种标准是 9 - 10 个月大的婴儿就能够用单个的音节来传达不同的话语意图。佩切伊（Peccei）在《儿童语言》（Child Language）一书中，通过对 Christiana 零岁到五岁的语言观察，发现儿童在一岁的时候才开始理解几个单词，也就是说从这个阶段开始，儿童才开始发出第一个有意义的词语，并利用肢体语言或者语调同周围的人进行交流。多尔（Dore，1976 & 1978）和卡姆西（Kanmhi, 1986）认为婴儿只有具备了"命名洞察力"（nominal insight）或"指称命名"（referential naming）才能够被视作获得了第一批词语。贝茨、伯恩斯坦（1988）和波尔斯坦（1989）认为只有当婴儿开始用单个词语去传达句子意思时，才具备了命名洞察力。达尔文（Darwin，1877）认为只有婴儿能够明确地用语言来指明特定的人、物、事件或者性质时才能被认为是达到了指称命名的能力。

　　儿童词汇习得的标准不同导致了儿童基本词汇表的不同。德国语言学家费尔德曼（Feldmann）早在 1823 年就通过横向比较法研究了 33 名儿童的词汇习得情况。美国语言学家多兰（Doran）于 1907 年通过纵向比较 98 名三个月至六岁儿童的词汇掌握情况，编制了词汇则要表。皮尔斯马（Pelsma）和格兰（Grant）基于自己的研究，分别制定了不同的儿童英语词汇表。目前儿童心理学界通行的儿童英语词汇量表主要是《麦克阿瑟语言交际发展量表》（MCDI：MacArthur Communicative Development Inventory）和《19 – 36 个月英语儿童词汇表》，一些国家参照 MCDI 的体例，制定了本族儿童语言发展的词汇量表。语言学家还列出了不同年龄段的词汇量表。比如，美国语言学家史密斯（Smith）在《幼儿句子发展和词汇增长调查》（An Investigation of the Development of the Sentence and the Extent of Vocabulary in Young Children，1926）中，详细论述了幼儿词汇增长。斯特恩夫妇在《儿童的语言》中介绍了三岁前儿童的词汇掌握情况。研究者们认为儿童早期习得的词汇在词类上也存在差异，很多语言中名词比例要高于其他词类，因此一些研究者提出了"名词优势"理论。但是，对汉语和韩语的研究表明儿童早期获得的动词比例与名词没有显著差异，甚至高于名词，同时汉语和韩语的动词比例也远远大于英语动词比例。

　　词义的理解是儿童使用和理解语言的基础，是语言发展中极为重要的方面。西方语言学界一般把出生至 12 个月的语言发展阶段称为"前语言阶段"。一岁至三岁的语言发展阶段称为"真正语言阶段"，并把这一阶段划分为单词句阶段、双词句阶段和电报句阶段。儿童在习得词汇时，会出现词义扩大和词义缩小两种现象：当儿童使一个词的使用超出成人语言的范围时，是词义扩大；当范围小于成人语言的范围时，是词义缩小。对于词义的习得，还有归纳观（inductive）和限制观（constraint）两种不同的看法。归纳观认为当婴儿接收到新词语的时候，会通过寻找新词语和所指对象之间的关系来确认新词的意义，从而形成一个概念。限定观解决了婴儿如何将一连串的语音分割为有意义的单位即词语的问题。卡拉克（Clark，1993）和马克曼（Markman，1989）通过实验发现，婴儿具有四种获得语义的"限定"策略：一是整体预设，也就是说婴儿会把成人指定的物体当作一个整体而不是部分或其他特征来感知；二是分类，即婴儿会把世界划分成一些基本的类别；三是对比，婴儿倾向于使用对比原则去感知新词和已经熟悉的词汇之间的差异；四是排除，婴儿倾向于将听到的新词用于未知的物体上。运用这些策略，儿童会把新词放到一定的词汇系统中去不断进行验证，并且不断地在已有的词汇中加入新词，建立词语之间的联系，逐渐构建起自己的词典。

（三）儿童语法习得

语法是由一系列的语法单位和有限的语法规则构成，是语言最为抽象的基础性系统，所有的人类语言均有复杂的语法结构。

儿童语法习得研究主要存在两大阵营：生成语法观和认知语法观。以乔姆斯基为代表的生成语法观认为每个人的大脑中都有一个与生俱来的、抽象的、自主的规则系统。因此，通过探索儿童如何获得语法规则可以解释儿童语言能力获得的机制，但他们的理论主要停留在假说阶段，缺乏实证，所以无法用来分析语言现象。认知语法观认为儿童首先习得音义结合的基本符号单位——词，然后根据现实世界的事理，把它们组装成更大的符号单位，用以表达更加复杂的内容。这一观点反映出认知语言学的词汇和语法之间的界限并不明确。

语言能力的发展与认知能力的发展有着密切的关系，因此儿童语言的习得顺序也引起了研究者们的关注。布朗和卡兹德恩（Brown & Cazden）等通过对三名母语为英语的儿童对 14 个英语语素和功能词的习得研究发现，这三名儿童习得英语语素遵循固定的习得顺序。维利尔斯（De Villiers）对 21 个讲英语的儿童做了相同的实验，得到了类似的结果。弗瑞曼

（Freeman）、卡罗尔（Carroll）等从语法特征出现频率的角度，分析了英语语法词素习得顺序的原因。斯洛宾（Slobin）通过对比 14 个语系中的 40 种语言，总结了儿童语言习得的共同规律和操作规则。这些研究为我们解释了儿童习得语言的普遍规律和特点。

由于儿童句法习得遵循固定的顺序，所以句子的平均长度就成为考察儿童语言发展的一个重要指标。坦普林（Templin）在 20 世纪 50 年代对三岁到八岁儿童句子的平均长度进行测量，发现测量结果明显高于 30 年代的同类研究。但罗林斯、斯诺（1996）等认为，句子长度相同并不代表句子的实质相同，比如有些儿童句子长度增加的是实词，而有些儿童增加的则是黏着词素。斯洛宾（1985）认为儿童从单词句发展到双词句是因为交际意图的增加和儿童语言结构的发展。

儿童语法知识的习得经历了从简单到复杂的发展阶段，随着词汇量的增加，儿童的语法关系会变得更加复杂。对于句法关系的习得，布莱恩（Braine）认为句法范畴是从语义概念发展而来的。平克（Pinker）则认为句法范畴一开始就存在于儿童的语法中。对于从句的习得，谢尔顿（Sheldon）、毕弗（Bever）、乔姆斯基等认为儿童不能分析这些复杂结构的原因是他们的语法里还没有这样的复杂结构。古德勒克和塔瓦科利安（Goodluck & Tavakolian）认为儿童不能很好地理解和运用定语从句是因为其语用因素的复杂性，一旦这些干扰因素得以消除，儿童就可以更好地分解定语从句。

（四）儿童语义习得

关于儿童语义的习得，下面主要从词义和句义的习得两个方面来进行阐述。

国外关于儿童词义习得的理论主要有：语义特征理论（Semantic Feature Theory）、词汇对比理论（Lexical Contrastive Theory）、原型理论（Prototype Theory）、功能核心假说（Functional Core Hypothesis）以及词－所指匹配模式（Word－Reference Pairing Model）等。

　　词义可以分解为基本的语义元素或特征，克拉克（Clark）以此为基础提出了语义特征理论。但是随着语义特征理论受到越来越多的批评，克拉克本人也逐渐认识到这一理论的不足，于是从词汇编撰的原则出发，提出了词汇对比理论。鲍尔曼（Bowerman, 1973）认为，语义特征理论无法解释语言中出现的复合扩展现象，她借鉴了原型理论来研究儿童的语义习得，提出了原型理论模型。该理论认为儿童可以从最好的样本中提取语义特征，通过分解和重组产生一些新奇的语义组合。纳尔逊（Nelson, 1973）通过对语义特征理论的批判，提出了功能核心假说。她认为儿童最初是依据功能将物体作为一个整体来感知的，功能属性是儿童范畴归类的优先参照，所以儿童最早使用的都是功能性很强的词语。不过纳尔逊的理论也受到了众多研究者的批评，比如根特纳（Gentner, 2001）认为由于实验设计的问题，纳尔逊得出的功能压倒一切的结论存在偏差。根据人的直觉，物体的形式特征比功能特征更容易突显，因此感知特征和功能特征还有待进一步的研究。史莱辛格（Schelsinger, 1982）随即提出了词－所指匹配模型，根据这一模型可知，语言输入的性质对儿童语义发展的过程起主要作用。

　　儿童句义研究包括独词句、双词句、多词句的意义研究。虽然这些语法单位还不具有句子的完整结构形式，但是却行使了句子的功能，具有一定的句法意义。儿童在独词句阶段，一个词就是一个句子、一个陈述，甚至是一句话，表达的意思要比这个词的内容复杂得多。格林菲尔德和史密斯（Greenfield & Smith, 1976）结合非语言符号，把两个七至十二个月儿童独词句的意义范畴概括为十二类。1976年，布朗（Brown）和他的同事们研究了来自全世界不同国家的儿童双词句，发现不论儿童们所用的词序如何，其语义关系都大致相同。斯考伦（Scollon）和布鲁姆（Bloom）提出在独词句和双词句之间存在一个中间环节即纵向结构。布朗基于对不同语言的研究，指出儿童的独创性结构在功能上遵循某些必要条件，他将儿童语言的双词句概括为十种语义关系，其研究结果具有一定的普遍意义。

（五）儿童语用习得

国外语用习得研究可以追溯到 70 年代。1979 年，美国语言学家奥克斯和席福林（Ochs & Schieffelin）共同主编了儿童语用习得的论文集《发展语用学》（*Developmental Pragmatics*）。1996 年，以色列心理学家、语言学家尼尼奥和斯诺（Nino & Snow）合著的《语用发展》（*Pragmatic Development*）标志着儿童语用发展进入了系统的、全面的研究阶段。

国外有关儿童语用发展从 20 世纪 80 年代中期开始出现了多角度研究的态势。比如韩礼德（1975）、布鲁纳（1983）、尼尼奥（1992）等对儿童交际意图的习得包括在言语出现之前的交际行为（通过手势和发声）进行了研究。福雷斯特（Forrester, 1992）、尼尼奥和斯诺（1996）、布鲁纳（1983）等对儿童会话技能的发展和支配话题转换、打断谈话、反馈、指示话题关联性或话题转换规则的习得以及儿童进入语言使用阶段期间的语用学习过程进行了研究。尼尼奥和斯诺（1996）从儿童交往倾向类型和言语行动类型两个方面分析了儿童早期语用交流行为的成长状态，认为儿童语用能力的获得和发展与社会理解力和认知能力的发展是相互促进、相互联系的。布鲁纳（1983）对影响语言习得的语用因素，如儿童早期语言使用的交际环境进行了探讨。尼尼奥和布鲁纳（1978）、贝茨（Bates, 1976）等考察了母语的输入和顺应性行为在语言形式习得过程中的作用。

韩礼德（Halliday, 2007）认为儿童习得语言的过程就是逐步掌握以语言表示功能的各种方式的过程。他从功能语义的角度解释了儿童语言内容结构的发展变化，认为儿童在学会成人语言词汇成分之前，就已经拥有了完整的语义系统或意义系统。儿童语义系统发展到成人语义系统需要经历原始语言阶段、过渡阶段和成人语言功能系统形成三个阶段：在原始语言阶段，儿童每句话只表达一个功能；在过渡阶段末期，每个句子表达一个主要功能和其他的附属功能；在成人语言功能系统形成阶段，每个句子表达的功能是复合的，包括内容、形式和表达方式三个层面，形成了一种新的篇章功能。

国外儿童语言研究起步较早，取得了丰硕的成果，为我国儿童语言研究提供了坚实的理论基础和丰富的研究方法。

第二节 汉语儿童语言习得研究

汉语是一门独特的语言，研究汉语儿童的语言发展，对了解语言发展的普遍性和特殊性有着极其重要的作用。与西方相比，我国的儿童语言发展研究起步较晚，最早对儿童的语言习得研究是在心理学领域展开的，1920年中国现代儿童教育之父陈鹤琴先生根据西方教育心理学对自己的长子进行了长达 808 天的观察、实验，对儿童语言习得进行了系统的研究，他创作的《儿童心理之研究》可以说是对儿童跟踪调查研究的开创之作。与心理学相对而言，我国从语言学角度对汉语儿童语言习得的研究相对较少，下面主要从语言学的角度来探讨国内的儿童语言习得研究情况。

一、儿童语音习得

语音习得是儿童语言发展的重要部分，国外的研究已经取得了丰硕的成果。但是在我国，与词汇、语法的习得相比，语音方面的研究还比较薄弱。

早期对语音习得的研究主要集中在前语言阶段（比如婴儿的咿呀声）的发音描写和准确度的调查等方面。陈鹤琴（1925）、吴天敏、许政援（1979）等人从儿童出生之后的所有发音如哭声、打哈欠、打喷嚏开始记录，他们认为这一系列活动都是在锻炼发声器官并为以后的交际发音做准备。许政援、迟立忠（1997）把这种发音称作"前言语发展阶段"，指出前言语发音与早期言语发展之间存在连续性。李宇明（1995）认为这个时候儿童已经出现了早期的话语理解反应，所以应该算是语言活动的开始。姜涛（1999）指出语音意识的重要性，在拼音文字（如英语）中，语音意识得到了广泛的重视和深入的研究，但在表义的文字（如汉语）当中，语音意识还是一个很陌生的研究领域。吴天敏、许政援对五名三岁以下的婴儿进行了调查研究，对他们语言发展的各个阶段及特点进行了详细的描述。许政援、郭小朝（1992）用类似的方法对七名三岁以下的儿童进行了研究，发现在正式说话前，儿童的发音顺序与儿童舌唇部的运动发展有关，同时也证明了前言语阶段儿童的咿呀发声对儿童早期发音具有重要意义，但是也有学者认为，这种发音是毫无意义的。

后期的研究主要集中在儿童一岁以后正式交际的发音。徐亮等人（2010）采用横向研究法，通过大量的语料收集对儿童元音和辅音的习得顺序进行了调查研究。司玉英（2006）采用纵向研究法，通过收集一个儿童两岁到五岁的语音数据，得出语音系统整体的习得顺序是"调位－元音音位－辅音音位"，这与李嵬（2000）得出的正常发展的普通话儿童在语音习得过程中音位的习得顺序类似。但是，他们对类似的儿童语音习得顺序的成因却做出了不同的解释：李嵬认为不同的"突出性"在儿童习得语音系统时会有不同的完成速度；司玉英认为单一因素不能合理解释习得音位的先后顺序与习得过程中出现的各种现象。语言形式、儿童认知能力的复杂程度以及儿童的生理器官的发育程度都会影响儿童语音的习得。

汉语儿童语音发展的研究表明，语音习得既有其普遍性规律，也有个体性差异。总体来看，研究者们承认儿童语音的习得具有阶段性和顺序性，儿童最先习得的是声调，通过不同的声调表达不同的意思，然后是习得元音和辅音，但是对于相同的音位具体在哪个年龄段习得还存在个体差异。儿童语音习得是一个相当复杂的过程，受多种因素制约，而我国对普通话儿童习得语音系统的研究还刚刚起步，需要我们从多角度去认识和探索。

二、儿童词汇习得

词汇习得是儿童语言习得的重要方面，也是我国汉语儿童语言研究中相对较多的一个领域。

最早开始汉语词汇得研究的是陈鹤琴。而孔令达（2004）却是对汉语儿童词汇习得的研究最为全面的，他对名词、动词、代词、时间词、方位词、形容词、副词、数量词等的习得过程都做了考察。

在儿童词汇习得的众多研究中，对某类词的习得研究相对比较集中。肖丹、杨小璐（2003）对一岁儿童的动词发展进行了研究；穆亚婷、邓永红（2009）对儿童早期动词习得过程进行了研究。这两个研究得出的结论十分相似：儿童最早习得的是动作动词，儿童在双词句阶段的习得顺序基本上都是"主－动"或"动－宾"结构。李向农、周国光、孔令达（1991）在对介词"比"和比较句的考察中发现儿童在对比中倾向于使用积极意义。周国光（2000）、傅满义（2002）对儿童副词习得的研究表明儿童表现出对高、大、全、多的物体的倾向，副词的习得遵循具体到抽象、实义到虚义的顺序。彭小红、崇慧芳（2010）从范畴化视角对儿童早期名词的习得进行考察，发现儿童的认知结构和语言输入会影响儿童早期的名词习得。彭小红、李尤（2010）从意向图示的角度对儿童早期方位词的习得进行了研究，得到了与名词习得类似的影响因素。张云秋、赵学彬（2007）的个案研究表明儿童优先习得的是出现频率高和语义范畴相对简单的副词。

除了对某类词的习得研究外，单个词的习得研究也不少见。孔令达、周国光、李向农（1990、1993）对儿童有关结构助词"的"、动态助词"过"的使用做了相关调查及分析。周国光（2002）分析了否定词"不"及其相关否定结构在儿童语言中的使用情况。从单个词的研究发现，儿童对词的掌握程度随着认知程度的增长而增长，遵循从简单到复杂、从易到难的发展过程。从儿童对某些词的习得顺序可以看出儿童对时间和空间意义的理解。周国光（2004）指出儿童先习得动态助词（了，过），其次习得时间副词（在，马上），再习得时间名词（现在，明天），最后习得时间序词（以前，以后），反映了儿童对汉语时间的系统掌握。纪悦、杨小璐（2015）对儿童早期语言中的"来"和"去"的使用情况及儿童对空间意义的理解也进行了调查分析。

在词汇发展的研究中常常无法避免有关词义的探讨。杜映（2003）、张廷香（2011）分别从儿童语义发展过程、词义理解策略等方面进行了研究。王永德（2002）运用语义特征理论对儿童词汇习得中词义的所指范围扩大和概括不足现象进行了研究。

上述研究尽管侧重点有所不同，但是结论却基本相似，即儿童词汇的习得与思维认知能力的发展是一致的，词汇的习得过程遵循由易到难的原则。但是，影响儿童语言习得的因素是多方面的，比如儿童的认知程度、语言输入、词汇复杂程度等。

三、儿童句法习得

句法习得是语法发展的核心，以汉语为母语的儿童句法习得除了具有其他语言的一般习得规律之外，还有其自身的特点。

句法结构是当前国内研究较为深入的一个方面。早在 1979 年，朱曼殊就得出结论：随着儿童年龄增长，基于认知发展基础上的儿童句法发展顺序是从简单句到复杂句。比较全面的研究有周国光（1999）、李宇明、唐志东（1991）、李宇明（2004）等，这些研究从不同的句法结构入手讨论了儿童语言发展的过程，还提出了儿童习得句法结构的手段、策略及影响因素等。比如周国光（1999）指出儿童习得句法结构的手段有模仿、替换、扩展、关联及句法同化，儿童通过句法分解和合成来习得句法。除了上述从传统句法结构入手的研究外，研究者们还从认知发展的角度来探讨汉语儿童句法的发展。比如乐守红（2009）对两岁至三岁儿童语言中表示修饰的句法成分进行了研究，发现儿童句法中修饰语的发展和儿童认知能力的发展有着极其密切的关系。王永德（2001）从认知发展的角度对汉语儿童句法的发展进行了研究，认为儿童汉语句法规则的习得是基于认知发展的，幼儿最初掌握的是述宾结构和主谓结构，其次是述补结构和偏正结构，儿童的语言发展中，句法发展滞后于语用和语义发展。

句法意识是指个体将注意从句子的内容转向句子的形式，这种对句子的内在语法结构的反思能力是元语言意识的重要组成部分。对儿童而言，句法意识是其注意控制能力的一种表现，与阅读理解关系密切。近年来的研究发现，阅读障碍儿童和阅读水平低的儿童的句法意识明显落后于正常儿童句法意识的发展。这就意味着句法意识可能是阅读障碍或阅读水平低的原因之一。龚少英、彭聃龄（2005）等人的研究发现四岁到五岁的儿童句法意识呈现出从句子内容到句子形式发展的趋势，五岁儿童的句法更正能力显著高于四岁儿童。但陈雅丽、陈宝国（2006）指出虽然多数人认为句法意识的发展与儿童阅读能力的发展之间是相关的，但在一些基本问题上还存在分歧，比如句法意识是直接影响儿童阅读能力的发展还是通过其他的中介因素（如工作记忆）产生的间接影响。

四、儿童语用习得

国内对儿童语言发展的关注多集中在语言结构的研究上，专门针对语用发展的系统研究在早期的汉语儿童语言发展研究中并不多见。一些学者在讨论影响儿童词汇、语义、句法结构发展的影响因素中，对语用的解释也给予了适当关注，比如孔令达（2004）认为儿童人称代词习得较晚的原因是儿童在使用人称代词之前就学会了直称，尽管直称并不是最经济的形式，但是能够在一定时间内满足儿童的言语交际要求。可见，儿童习得各种语言成分的早晚并不只是与语言成分的难度有关，还与该语言成分在交际中的作用和地位有关。李慧敏（2005）对 2 – 3 岁儿童语气词的发展进行研究，指出儿童语气词的使用越丰富，其语言运用能力的发展程度越高。

全面而系统地进行汉语儿童语言运用能力研究的是周兢（2001、2004、2006、2010）团队。该团队沿用哈佛大学儿童语用分析框架，对汉语儿童早期语言交流行为的形成进行了质化和量化的分析，探讨了中国文化语境中儿童早期语言运用能力发展的基本规律。该研究在同一体系内对汉语儿童语用发展与其他国家儿童语用发展进程进行了比较，其研究结果不仅显示了儿童语用发展的特征，还揭示了中国文化背景下亲子交往的特征，对儿童语用发展的普遍性和特殊性具有重要的意义。

较早进行儿童语用能力研究的是华红琴（1990），她通过实验对5－7岁儿童的语用技能进行研究，指出5－7岁的儿童能够随着语境的变化调节语言的表达方式。丁建新（1999）、陈新仁（2000）、盖笑松等（2003）在汉语儿童语用发展几乎是空白的情况下，对国外儿童语言发展的理论及成果进行了介绍。李宇明、陈前端（1997）对儿童问句的发生和理解进行了系列研究。李宇明（2004）采用个案研究的方法，对儿童独词句阶段的话语按照功能分为七类，初步搭建了儿童语言功能发展的描写框架。韩戈玲（2004）讨论了儿童交际行为的特点及识别不同交际行为意图的能力。朱雁芳（2004）、黄宇、彭小红（2010）从合作原则角度考察儿童语用特征并分析了儿童违反会话合作原则的原因。傅满义（2006）通过考察儿童语言中的"不"字结构的句法语义及否定句的语用类型对儿童语用能力进行了研究。刘森林（2007）从言语行为角度对学龄前儿童语用发展状况进行了实证研究。谢书书、张积家（2007）对3－6岁儿童言语行为的元认知发展进行了探查。王宇虹（2012）探讨了3－6岁儿童语用能力的特点。罗黎丽（2012）从功能出发，通过描写一个五岁儿童的言语交际行为，探讨了儿童在具体的语境中如何选择适当的策略和适当的语言形式表达自己的意图并与他人交流。

总体来说，国内对汉语儿童语用发展研究不够系统化，究其原因，首先是因为语用学本身的范围还没有完全确立，造成研究对象不明确。其次，由于从事汉语儿童语言发展研究的学者大多是汉语语法背景，因此，汉语儿童语言发展研究主要集中在语言结构方面，对儿童语用发展的重视程度还不够。最后，由于语料采集难度大、研究时间长等原因，造成语用研究难度相对较大。虽然语用研究目前相对薄弱，但是却为以后的研究开创了广阔天地。

第二章

调查对象语言发展概况

第一节　调查研究的过程和方法

一、调查对象的基本情况

本研究的调查对象依依（以下简称Y），汉族，2011年5月16日出生于城市家庭的一名女孩。家庭主要成员：爸爸（文学硕士，祖籍重庆），妈妈（外国语言学及应用语言学硕士研究生，祖籍重庆，本书作者）。Y与家人日常交流的语言以普通话和重庆话的交替使用为主，Y生长在一个宽松而民主的家庭氛围中，在日常的交流中，成人都是用商量的口吻和她平等对话。Y一直由家人照顾，除了爸爸和妈妈以外，Y的奶奶（幼儿园退休教师）和爷爷（退休工人）与Y的互动交流也比较多，因此家庭是Y主要的语言环境。从Y满月开始，家人每天都要带她去户外活动至少一个小时，每个周末都会去各大公园、游乐场玩耍。从两岁开始，Y每年至少有两次国内外的旅游经验，Y的社会交往范围逐渐扩大。三岁以后Y进入幼儿园，语言环境发生了一些变化，同伴的相互影响逐渐增多。需要指出的是，尽管所有的家庭成员都有参与和Y的言语互动，但是对她言语输入最多的是妈妈，由于母亲是儿童陪伴的首选对象，自然就成了和她言语交际最多的人，具有语言学专业背景的妈妈从得知怀孕的第一天起就开始对 Y 进行语言输入。输入的主要途径是每天至少为 Y 阅读一个小时的故事，这个习惯一直持续到 Y 上小学一年级，Y 识字以后，妈妈的亲子阅读时间逐渐减少，Y 的自主阅读时间逐渐增多。

二、语料收集

本研究围绕调查对象 Y 收集资料，属于个案研究。2011 年 7 月 30 日，爸爸在新浪网上专门为 Y 申请了一个新浪微博账号。建立微博账号的初衷并不是为了记录 Y 的语言发展情况，而是想通过微博的形式珍藏 Y 在生活中的每一个精彩瞬间，记录她成长过程中的点点滴滴。微博主要采用照片和文字相结合的方式，记录一些有纪念意义的重要时刻。比如 Y 的第一次抬头、第一次和爸爸妈妈乘坐地铁、第一次剃头发、第一次游泳、第一次用手抓玩具、第一次翻身、第一次儿保、第一次吃手、第一次正坐、第一次撕纸、第一次叫妈妈、第一次叫爸爸、第一次走路、第一次出国……2011 年 12 月 28 日，六个月大的 Y 清晰地发出了"MaMa"音节，从那时起，对 Y 的语言观察就成了微博的重要内容。妈妈开始采用自然观察法，在微博上对 Y 的各个成长阶段的语言发展进行随时随地的记录，最后一条微博的截止时间是 2017 年 11 月 21 日，微博记录的时间跨度长达六年，共计 720 条，五万余字。本研究的语料收集特别注意了时段的均衡性、场景的多样性、活动内容的广泛性以及语言的典型性，客观地反映了 0 - 6 岁汉语儿童语言发展的全貌。由于每一条微博的字数限制在 140 字以内，所以每一次记录只能使用最简洁明了的文字来对说话人、场景、对话内容和非言语行为等进行描述，微博中的内容全部使用第一人称"我"（Y）的口气，坚持做到客观和原生态的真实记录。以下是从微博中摘取的三个记录样例。

记录样例 1：

2011 年 12 月 21 日

盼望着，盼望着，这一年就要翻过去了。爸爸自己的总结还没写好，就炮制出了我的年度总结报告，算是我的七个月综合能力评估。社会适应及情感表达：对熟悉的人有亲近需求，尤其依赖妈妈，开始认生，较为排斥陌生人，表情日渐丰富，会大笑、微笑、大叫、生气、哭闹等；突然打断喜欢的活动，会大叫，哭闹；肢体语言逐渐丰富，如伸手要抱抱，打挺不想尿尿，有意躲避洗脸和擦手。语言及听力：能无意识发音，嗯吗，嗯呐，哎哟，咿呀；能根据声音辨别方位；听到自己的名字有反应；喜欢听儿歌和音乐，喜欢听大人谈话。身体运动及控制力：喜欢搬弄大人的手指或其他圆柱物体，双手开始协调运动，学会传递与分工。会撕纸，会交换玩具，抓住玩具能摇敲；能够独坐，但不稳定；抱着能站立一会儿，可由仰卧变侧卧或俯卧，能爬行；喜欢照镜子，喜欢捉迷藏；开始长乳牙，咀嚼和吞咽能力较强。

记录样例2：

2012年10月9日

手上只有一个苹果，我会对着爸爸大叫"找"。和奶奶去游乐场，我会对着电动木马说"币"。家里的地板脏了，我会兴冲冲地拿起扫帚说"扫"。盘子里的枣子吃完了，我会对着爸爸嚷嚷"装"。看见妈妈在洗衣服，我会抢起叉棍大喊"晾"。最让爸妈郁闷的是半夜醒来，我搂着妈妈的脖子喊"走"。现在，我可以用单个动词来表达祈使的意愿了。

记录样例3：

2017年2月10日

在马来西亚的沙巴夜游红树林，一树树闪烁的萤火虫让我兴奋不已。看着从指缝间划过的璀璨，妈妈轻声告诉我，一定要小心翼翼呵护这些美丽而短暂的生命："宝贝儿，你知道吗？你现在看到的萤火虫要经过七个月才能长成这样，而它们却只能绽放七天的光明。"我听了若有所思，叹息到："哎，为什么美好的时光总是那么短暂，就像我的寒假一样。"

由于研究角度的不同需求，本书并未严格按照目前国际通用的
CHILDS 儿童语料库（周兢 2009）的方法撰写，而是采用自然记录的方
法，书中的"（　）"表示补充语境，即相关说明。语料的发生时间用年
龄和月龄标注，比如 1 岁 3 个月。如果是对话语料，则会标明发话人。以
下是语料示例：

　　　Y（手里拿着藕片）：他给我的。

　　　妈妈：他是哪个，我指的又是哪个？

　　　Y：他是爸爸，我是妹妹。（1 岁 11 个月）

需要指出的是，括号内的说明都是语料记录（微博）中原来就有的，
但我们在引用语料时对这些记录进行了简单的修改。

第二节　调查对象语言发展分析

有关婴幼儿语言发展过程已有学者做过大量研究。皮亚杰认为，0 - 2
岁是儿童言语的准备阶段，包括发音准备和理解准备两个方面。陈鹤琴
（1925）指出 0 - 18 个月婴儿的言语发展可分为三个阶段，分别是发音期
（0 - 6 个月）、模仿期（7 - 12 个月）和迅速发展期（13 - 18 个月）。曹碧
华和李红（2009）对 0 - 18 个月婴儿的个案调查发现语言经历的阶段有：
简单发音与单义结合阶段（0 - 3 个月）、连续音节与情境意义结合阶段
（4 - 8 个月）、学话萌芽与词义结合阶段（9 - 12 个月）、单词句与多义
结合阶段（13 - 16 个月）、双词句/简单句出现与交往导行结合阶段（17 -
18 个月）。吴天敏和许政援（1979）把 0 - 3 岁儿童的语言发展分为六个
阶段：简单发音阶段（0 - 3 个月）、连续音节阶段（4 - 8 个月）、学话萌
芽阶段（9 - 12 个月）、正式开始学话、单词句阶段（1 岁 - 1 岁半）、简

单句阶段（1岁半－2岁）、复合句阶段（2岁－3岁）。杨先明（2010）通过对汉语儿童发展的单因素和多因素统计分析认为，1－5岁汉语儿童语言发展呈现显著的阶段性特征。3岁是儿童语言发展的一个分水岭，3岁以前是儿童语言的快速发展期，各种发展的显性指标都得到快速发展。3岁以后是儿童语言的稳定发展期，显性指标发展速度减缓。

　　Y在日常生活中输入的语言是普通话和重庆话。重庆话隶属西南官话的分支片区，西南官话其内部一致性在现代汉语方言中是较高的。Y在重庆主城区长大，这一地域生活环境决定了她的语言表达中会有很多重庆方言。妈妈每天晚上的故事讲述、网络、电视等各种音频和视频输入使得Y的语言同时具有了普通话的语言特色。下面我们将结合Y的语言发展情况，对汉语儿童各个语言阶段的具体特征进行描述。

一、前语言阶段（0－12个月）

　　人类语言表达愿望产生的根本原因是人脑具有处理外来信息的功能，婴儿从一出生，便进入了语言的感知阶段。婴儿的语言表达是在大脑以及言语器官发育的基础上，通过对外部世界的感知以及和成人的言语交际中，大脑主动归纳运用的结果。人类的语言并不是从说出完整的句子开始。出生后第一年是婴儿言语发生的准备阶段，是语言意识的形成期。从心理机制上看，语言意识是指儿童完成了第一个象征单位的所指与能指的象征化联结过程而形成的声音和物体对应心理反射和操作机制。从功能上讲，语言意识是指婴儿认识到语言是一种有效的工具，婴儿可以通过语言来完成对环境的影响和改变，比如通过语言来达成自己的愿望等。总体来讲，大多数从出生起到1岁的婴儿还未产生严格意义上的语言，但这并不表示处于这个阶段的婴儿没有语言上的发展。事实上，婴儿在这一阶段完成了从语言的混沌状态到确立语言意识的过程，这一阶段正是婴儿语言意识的形成期，主要表现在从语音的无意识发声到有意识运用，直到音位系统得到确立为止。

张仁俊、朱曼殊（1987）将 0 - 13 月龄婴儿的语音发展过程分为三个阶段。第一阶段从出生到 4 个月，这个阶段的婴儿所发的音绝大多数是单音节，且元音比辅音早。随后的两个月，婴儿的发音类型明显增多，出现辅音加元音的发音组合。第二阶段从 4 个月到 10 个月，婴儿能够发出大量的多音节，辅音加元音成为常态。第三阶段从 12 个月到 13 个月，婴儿在这个阶段能够正确模仿成人发音，并出现第一批词。杨先明（2010）认为，从婴儿语言的认知发展过程来看，0 - 12 月龄婴儿属于语言意识形成期，可以分为三个阶段：无语言意识期、语言意识萌芽期和语言意识确立期（沉默期）。我们通过观察发现，Y 在 0 - 12 个月的语言发展中，也经历了上述三个阶段。

（一）无语言意识期（0 - 3 个月）

0 - 3 个月的婴儿处于无语言意识期，主要活动以睡眠为主，此阶段婴儿的发声绝大多数是由于生病、疼痛、饥饿等生理不适才会发出声音或者哭声，但是婴儿发出的声音与语言无关。伴随着婴儿声道结构的发育，2 - 4 个月的婴儿声道开始接近于成人，开始发一些简单的喉音，婴儿的语言表达由哭声转化为发声。4 - 6 个月的时候，婴儿能够发出开口更大、音位更低的元音，能熟练地应用各种声音，发音能力得到了极大的提高。6 个月大的婴儿开始咿呀学语，开始组合辅音和元音并能把声音编码成母语的一系列形式，开始出现声调。在语言阶段，婴幼儿将语音和语义结合起来，开始真正进入到学话阶段，在这个过程中，婴幼儿的语言表达十分活跃，同时对语言的理解更加明确。

婴幼儿在语言发展的不同阶段，其语言表达能力的发展具有不同的特点。婴儿出生后的第一次发声是肺部为了能够适应外部环境，被动产生的第一次扩张和呼吸，可以说，婴儿的第一次发声是对外部环境的自然反应。由于刚从母体中出来，在最初的 20 天左右时间，婴儿的姿势接近于在母体内的状态，初生婴儿的声道结构还接近于猿类，不利于发声。因此，李宇明（2004）把出生 1 - 20 天称为非自控音阶段。徐山（1995）

认为，早期婴儿的发声行为是"强烈情绪的外化"。周兢（1994）则把婴儿早期的发声称为发射性发音。总体而言，这一时期的婴儿发声属于非自主发声，这种非自主发声会随着婴儿生理的发育逐渐减少。婴儿的发声与听音是两个相辅相成的过程。研究表明，胎儿在母体内听觉就已经形成，能够听到包括脉搏声、母亲体外的各种声音。可以说，婴儿在出生的时候就已经为听辨声音做好了生理上的准备，随着听音能力的逐渐增强，婴儿的发声能力也会日渐增强。

初生婴儿的唇舌部的运动还不发达，还没有长牙，因此需要唇舌运动的音以及齿音在这个阶段都没有。婴儿的发音以元音为主，辅音很少出现，出生后一个月，婴儿的啼哭声带升调的/gong aaa/，其中包含了浊辅音/g/。婴儿在第一个月哭叫是主要的发音，不同的哭声表达不同的意义和需求，婴儿的个性也会表现在哭闹上，从产院开始，爱哭与不爱哭的孩子就可以区别开来。Y 是一个爱哭的孩子，肚子稍稍饿了就哭，听到声音睁开眼睛就哭，一放到婴儿床上就哭，尿布湿了就哭，哭声大而有力。哭声是 Y 在这个阶段用来感知世界和表达自己意愿的主要手段。爸爸妈妈带 Y 第一次乘坐人潮涌动的地铁，Y 用哭声来表达她对外部环境既新奇又害怕的情绪；Y 第一次剪头发时大哭是她对私人领域被侵犯的抗议；第一次打针时的号啕大哭是一种切肤之痛的真实体验。

婴儿在出生 2 个月后，眼睛开始看得更加清楚，别人一逗，她就会笑，握着的拳头放在口中"咂咂"地吮吸，因为眼睛能看见了，所以 Y 能够对着吊床上旋转的摇铃看上很长一段时间。这个时候的婴儿声道结构开始接近成人，但各个部分还只能在固定的位置，因此发音短而孤立，可以发出简单的音节。2 个月时发出的声音类似汉语单韵母的简单元音，比如/a/、/o/、/e/、/i/、/u/，同时还有少量的双元音，如/ai/、/ao/、/an/、/ei/、/ou/、/en/，并出现了元音与辅音的结合音，如/he/、/hei/、/gu/、/ka/。

总体而言，0－3 月龄婴儿的发声以元音为主，只有少数几个辅音如/

h/、/w/、/m/出现。在这个阶段，婴儿在视觉、听觉和触觉等方面感知的事物还比较少，感知的范围还非常有限，但是本阶段的婴儿发声在语言发展中具有重要意义。李宇明（2004）发现，婴儿从出生 20 天以后，开始通过声音自娱自乐，取得心理愉悦感和成就感。40 天以后，婴儿开始与成人进行声音交流。我们观察到当妈妈抱着 Y 与她面对面说话的时候，她会表现出兴奋的神情，嘴里可以发出"啊，啊"的声音，有时候还会发出笑声。虽然这个时期的 Y 并没有意识到她发出的声音是一种与他人交流的手段和改变环境的工具，发声行为依然是被动和不自主的，但是她可以感知成人丰富的语言，并能对成人的语言进行回应。比如，当妈妈告知正在吸奶的 Y 一定要吸 50 下才算完成任务时，Y 能够听懂妈妈的口令"1，2，3……"并且能够配合指令一边点头，一边吸奶。

在这个阶段，婴儿发出的各种声音还没有与特定的对象建立起有规律的、约定性的、系统性的联系，发出的声音具有强烈的语境依赖性和临时性，因此婴儿发声的意义主要依靠成人的经验和推测。虽然从个体来看，婴儿的发声具有一定的规律性，但个体间的发声行为不具备约定性和系统性，也不具备语言学意义上的音位系统性。因此，这个阶段的婴儿语言发展的主要任务是感知汉语的语音特征，形成语音意识。婴儿对音位范畴的感知能力是语言意识发展的起点，婴儿只有具备将不同的音位变体感知为同一音位的能力时，才有可能理解语言。

桑标（2003）认为语言经验对婴儿的音位范畴知觉能力具有强化作用，也就是说，婴儿对语言的接触越多，对该语言的音位辨别就越敏锐。相反，缺乏足够的语言接触则会使婴儿的音位辨别能力变得迟钝。这说明，在后天的语言习得过程中，语言输入刺激对促进婴儿语言发展相当重要，即便婴儿在这个阶段对语言还处于混沌无知的状态，成人也要给婴儿适量的语言输入刺激以及视觉刺激，从而促进婴儿语音知觉能力的发展。

（二）语言意识萌芽期（4－8 个月）

4－8 个月龄的婴儿处于语言意识的萌芽期。4 个月龄的时候，Y 的身体活动更加活跃，眼睛和耳朵的功能与手脚的运动也渐渐协调起来。她的头部立得越来越稳，每当想看自己感兴趣的东西时，她的脸就会转来转去。这个时期，Y 的手脚活动相当灵活，总想伸出小手去触摸摇铃之类的东西，并且总是显示出自己想要做什么的样子。Y 还喜欢对自己感兴趣的东西比如头顶上的电灯发出声音。随着婴儿观察周围事物时间的增多，发声现象也逐渐增加，辅音与元音的组合成为普遍现象，并且发声也逐步变得有意识、自主和可控。如果电视里播放广告的声音突然变大，她就会顺着声音去寻找，她甚至能够在卧室里敏锐地捕捉到客厅里轻轻揉搓纸张的声音。从 4 个月开始，婴儿重复连续的音节增加，例如，/dada/、/meme/等。（吴天敏、许政援，1979）从心理角度而言，这种声音的重复是婴儿的一种新的尝试，婴儿通过这种音节的重复获得心理上的愉悦感。这种重复也是语言发展的一种形式和阶段，婴儿自主发出声音表明他们对声音具备了初步的可控性。这一时期的婴儿已经开始通过声音表达出一定的意义，但是这种意义仍然是临时的、无普遍约定性的。

5 个月龄的时候，Y 的身体各部分的运动功能进一步加强，力气增大了很多，对自己周围的事物也越来越感兴趣，什么都想看一看，什么都想摸一摸。如果在她耳后看不见的地方晃动拨浪鼓，她会转动脑袋顺着响声去寻找；当妈妈把 Y 抱起来时，她就会伸手摸妈妈的眼镜；大人把玩具拿到她的面前时，Y 也总想用手去抓；Y 手里握着的东西，不是摇动就是放在嘴里啃。这个时候，Y 对周围的认识能力更进了一步，能针对不同的人，发出不同的声音，这是婴儿社会性的一种体现。

在 4 - 8 个月期间，婴儿声音的娱乐功能逐渐减弱，开始把声音作为一种与成人交流的手段并能对成人的声音进行模仿。Y 可以通过声音来表达对观察到的事物的惊奇和恐惧等感受。Y 开始认生，只要有陌生人靠近，就会躲闪或者大哭，嘴里会发出不高兴的声音；每次和奶奶在外面玩耍归来，只要看见是妈妈开门，就会开心地扑向妈妈，口里还会发出愉快的声音。随着婴儿对声音更多地运用，在成人的鼓励下，婴儿逐步对自己发出的声音形成了有意识的选择和强化，有些接近目标语的声音保留下来，而那些与目标语差异太大的声音逐渐消失。

6 个月大的婴儿已经作为一名重要的家庭成员进入到家庭生活中，给家庭带来了许多的欢乐。Y 醒来玩耍的时间更多了，妈妈对 Y 笑，Y 会露出高兴的表情，如果妈妈从身边走开，她就会哭。成人和 Y 说话或者叫她的名字时，她就会把脸转向有声音的地方。如果说，在 4 个月时，婴儿发声的重复性还很弱，那么到了 6 个月的时候，婴儿发声的重复性越来越强，表明婴儿发声的自主性稳步增强。在自主发声能力增强的同时，婴儿模仿成人发音的能力也大大提高了，随着声音运用的增多，Y 对声音的控制也越来越自如，发声开始近似目标语中的音位。6 个月左右，Y 的有些音开始有了某种可以被成人感知的较为明确的意义，也能表达开心和生气等情感了，甚至还出现了类似称呼语的发声现象，这表明 Y 的语言意识出现了。Y 与母亲在感情上的联系与日俱增，在 Y 半岁的那天中午，正在玩耍的 Y 看见妈妈从卧室走出来，对着妈妈大声叫/mama/。研究表明，人类早期语言中词汇的语义是和语境紧密相关的。/mama/的音位组合在世界各地的语言中都存在，主要是因为这对音位组合最容易发出。其实，这个时候的 Y 并不能将语音/mama/与语言系统中的"母亲"范畴相联系，所指与能指进行连接的象征化过程也还没有完成，Y 此时的发声只是为了表达她见到妈妈的喜悦之情。因为母亲往往是婴儿在感到害怕、饥饿等不安情绪的时候出现，所以婴儿在这时最容易发出的这一声音就与这个语境中出现最多的人联系了起来，形成了汉语中"妈妈"的象征单位。

自从发出/mama/音后，Y 开始发出一些辅音和元音相结合的音节，甚至是重叠多音节。Y 经常发出的几个音节是/en－ma/、/en－na/、/ai－yo/、/yi－ya/，Y 发出的多音节组合，有些已经和成人的语音十分类似了。Y 通过声音与成人交流逐渐增多，也能听懂部分成人的语言了，她还能够将特定的音与特定的事物联系起来，这一能力的外显是 Y 的一些相关动作，我们观察到，6 个月大的 Y 根据大人的指令，学会了用手撕纸。李宇明（2004）认为，在自然语境下，婴儿能对话语刺激做出合适反应，就表明婴儿理解了该话语。合适反应是指婴儿通过身体或声音对话语做出的合乎话语内容的反应。但是，需要指出的是，虽然这个时期的婴儿能够模仿，并且发出了某些音，但还算不上是语言学意义上的习得，因为婴儿此时还不能理解这些发音的真实所指。随着婴儿认知范围的扩展，与成人通过声音的交流活动的增多，在成人有意识的诱导下，婴儿的语言意识得到了确立和发展。

　　Y属于敏感的婴儿，特别"认生"，除了爸爸、妈妈、奶奶和外婆，其他人一抱就会哭闹。这个阶段的"认生"是婴儿认知、辨别和记忆能力提高的表现，也是对社会适应能力的磨炼。婴儿一般从6个月开始认生，8－12个月达到高峰，以后逐渐减弱，这个时期，Y已经能够用声音来表达自己的意愿了，她会盯着目标伸出小手，对不喜欢的事情会表示拒绝。当成人试图用勺子喂她不喜欢的食物时，她会用手推开；当大人拿走她喜欢的玩具时，她会哭；Y洗澡的时候讨厌洗头，会哭闹；成人给Y换尿不湿的时候，她也不会像之前那么老老实实了。在7个月龄的时候，Y看着为她洗脸的爸爸大声喊出了/baba/。之后，她常常会发出/aaa/、/baba/、/mama/等声音，尤其是她想黏着妈妈的时候，口里会频繁地发出/ma－ma/的音节。除此之外，Y经常发出的音节有/da－da/、/du－du/、/ga－ga/、/zha－zha/。如果正玩在兴头上的玩具掉到地上了，Y就会用小手抓着爸爸的手臂轻轻摇，还会发出/yi－ya－yi－ya/的声音，Y开始学会用和平的方式寻求帮助，而不仅仅限于哭闹了。

　　语言意识的萌芽是建立在婴儿对自我与客体之间关系的认知上的，当婴儿开始认识到客体永久性（指主体对客体存在与否的认识不依赖于自我感知而形成的有关客体存在的稳定内部认识）时，婴儿的语言意识就开始萌芽了。客体永久性是婴儿在多种感官的协调下，通过各种认知活动逐步形成的，婴儿通过重复同一个动作得到同一个结果感知到因果关系的存在，在不断与周围事物的接触中，逐步获得了客体永久性。从语言的发展来看，认识到客体永久性是婴儿确定客观世界中能指与所指关系的基础，是语言习得的前提条件。比如，我们观察到，六七个月的 Y 经常把手中抓到的东西往地上扔或者往嘴里送。看到妈妈回来时表现出的高兴劲儿比半岁的时候更加明显。这个时候，Y 不仅表现出高兴的样子，还可以做出"笑脸"，高兴地笑出声。听到大人的"干什么?""不行"等批评性的话语，她就会不高兴。婴儿在此期间的各种行为其实是一种探索自我与外界关系的方式。国外的研究显示，8 个月的婴儿已经具备了初步的客体永久性，客体永久性的建立是个体心理表征萌芽的标志，而表征是概念形成的重要环节。(曾琦等，1997) 客体永久性的发展为婴儿的语言发展提供了心理基础。

（三）沉默期（9 – 12 个月）

美国语言学家克拉申 (Krashen, 1985) 通过对二语习得者的研究，提出了"沉默期"(Silent Period) 的概念。"沉默期"是指二语习得者还没有足够的能力讲话的那段时间。在沉默期，学习者通过对可理解性语言输入的整理和加工，提高运用语言的准备水平。杨先明 (2008) 认为，儿童在习得母语时，要经历差不多一年的"听"的过程，这是广义沉默期。贾永华 (2005) 认为，"沉默期"是以智力健全为前提的，所以婴儿不能说话的那几个月不能被视作"沉默期"，而是智能未开发期。我们认为，儿童在语言发展过程中沉默期是存在的，这个沉默期是从儿童确立语言意识后到发出目标语中第一个真正意义上的词的这个阶段，即狭义沉默期，也就是从 9 个月开始，到幼儿说出第一个真正意义上的词为止。不同的个体，沉默期的时间跨度是不一样的，有些儿童在 6 个月大就能清晰地说出第一个词，有些儿童 2 岁左右才能说出第一个词，特殊的儿童可能会更晚。

Y 在汉语习得过程中的"沉默期"表现为在 8 个月大时已经对眼睛、鼻子、嘴等器官有了概念，当妈妈要求 Y 指出"手""眼睛""鼻子""嘴""脸"等器官的时候，Y 能做出合适反应，正确地指向或者触摸身上相应的器官，这说明此时的婴儿已经对身体部位建立了概念。婴儿能听懂成人的指令，表明他们能真正听懂成人的部分话语。同语言意识萌芽期婴儿的偶发性合适行为相比，此时婴儿的合适反应已经习以为常并能反复出现。这说明婴儿已经能够理解一些名词甚至少数抽象的概念，只不过还不能通过语言表达出来而已。相对于后期的语言学意义上的发声阶段而言，这个时期是婴儿的"沉默期"。沉默期是相对于儿童语言系统而言的，并不意味着儿童完全不发声，他们只是"会说"而不说，与后续各个阶段儿童能发出外显的语言形式相比，这一时期是"沉默的"。

一般来说，9-12个月的婴儿处于沉默期。在这个阶段，婴儿能做出合适反应的事物和动作越来越多，并能逐渐建立事物之间的联系。过了9个月，Y自己独立玩耍的时间更长了。随着对周围世界认识的逐渐加深，Y的兴趣点也更集中了，除了可以不厌其烦地摆弄玩具，对身边的其他东西比如勺子、碗、抽屉的把手、电器开关、遥控器、瓶盖等，她都喜欢用手摸，或者拿着玩，对什么东西都想试一试。由于手的握力增强，Y不仅只是攥着手，而是能够用拇指和食指抓住东西，也可以把右手拿着的东西换到左手去了。Y能专注地看大人做事，并且能够模仿，还学会了"作怪样"。沉默期的Y有了一定的表意愿望，声音具备了初步的表意特征，逐渐能将所听到的连续语音流切分为更小的单位（词语），其发出的无意义的声音显著减少，表意意图更加明显，成人很容易在儿童表情和动作的配合下，推测儿童发声所要表达的意思。

11个月的Y终于能够站立一会儿了，有时还会尝试着向前走两步。一到这个月龄，Y的自我意识更强了，并且能够明显地表现出自己的好恶，Y看到自己喜欢的妈妈走过来就乐呵呵的，见到她不喜欢的理发师或者穿白大褂的医生就会哇哇大哭。Y认生的现象逐渐好转。手的功能也更加灵活了，Y能够捡起地上很小的东西，很轻的门Y也能够推开了，抽屉也能拉开了，Y能够把杯子里的水倒出来了，能够双手拿玩具敲打，还经常扯掉自己的袜子和鞋子。

从11个月到1岁，Y逐渐懂得了周围的人与人之间的关系，能分辨出外人中的熟人和陌生人了，也想积极地参加自己周围人的社会活动，我们能感受到 Y 在积极地"模仿大人"。这个时期，Y 最喜欢和比自己稍微大一些的孩子一起玩，Y 也能成为他们的玩伴。虽然 Y 不一定能真正和那些孩子玩到一起，但是她会让自己去拿一下伙伴们的玩具、坐一坐他们的玩具车、把球传给他们等。Y 在受到大人的表扬时就会得意，并且这种表现越来越强。这个时期，Y 逐渐懂得了人与人之间的联系靠的是语言。当别人叫她的名字时，她会随着喊声转过头，听到"再见"时，她会摆手或点头。到 1 岁的时候，Y 听得懂的话已经很多，但能说的话多为"饭饭（吃的东西）""汪汪（小狗）"等婴儿语言。

金颖若、盘晓愚（2002）观察到，儿童从 10 月龄到 13 月龄，基本没有新的语素出现。我们观察到，Y 从 9 月龄到 12 月龄也有类似现象。这一现象从发音的角度来讲可以被称为发展停滞期。这个时期，婴儿在语音方面的发展更多地体现在内在的对语音的有意识模仿和发声器官的协调上，发音更接近于目标语中的词。婴儿可以发出不同的辅音加元音音节的组合，发出的声音更接近汉语的词汇，开始带有重音和声调。比如，Y 在 7 个月时就能发出接近于"妈妈""爸爸"的音节。总体来讲，这个阶段，婴儿的发声难度也增加了，开始出现辅音 /s/、/q/、/x/ 等。在成人语言的诱导下，婴儿能对成人的语音进行快速的感知和有意的模仿，对认知视野内的人和事物，婴儿能够做出合适反应的词汇和动作也增加了。李宇明（1993）认为，婴儿在 12 个月龄时，已经能理解大约 230 个词汇。在成人和婴儿的交际中，成人总是采用夸张的语调和缓慢的儿向语以及指向语义实体的手势让儿童感知特定的语音单位，从而引起他们对实体的注意。这种有意识的诱导是婴儿将语音单位和语义单位进行正确联系的关键。

沉默期是儿童语言习得过程中很重要的一段时期，是语言意识的巩固和完善期，在婴儿语言的发展过程中具有重要作用。处于沉默期的儿童，客体永久性水平更高，对成人语言的理解水平也更高。婴儿开始意识到语言是一种有效的工具，开始有意识地倾听成人的语言了。这种内在的模仿和积累为后期的语言产出做好了心理和生理上的准备。经历这一时期后，儿童的语言会得到飞速发展。同时，我们也意识到，父母的语言输入方式对儿童沉默期的长短有一定的关系，父母如果能够正确运用儿向语引导儿童，儿童则可能更早结束沉默期。

二、范畴关系建立期（1－3岁）

研究显示，1－3岁是儿童语言的快速发展期。1岁是大多数儿童开始外显词汇的时间点。虽然此时儿童的语音感知能力从生理上得到了强化，但是儿童发出的词汇在语音上仍然与成人存在一定的差异，儿童在语音上还只能发出少数音位，往往只有监护人才能理解。到3岁左右，儿童的语言开始具有初步内化的迹象，但内化程度还不足以让儿童摆脱外显动作的辅助，不过这时监护人之外的人也很容易理解儿童的语言了。在1－3岁期间，儿童动作的语言功能相对弱化，言语的语境独立性大大增加。儿童对更多的语言形式，包括发声难度更大的音位和简单的句法结构进行感知、习得，基本完成了对音位系统的习得并建立起汉语最核心的范畴体系。

（一）语音发展情况

当儿童清晰地发出真正表意明确的词时，就意味着沉默期的结束。研究显示，在12－15个月之间，大脑中对言语起重要作用的 Broca 区的左口面部分树突激增，小脑容量也逐渐增大，从12个月开始，儿童的语音感知能力从生理上得到了强化。但此阶段儿童发出的词汇在语音上仍然与成人存在一定的差异，发音不完善是1－3岁儿童中普遍存在的现象。例如：

（1）（Y在游乐场第一次坐过山车时惊呼）我千（我的天）。

（1岁8个月）

例（1）中，Y 所说的"我千"是"我的天"的不完善发音形式。语音表达不完善与儿童发声器官发育状况有关，同时也与儿童语言发展水平有关。值得一提的是，虽然儿童在某些音位上不能正确发音，但是他们的辨音能力已经很完善了，有时还会纠正成人的语音错误。在这个阶段，儿童还会出现语音串分解错误的现象。例如：

(2)（妈妈问爸爸去什么地方玩，爸爸回答）一起商量嘛。

　　Y：好，就去商量玩。（2 岁 3 个月）

例（2）中 Y 误把"商量"当成了一个名词，以为是一个可以游玩的地方。语音串分解错误的现象同范畴的抽象度有关，可能是因为发生分解错误的范畴没有具象的所指，导致儿童在音义连接过程中发生困难。刘颖（2009）的记录显示，语音串分解错误的现象直到接近 3 岁时都有可能发生。随着儿童的模仿能力逐渐增强，他们会经常学着大人的腔调说话，从而逐步掌握各种超音段语音成分的运用。例如：

(3)（Y 模仿爸爸的口气）外语校，招得少，不是哪个都读得到。（1 岁 9 个月）

(4)（Y 站在沙发屏包上往下跳，妈妈正准备责备她，Y 先发制人）看嘛，摔下来了哟！（1 岁 9 个月）

(5)（Y 模仿妈妈的口吻）幺妹儿，四点钟了都还不睡觉，到底要做啥子，嗯？（1 岁 10 个月）

(6)（Y 叫爸爸吃饭）老爸，做啥子，嗯？紧倒不出来？（重庆话，怎么还不出来的意思）（1 岁 10 个月）

(7)（Y 想喝奶，吩咐妈妈）少兑点哈，喝多了妹妹要咳哟。（1 岁 11 个月）

　　例（3）中Y只有1岁9个月大，能够说出如此复杂的语言，让儿保医生十分吃惊。我们认为，此时的Y对这句话并不能真正理解，Y发出的语音串，只是对成人语音串的机械模仿。随着对声音有意识运用的增加，儿童对声音的控制会越来越熟练，儿童对事物的认知速度也会加快，辨别音位以及准确模仿成人发声的能力逐渐增强。我们发现，Y在1岁7个月时，不但会说"苹果、电视、尿不湿、葡萄、厕所、豆腐、彩虹、消火栓、月亮"等日常生活中常见的事物，还会说外语"かわいい，how are you，fine，thank you"等。语音串辨别超前性表现是在本阶段后期，儿童开始用问句形式对一些听到的新范畴提出问题。例如：

　　（8）Y：为什么动画片里的太阳公公有嘴巴，还会说话？（2岁4个月）
　　（9）Y：为什么哆啦A梦有胡子？（2岁4个月）

　　对于这个阶段的幼儿来说，现实世界的一切都是新鲜和令人惊奇的，他们想通过语言来表达这个发现。这个时候，Y经常会提出"为什么？""怎么回事？""这是什么"等问题。Y对成人讲的东西开始有了自己的判断，不再迷信权威。比如Y会在妈妈讲故事的时候提出质疑："妈妈，你说错没得哟？""妈妈，这不是小鸡，这是一只小鸟。"在这个阶段，Y已经能够自如地使用各种简单句和复杂句，掌握了大部分的语法结构形式，而且能够理解一些词语的抽象关系。心理学家认为儿童在这个阶段的词汇已经接近成人，说话俨然像个"小大人"。

　　在儿童达到3岁时，成人同儿童交流时很少使用指示性的动作，因为儿童已经能够对一定语境下的具象范畴轻松地进行象征化过程。儿童对一些日常生活中难以接触到的具象或者抽象范畴虽然还无法理解其本质属性，但是能够及时掌握其语音单位。这表明儿童已经具备了脱离事物外形特征，掌握语音的基本能力，儿童在辨音和发音能力上都取得了飞跃。

　　我们观察到，过了周岁以后的Y，对自己身边发生的事情更加敏感起来，能够观看晚霞、明月和目送空中的飞鸟了。晚上和爸爸妈妈出去散步，Y仰望天空，用手指着月亮，发出"啊，啊，啊"的声音。这个时期的孩子与周岁前的孩子相比，发出的连续音节逐渐减少，会说的话逐渐增多，对词义的理解更加准确，模仿有指向的发音越来越多。儿童习得的词语越来越丰富，这些新词是儿童在与成人或同伴的交往中，在模仿的基础上逐步掌握的。此时Y已经储备了一定数量的意义明确的词，在成人的反复教导和相似语境的提示下有了初步外化的能力，能够提取相应单词应对成人的简单问话，并有了主动性的交际指向。1周岁的Y特别喜欢和爸爸妈妈捉迷藏。当爸爸妈妈表现出不情愿的神情时，她会故意卖萌并用普通话喊"爸爸""妈妈"。当她不想走路的时候，会用"妈妈抱抱""爸爸背背"等语言来实现请求的功能。Y会用"嗯""好"来应答并完成成人的指令，比如将废弃的矿泉水瓶扔进垃圾桶。

　　Y在1岁6个月龄的时候，开始出现自主造词现象，词汇量已经超过100，会说短语和短句，会说多个动词。这时，Y不再是简单地模仿成人的言语，而是会主动地说出一些双词句和简单句，体现出她对言语的创造性。有些双词句甚至是在没有成人示范的情况下，由她自己创造产生，一般是把两个词以不同的方式组合在一起来表达语义。这两个词的组合有着句子一样的语言模式，两个词之间也有着明确的句法关系和语义关系。Y在双词句中主要使用的是信息性最强的名词或者形容词，这与以往研究的结果一致。与此同时，一定数量的简单句也产生了，其中数量最多的句型是简单陈述句，从句法上看主要是简单主谓句。不久以后，Y的句型变得更加丰富，除了简单主谓句以外，还出现了非主谓句——"好酸啊""好萌""哇塞""嘿痛"（重庆方言，很痛的意思）。在这个阶段，Y的言语呈现出两个主要特点。第一是重叠词较多。例如"猫猫""狗狗""花花""杯杯""抱抱""背背""鸟鸟""粑粑"等，这可能是由于婴儿的发音器官还没有发育完善，发重复音比较容易；也可能是由于成人经常对婴儿说重叠词语造成的。第二是独词多义。儿童在独词句阶段，一个词就是一个句子，表达的意思比这个词的内容要复杂得多。如果将儿童的叠词、拟声词等语言现象综合起来看，儿童的自主造词现象是相当普遍的，表明儿童语言发展不仅受儿向语等因素的外在影响，儿童自身的内在因素对语言的发展也有很大影响。

（二）范畴独立外显期

儿童在沉默期完成了一定数量的象征单位的心理储存。随着儿童发音器官的发育，在成人的诱导下，一些发音难度不高的象征单位通过儿童的发声得到外显。在初期，儿童大多是在成人设置的语境下，通过简单对话的方式外显的，能够外显的范畴数量也不多。但是，随着儿童自主性言语以及词的组合增多，范畴间的关系开始显现。

1. 语义模糊性和语境依赖性

随着儿童活动范围的扩大和活动形式的增多，儿童在言语上的表达需求和表达欲望也逐渐增多。总体而言，此时儿童能外显的范畴数量少于需要表达的范畴数量，儿童会在不同的语境下用同一个范畴来表达多种功能和意义，语义模糊是这个阶段儿童语言的显著特征。例如：

（10）（妈妈问汽车玩具是谁买的，Y 说）爸爸。（1 岁 4 个月）

（11）（Y 想尿尿时，喊）爸爸。（1 岁 4 个月）

例（10）中，Y 用"爸爸"来说明某个事实，具备说明功能。在例（11）中的"爸爸"则表达出祈使的意义。语义模糊性产生的根本原因是儿童在此阶段掌握的外显词汇数量有限，而活动空间的增大导致表达需求和意愿急剧增加。这种矛盾在某种程度上推动了儿童外显词汇数量的增加。可以看出，此阶段儿童的词义具有不确定性。语义模糊性还意味着兼类现象的出现。魏锦虹（2002）发现，被试 K 最初常用"呜哇"专指汽车，属事体性范畴，不久又用汽车行驶时发出的声音特性来表达汽车行进时的动态，属行为类范畴。因此，分析儿童的语言使用即言语行为不仅需要语境，还需要依赖儿童的肢体语言以及语音语调等其他因素。

语境的依赖性是指儿童外显范畴的意义常常与成人语言中该词的约定意义不一致，只能依赖于说话时的语境并结合儿童的动作来推断。比如以下几个例子中的"妹妹"一词的意义就必须依赖 Y 说话时的语境来推断。

(12)（Y 看见自己的照片，说）妹妹。（1 岁 6 个月）

(13)（Y 捉迷藏找不到妈妈时，大叫）妹妹。（1 岁 9 个月）

(14)（妈妈喂 Y 吃饭，Y 说）妹妹。（1 岁 4 个月）

例（12）中，由于是 Y 看到自己的照片时说的话，所以成人推断，Y 要表达的意义可能是"照片上的人是妹妹"，在另外的语境下，也有可能是"让妹妹来翻相册""这本相册是妹妹的"等意义。例（13）是 Y 在捉迷藏找不到妈妈时说的话，根据语境推断，很可能是 Y 想要告诉妈妈"妹妹在这里"，当然也有可能是"妹妹害怕""妹妹找不到妈妈了"等意思。如果没有吃饭这个语境，成人很难推断出例（14）中 Y 想要表达的意思其实是"妹妹想自己吃饭"。

从上面的语例可以看出，尽管儿童在说话时省略了很多完整句子表达需要的要素，但成人似乎对这些语言的理解毫无障碍。如果仔细观察，我们会发现，在这个阶段，儿童会选择信息量最多的、最必要的词来传达她的话语主旨。这些词往往是指代人物、事物、行为和属性的实词，即名词、动词和形容词，被省略的部分则是一些具有语法功能的虚词，也就是说儿童的话语属于"电报式语言"。此阶段儿童语言中的词义具有不确定性和模糊性，因此需要一定的语境来推断儿童想要表达的确切意义。处于这个阶段的儿童，尤其依赖这种言外语境来帮助他们表达明确的意图。不过，随着词汇量的增加，儿童解码句子信息的能力会逐渐增强，哼哼唧唧的嘀咕和肢体表达就会明显减少，儿童会很快明白，语言才是最强大的工具。

2. 范畴专指化与泛指化

与语境依赖性密切相关的其他特征是范畴的专指化与泛指化。在这一时期，儿童即便能够准确地说出某个词，但并不表示他已经完全掌握了这个词的准确意义。由于儿童初期的外显词汇往往是和某个特定的人物、动作和场合联系在一起的，所以此时儿童对词汇的语义特征掌握并不完整，对词的理解可能仅仅限于词的某一项语义特征或者少数的范畴属性，语义表现出强烈的特指性，范畴往往指代的是特定的人和事，表现出范畴上的专指化。比如，Y 最初说的"婆婆"专指照顾她的奶奶，而不会用来称呼其他与奶奶年龄相仿的女性。这表明，此时儿童外显的范畴只是描述了该范畴的某个或某些特征，儿童对该范畴的心理表征还停留在该认知对象的外在表象上，还不能抓住范畴的本质属性，因而还不具备概括性。例如：

(15)（妈妈对 Y 说）你的斑马游泳圈好漂亮。

Y：斑马身上的条纹是黑白的，这是紫色的，所以它不是斑马，它就是一匹马。(3 岁 3 个月)

(16)（爸爸打车时遇到一辆非法营运车，私下悄悄说）又是一辆黑车。

（Y 急忙纠正）你说错了，明明是一辆白车。(3 岁 3 个月)

例 (15) 中，Y 对"斑马"的范畴理解只有"黑白条纹"一个语义特征。例 (16) 中，Y 并不清楚"黑车"除了表示"黑色的车"之外，还有更深的隐含意义。这两个例子表明，"斑马""黑车"的范畴对 Y 来说是特指的。

儿童在学习词汇时，不仅要发现话语中哪些声音是一个词，而且还要了解这个词是什么意思。儿童在掌握词义时，有词义扩大（overextension）和词义缩小（underextension）两种现象：当儿童让一个词的使用范围超出成人语言范围的时候，是词义扩大；当使用范围小于成人语言范围的时候，是词义缩小。词义扩大有三种类型：一是范畴性的，即用表示甲事物的词来指称乙事物；二是推理性的，即用表示甲事物的词来指称与之物理性质或功能有某种相似性的事物；三是陈述性的，如用表示事物的词来表示与之相关联的处所等。范畴的泛指化是指儿童将某些仅仅具有少数共同特征的范畴用同一外显范畴表达的现象，也就是将范畴的外延扩大化。范畴的专指化和泛指化与词义的缩小和扩大有相似之处。泛指化现象在事体范畴、行为范畴和性状范畴都有体现。例如：

(17) （Y 对壳牌石油的 logo 大声惊呼）扇扇。

（Y 看见圆形纸片，说）妈妈看，币。

（Y 看见红包封口处的半圆形，高兴地说）月亮。

（2 岁 8 个月）

(18) （Y 指着枕头上的驴子，说）马马。（1 岁 3 个月）

(19) （妈妈告诉 Y 墙壁上的三个字念"消火栓"。从此，Y 看到路牌或者书上的任何文字，都会脱口而出）消火栓。

（2 岁 10 个月）

(20) （Y 主动招呼电梯里看见的阿姨）姐姐。（1 岁 4 个月）

例（17）和例（18）中，Y 基于形状相同的推理，将看到的事物定义为"扇扇""币""月亮"和"马马"，属于词义扩大现象，这表明此时她还没有把握成人赋予这些事物属性的其他语义特征，比如通过功能等进行的范畴离散方法。例（19）中，Y 用"消火栓"三个字来代替所有见到的文字，这是用一个范畴里的甲事物来指称乙事物。例（20）Y 把"姐姐"的范畴外延扩大化了。

范畴的专指化和泛指化具有相同的认知机制，都是由儿童此阶段的认知特点决定的。在此期间，儿童的认知范围还相当小，对目标范畴的认知过程不够长，因而缺乏对这些范畴的各种属性的感知机会，从而导致儿童对目标词的认知深度不够。从语义成分构成来分析，范畴专指化和泛指化都是由于儿童对范畴的语义成分掌握不足造成的。从概念化过程的角度来看，是由于儿童在概念化过程中，对范畴概念的限制参数设置不够形成的。

（三）范畴网络化

Y 在 1 岁 7 个月龄的时候，对人的分类逐步精细化，能根据人的外貌、年龄区分陌生人了，看见年轻的女子会叫"阿姨"，看见年龄大一点的就喊"婆婆"，不会再把"阿姨"当作"姐姐"了。两岁的时候，Y 对左右的概念已经十分清晰。这些都表明儿童对周围事物的范畴化开始从基本层次范畴向上位范畴和下位范畴扩展和深化了，表明儿童进入了范畴网络化时期。这个阶段，儿童外显的词语呈爆发式增长的态势，对前期掌握的词汇理解更加深入，儿童的语义更明确，语境独立性逐渐增强。儿童不再按照成人的预期和思路应答，表现出语言的创造性特征。词的组合不再是偶然现象，而是常态。儿童对常见的范畴已经基本掌握，以前觉得新鲜的事物现在变成了理所当然，儿童进入了范畴网络化期。

1. 语言自主性

发展心理学认为，儿童在还未接触正式的科学教育前，就已经通过自己的认知系统对周围的世界形成了一定的直觉认识，并以自己的内部理论来构建他们对客观世界的认识。这些认识具有理论的基本性质，同时又属于一种非正式的朴素理论（Naive Theory），也有人称之为天真理论。儿童利用自己认为的一套内部关联的、可以对客观现象进行解释的知识体系来完成他们对世界的初始化系统构建、了解事物、预测未来并制定行动。例如：

(21)（妈妈问 Y 眼泪为什么是咸的，Y 回答）因为我放了盐。（2 岁 11 个月）

(22)（Y 对路灯的感叹）路灯好辛苦噢，妈妈和我一起对它们说声谢谢吧。（2 岁 11 个月）

(23)（Y 不敢一个人去客厅，说）我不去，我又不是夜行动物，眼

睛不会发光，只有猫头鹰在晚上才看得见。（2 岁 11 个月）

（24）（Y 对连体婴儿的解释）我知道了，他们两个可能是被胶水粘到一起了。（2 岁 10 个月）

（25）（Y 认为落在地上的羽毛）一定是大风吹下来的。（2 岁 10 个月）

（26）（Y 担心大灰狼会进来）要是大灰狼找到了钥匙，自己开门进来怎么办？（2 岁 9 个月）

（27）（Y 认为梨子的核不能吃的原因是）因为核是籽的家。（2 岁 9 个月）

（28）（Y 认为光秃秃的树）可能是光头强砍的。（2 岁 8 个月）

（29）（妈妈问树叶为什么会掉，Y 回答）因为它们变黄了。（2 岁 5 个月）

（30）（Y 看着还没有刻字的石碑，说）妈妈，快看啰，这块石头没有穿衣服，打的光叉叉（重庆话，光溜溜的意思），好羞人。（2 岁 2 个月）

（31）Y：妈妈，我们哪个一起伸懒腰、打呵欠呢？未必我们两个是双胞胎呀？（2 岁 1 个月）

以上的例子表明，Y 从 2 岁左右开始已经能够自觉地运用朴素理论对日常生活中的事件进行描述和解释。儿童的朴素理论可以增加儿童对周围世界的信心，降低对事物的不确定性，如果儿童总是能够做出自己的某种判断，就表明儿童在这一方面建立了自己的理论体系。我们可以通过观察儿童的行为来判断儿童朴素理论的发展水平，并能从儿童表达出来的言语中分析其心理状态，发现其语言认知水平，从而更加全面地认识儿童语言现象。

随着儿童朴素理论的初步形成，儿童的语言不再需要成人为他们设置语境，儿童言语开始摆脱成人的引导，表现出自主的特征。例如：

(32)（Y 坚持不让爸爸给她换衣服，理由是）因为爸爸是男生。（2岁2个月）

(33)（妈妈叫 Y 不要坐在脏脏的地上，Y 回答）这样我就可以变成臭美女了。（2岁4个月）

(34)（Y 不坐旋转木马的原因）我听到旋转木马叮当叮当地唱歌，这是我的歌曲，我才是叮当姐姐，我不要它唱我的歌。（2岁7个月）

(35)（Y 对妈妈说）我这几天好想你哟。妈妈，你上班看不到我的时候有没有哭呢？（2岁8个月）

(36)（Y 想当超人的理由）因为变成超人我就可以飞起来了。（2岁9个月）

以上例子表明，随着儿童对自然现象的认知逐渐加深，儿童不再是对成人语言的简单回应或者模仿，而是开始自主选择感知对象，通过语言来感知世界。其中，例（33）还反映出 Y 具有很强的语言创新能力。

皮亚杰认为，儿童在 18 个月至 2 岁期间，会出现语言的位移特征，也就是说，儿童具备了思考不出现在当前情景中的客体和时间的能力。例如：

(37) Y：为什么今天晚上的月亮只有一半？（2岁2个月）

例（37）表明，Y 已经能够将眼前的事物与以前见到的事物联系起来，能够脱离现实的语境了。在此期间，儿童除了外显的范畴数量增加外，其语言的隐形发展开始有所显现，儿童对范畴内涵或者本质属性的认知从简单发展到全面。

2. 代词的习得

随着儿童习得的范畴数量的增加以及对范畴内涵理解的拓展，儿童逐渐能够将词汇进行各种关联。下面以人称代词的习得为例来解释儿童范畴网络的形成。在 2 岁以前，Y 对人的指称都是名词性的，比如 Y 会用"妹妹"来指代她自己。Y 从 1 岁 11 个月龄开始使用人称代词"你""我""他"。例如：

（38）（Y 手里拿着藕片，对妈妈说）他给我的。

　　　妈妈：他是哪个，我指的又是哪个？

　　　Y：他是爸爸，我是妹妹。（1 岁 11 个月）

（39）（Y 叫爸爸吃饭）爸爸，还不来吃饭，不听话，妹妹打你哟。

　　　（1 岁 11 个月）

（40）（Y 拿西瓜喂妈妈）我喂你嘛，你尝点嘛，好吃，你再吃一口

　　　嘛。（1 岁 11 个月）

（41）（Y 给爸爸打电话）喂，爸爸呀？你在外语校没得哟？我吃了

　　　饭饭的，还有菜菜呀，嘎嘎（重庆方言，肉的意思）呀，你吃

　　　的啥子哟？好嘛，妈妈来接。（1 岁 11 个月）

　　在 Y 学会使用"你""我""他"之后的几个月时间里，"妹妹"和"我"仍然会频繁交替出现，还经常出现省略代词的情况。快 2 岁的时候，Y 开始使用复数形式"我们"。2 岁 2 个月龄时，Y 开始使用复数形式"你们"。例如：

（42）（Y 质疑妈妈）妈妈，（你）讲错没得哟？（1 岁 11 个月）

（43）（见妈妈发呕，Y 伸出双手对妈妈说）妈妈，快吐嘛，吐到妹

　　　妹身上，妹妹给你接住。（1 岁 11 个月）

（44）（Y 佯装给爸爸打电话）喂，爸爸呀，我想你了哟，快点来接

　　　我嘛，开起车车，呼呼呼。（1 岁 11 个月）

（45）（Y 对妈妈说）明天妹妹给你买睡觉裤裤要得不？（2 岁）

（46）（Y解释妈妈喜欢她的原因）因为妹妹是妈妈的小棉袄、小宝贝、小朋友，我们是好朋友。（2岁）

（47）（妈妈和Y一起打呵欠，Y说）妈妈，我们喇个一起伸懒腰、打呵欠呢？未必我们两个是双胞胎呀？（2岁1个月）

（48）（Y抚摸妈妈的头发，说）妈妈，你的头发掉下来了，好像树叶子。（2岁1个月）

（49）（Y害怕大灰狼进来，说）妈妈，你好狡猾哟，赶快把妹妹抱起来，不然大灰狼来了喇个办嘛？（2岁1个月）

（50）（Y安慰生病的妈妈）妈妈，我们手拉手，你不要哭，回家我就给你吃甜药药，一分钟就好了。（2岁1个月）

（51）（奶奶说鞋子小了不能穿，Y说）好嘛，那就等鞋子长大了我再穿吧。（2岁1个月）

（52）（电视上有人哭，Y说）妹妹真的不哭，你们相信我嘛。妹妹真的很勇敢。爸爸和妈妈也不许哭。（2岁2个月）

（53）（Y想买熊猫玩具，恳求妈妈）妈妈，我们又去买一只熊猫，要得不？（2岁3个月）

（54）（Y想待在宾馆玩，说）今天我们就在酒店里唱歌跳舞吧，哪里都不要去了。（2岁3个月）

（55）（Y对妈妈说）妈妈，你是大鸟，是小鸟的妈妈，你飞出来保护妹妹了。（2岁4个月）

（56）（Y谈论连体婴儿）我知道了，他们两个可能是被胶水粘到一起了。（2岁11个月）

上面的语例清晰地表明了Y对人称代词"你""我""他""我们""你们"的习得过程。可以看出，人称代词的习得过程并不是杂乱无章的，而是按照一定的语义场将相关词汇进行有机联系，有意识地形成范畴网络的过程。

汉语中的人称代词"它"和复数形式"它们"是用来泛指不是人的一切事物，如动物、食物、植物、工具等。Y 从 2 岁 5 个月开始使用"它"和"它们"来指代树叶、嗒嘀嗒、红袋鼠、路灯等。例如：

(57)（Y 回答妈妈为什么树叶会掉下来）因为它们变黄了。（2 岁 5个月）

(58)（Y 对梦的解释）妈妈，我逗你的，这是嗒嘀嗒做的梦，我在学它呢。（2 岁 8 个月）

(59)（Y 对红袋鼠找不到出口表示疑惑）妈妈，红袋鼠它们是不是迷路了？（2 岁 9 个月）

(60)（Y 解释红袋鼠有两只手的原因）妈妈，这是因为它自己想要两只手。（2 岁 9 个月）

(61)（Y 向路灯表示感谢）路灯好辛苦噢，妈妈和我一起对它们说声谢谢吧。（2 岁 11 个月）

研究表明，儿童对人称代词的习得顺序是"我""你""他"。一般来说，儿童首先习得人称代词的常规用法，然后才是人称代词的非常规用法，这是因为儿童对认知对象遵循从简单到复杂、由近及远、即时到非即时的认知顺序决定的。认知对象的复杂化使儿童具备了更大的语言表达潜能。代词的掌握是一个困难的过程，这与代词需要的心理运算能力有关。（周国光，2004）儿童要正确使用代词，首先要进行复杂的抽象概括，需要儿童用新的具有时空相对性的代词系统来替换旧的直称方式（直接使用名词指示人的语言现象）。与名词的使用相比，人称代词的使用在心理机制上要复杂得多，是直称名词的再次符号化抽象过程。除了儿童的语言能力外，代词的使用还涉及空间距离的远近以及说话人之间的即时言语关系。因此，人称代词的使用需要具备两个基础条件：自我意识的确立以及正确使用直称。在此基础上，儿童还必须完成再次符号化的心理过程才能完全正确使用人称代词，由此看来，人称代词的习得对于儿童语言的发展具有十分重要的意义。从语言的经济学角度看，人称代词语流比直称名词占用的时间更少，因此，语言难度和发声负担减少，从而加快了信息交流的速度。此外，人称代词具有抽象和符号化的特点，通过人称代词的习得，儿童不但学会了使用更少的语音流来表达等量信息的技能，还为今后理解抽象的符号打下了基础。

除了代词的习得，我们还观察到，到1岁6个月龄的时候，Y对反义词也有了一定的认知，频繁使用的几对反义词有：大-小、多-少、长-短、高-矮、好-坏、香-臭、快-慢、上-下。与此同时，Y还能够用双字词语"可以"来代替同义单字"好"。Y习得的词语大量增加，出现了许多新词，到1岁11个月时，还会使用"可能""好像""不清楚"这样的词汇，呈现出了词语爆炸的态势，表明Y的词语发展高峰期的来临。

3. 语言策略的发展

为了达到学习或者交际目的，儿童在语言的习得和运用过程中会自觉地使用一些特定的手段即语言策略。西方心理语言学界对儿童在语言习得的过程中所表现出的心理惯性给予了较多关注，提出了各种语言发展策略（Developmental Strategies for Language），比如语音和语义的习得策略等。但这些策略基本都是针对形态语言来说的，而汉语属于孤立语，缺乏形态变化，因此，汉语语言类型的差异决定了汉语儿童在习得手段方面的差异性。近年来，国内研究者提出了各种语言策略来解释儿童的语言发展现象。比如周国光（1997，1999）提出了模仿、结构模仿、实词替换、替换、扩展、联结、句法同化等手段来解释儿童语言习得的规律；李宇明（1998）提出了施事策略、NP指示策略、择尾策略、肯定性策略、同化策略等来解释儿童问句理解的特点。我们观察到，Y在语言习得的过程中使用了如下语言策略。

（1）猜测策略

猜测策略是儿童通过语境对新接触到的词语进行自主解释的策略。语境是语言使用的环境，它制约着语言的表达，也影响着语言的理解。儿童已经具备了一定的现实和虚拟的生活经验和语言能力，经验使儿童获得了通过语境来猜测新词语义的心理机制。儿童利用语境猜测新词，表明儿童已经具备了初步的语言概括能力，能自主地对新范畴包括抽象范畴进行概念化的能力。儿童对外界输入的陌生词的初始理解受语境的影响较大，他们先是将一个词与一个具体的所指相对应，而后在相似语境的刺激下逐步调整概括范围。因此，儿童对某个词的理解先是非常具体，范围也相对较窄，之后在猜测的过程中学会了概括，但是这种概括还很不成熟，经常会出现将词语泛化使用的情况。例如：

（62）（Y吃饭时说）好好读书才有精神。（2岁5个月）

例（62）中，2岁5个月的Y可能并不理解"精神"的意思，Y只是通过套用平时妈妈的语言"好好吃饭才有精神""好好睡觉才有精神"等来猜测"精神"的词义。猜测策略也可以用来解释儿童为何能够生成并不理解的词语，当儿童在成人的话语中接触到一个陌生的词语时，这个词语不会成为儿童理解话语的障碍，语境使得儿童忽略或者猜测意义的心理活动成为可能。之后，儿童会在模仿或者复述的言语行为中将陌生词外化出来，甚至有可能在相似语境下将猜测性的理解表露在对该词的选择与使用上。例如：

（63）Y：妈妈，你说过要给圣诞老人写信的，我们一言为定哦。

　　妈妈：那你知道一言为定是什么意思吗？

　　Y：当然知道，就是拉钩上吊一百年不许变的意思。

　　（4岁6个月）

从例（63）可以看出，平时妈妈和Y说"一言为定"时，总是伴随着两个人的"拉钩上吊"这个手势（语境），Y由此猜测"一言为定"的意思就是"拉钩上吊一百年不许变"。可见儿童在习得语言的过程中，会充分调用各种语境比如人物、时间、地点、事件、背景、交际者的年龄、性别、身份、语气、语调、重音、停顿以及表情、手势等副语言因素来猜测词义。上述两个语例中，Y对抽象概念"精神"和"一言为定"进行了自我解释，这种自我解释的猜测策略使她的语言理解能力发生了质的飞跃。从此，她可以抛开客观事物纷繁复杂的表象，通过抽象的语言符号本身来学习语言，从而使她的语言学习效率大大提高。

儿童对词的色彩义也是通过对语境信息的感知来习得的。我们知道，词汇意义是由理性义和色彩义构成的。理性义是词语的核心意义；色彩义是词语的附加意义，是附着在理性意义之外的含义。色彩义是在交际过程中形成的，有的表明使用者的主观态度（感情色彩），有的限制了词语的使用场合（语体色彩），有的从构词的角度给人以画面感、音乐感、形象性或动态联想（形象色彩），有的暗示了词语使用群体的社会性因素（行业色彩、地域色彩、时代色彩）等。儿童语言中最早出现的词语一般富含褒贬分明的感情色彩（如聪明、狡猾、善良、凶恶、可怜等），口语化气息浓郁（儿语特色的叠音词，如猫猫、花花、杯杯等），形象感强烈（如哇、叮咚、美人鱼、乒乓球等），会说普通话和方言的儿童还会在一些同义表达之间敏感地捕捉到词语的地域色彩差异。我们发现，儿童能够通过词语出现的前后语和整个情景语境领会词语的色彩义。儿童最初理解的词义是由某些色彩和一部分理性信息共同构成的。有时候，儿童对词语色彩义的感知能力甚至优于对理性义的把握，特别是在语流中碰到陌生词的时候，儿童往往能够准确地推测出词语的色彩义。比如当Y在故事里听到"小白兔死了好可怜"时，她并不完全理解"可怜"的理性义，但是却能够朦胧体会到这个词所传达的同情意味。11个月龄的Y会用"造孽"（重庆方言）来表达对死去的小鸟的同情，而在Y的心目中，蟑螂、蚊子、狐狸和大灰狼都是坏的，所以它们死了就"不造孽"，不值得同情。

除了通过语境猜测词义以外，儿童还会运用已知语素来猜测新词语。双音节词在儿童早期习得的词语中占绝对优势。当儿童对各个构词要素的意义有了初步的理解后，他们对双音节词语的理解呈现出一种把各构词语素的意义简单相加的心理倾向。魏锦虹（2005）通过"陌生词理解反应"实验发现，三岁的K已经具备了一定的语素离散能力，K通过对已知语素的语义简单相加，从而对一些新词的语义进行猜测。语素相加策略是儿童在碰到陌生词语而又没有充足的语境因素暗示的情况下表现出的一种词义理解的心理惯性，这一策略在习得由同义语素构成的联合性词语（如寒冷、美好、帮助、爱护等）时显得方便而准确，但大多数情况下获得的只是词义的片面或者错误信息，不过这种错误会在后续的语言实践中逐步得到纠正。

（2）属性联想策略

名物类词语在现实生活中很容易找到具体的所指，因而在儿童的心理词库中占据重要地位。儿童在语境套用的过程中逐渐形成了对所指属性的认知，并在认知的基础上进行联想，有时就把这种属性认知的内容作为词语的独立义项来理解，这使得儿童早期心理词库的词性信息并不明显。

属性联想策略的使用拓展了词义表达的空间，在一定程度上缓解了儿童日益增长的表达需求与词汇量的有限性之间的矛盾，常常出现词汇意义兼类的现象。魏锦虹（2005）发现，在K的词典里，"哇呜"最初专指汽车，属名物类词语，后来联想到"呜哇"是汽车行进时发出的声音，便用该词来表达一种动态。我们发现，Y最初用"嘎"来专指鸭子，后来就用"嘎"来表示鸭子发出的叫声，由属性联想而引起的词语运用的偏误形式反映了儿童概括能力和交际需求的提高。

（3）句法扩展策略

句法能力的发展是儿童语言发展的核心问题。关于句法发展的机制，不同的研究者提出了不同的理论。乔姆斯基和勒纳伯格等语言习得先天论者强调儿童的先天禀赋在语言发展中的作用，否定环境和后天学习对语言习得的影响；行为主义者斯金纳把语言习得看做行为习惯的形成，儿童语言发展是一系列刺激 – 反应的结果，儿童是通过对成人语言的机械模仿来学习语言的；以皮亚杰为代表的相互作用论者强调儿童语言只是人类大脑一般认知能力的一个方面，以句法结构发展为核心的语言发展源自认知结构的发展，认知结构的形成和发展是儿童与环境相互作用的结果。相互作用论强调认知发展对语言发展起决定作用，但是忽视了儿童语言的后续发展对认知发展的反作用。20 世纪 80 年代兴起的联结主义理论试图用先天基础结合后天学习的机制来解释儿童句法规则的习得，但没有解释清楚先天基础与后天环境相互作用的具体过程。（王永德，2001）这些理论从不同程度解释了儿童语言发展中的不同现象。综合上述理论，王永德（2001）认为，语言是人类大脑特有的分析、综合机能在儿童与包括其他人在内的环境相互作用中，在认知发展的基础上，通过选择性模仿、内隐学习等手段发展起来的。儿童语言发展源于认知，语言发展反过来促进认知。由于元语言能力的获得，语言自身也会按照一定的规律发展。

徐通锵（1991）认为，语言是现实的一种编码体系，现实的特征都会在语言中得到这样或那样的反映。汉语属于直接编码型语言，它以临摹性为编码原则，句法成分的次序平行于实际的经验或认知的顺序，直接反映现实的特征和思维的特征。从结构类型和句法结构基础来看，汉语属于语义型语言，注重语序，以思维的顺序为基础，根据思维流来安排句法单位的排列顺序，语序与思维流完全自然地合拍。（徐通锵，1991；周国光，1997）但是，儿童在语言习得过程中似乎会自主安排句法。例如：

（64）（爸爸把桌子弄湿了，Y 对妈妈说）等爸爸回家，我要冒火他。
（2 岁 7 个月）

例（64）中的"冒火他"表明虽然句法中的核心范畴在句子中的次序是客观事件中儿童感知到该范畴的自然顺序，但仍有一些范畴在句子中的语序需要在长期的进化中才能逐步形成。随着认知的发展，儿童句法结构能力将会日趋完善。

（4）动作策略

动作在儿童掌握各种抽象概念（如数字和语言）的过程中发挥着非常重要的中介作用。在婴儿时期，游戏中的各种动作对儿童客体永久性感知的发展是不可缺少的。由于同一个动作总是引起同一个结果，因此这种经验促使儿童认识到了其中的因果关系。随着儿童年龄的增长，感知的环境越来越复杂，一些动作也具有了新的意义，动作并不仅仅指某种操作，而是具备了某种符号性意义。儿童在前言语交流的发展中，祈使行为的产生就是工具性姿态的仪式化过程。当儿童伸手指向某一物体并做出抓握动作的时候，这一动作表示"我想要"。随着抓握动作的不断重复，这种仪式化的抓握动作便失去了原来的功能，而成为一种能表达特定意义的语言符号，以此促进言语交流的形式。（李红、何磊，2003）

刘街生（1999）曾对婴幼儿说明性身势的发展特征做过研究。说明性身势是儿童有意识地发出帮助语言说明问题的身势，它是儿童理解语言后才能发出的，它的发展体现了身势与语言在表达上有意识地靠近。在交际中，儿童通过手势等动作来表示自己的所指，并引导听话人感知该所指。例如：

（65）（Y 想吃饼干的时候，会用手指着奶奶，说）啊。（然后 Y 指着饼干，发出）啊。（和爸爸妈妈散步时，Y 指着月亮，连续发音）啊，啊，啊。（1 岁）

（66）（Y 的手上只有一个苹果时，会指着苹果对爸爸大叫）找。（和奶奶去游乐场时，Y 指着电动木马说）币。（家里的地板脏了，Y 兴冲冲地拿起扫帚说）扫。（盘子里的枣子吃完了，Y 指着盘子嚷）装。（看见妈妈洗衣服，Y 抢起叉棍大喊）晾。（半夜醒来，Y 搂着妈妈的脖子，手指门外喊）走。（1 岁 4 个月）

上面的语例表明，在这个阶段，动作在儿童的语言中仍然起着关键性的标引作用。大约一岁半以前，身势反应是最基本的反应方式，此时儿童语言水平处于元语言和独词句阶段，而独立发展的身势从功能上看类似于简单的语言。在一岁半到三岁左右这段时间，说明性身势与语言的作用并驾齐驱，多为互相补充，此时语言大多起指示作用，说明性身势仍是表达信息的焦点所在。大约三岁以后，由于儿童语言水平发展的突破，语言逐渐成为表达信息的重要工具。此时，说明性身势则逐渐成为语言的辅助物，很多时候说明性身势的作用是为了使语言表达更为形象、生动或者得以强调。这种功能置换的过程是正常儿童成长的必经过程，随着儿童语言能力的发展，说明性身势由交际的主要工具沦为交际的辅助工具、语言的伴随现象，而语言逐渐由交际的辅助工具发展成为交际的主要工具。

说明性身势在发展的过程中，也有一个抽象程度的量变过程。刘街生（1999）在对儿童理解问句系统的调查中发现，年龄偏小的儿童倾向于使用更具体的指示说明性身势（指向目标物的身势），而年龄偏大的儿童则会使用抽象程度更高的描述说明性身势（描画目标物形状的身势）。指示性说明身势与其指示对象在实际环境中是不能分开的，而描述性身势与其描述对象在时空上是可以分开的。这说明在描述说明性身势出现以前，说明性身势对现实物质环境具有很强的依赖性，此时儿童所要表达的意思主要在语境中，即使说出个别词语也不过是个提示而已。随着思维和语言水平的发展，原来包含在语境中的隐性成分逐渐变为先行的语言成分呈现在句子里，语言逐渐成为交际的主要工具。随着年龄的增大，儿童描述性身势对其指代对象的复制也越来越抽象，因此，动作在不同时期在表意功能上的差异也成为划分儿童语言发展阶段的指标之一。

三、语言稳定发展期（3-6岁）

从三岁开始，动作在语言学习和表达中退居次要地位，儿童的语言成为主要的表意手段。随着动作的逐步内化，儿童的元语言学习能力快速发展起来，儿童的语言学习效率出现了质的飞跃，从这个时候开始，儿童的语言发展处于稳定发展期。同时，随着儿童认知能力的增强，认知跨度增大，事件成为儿童感知客观世界的认知单位。儿童语言的表达内容也逐步由事物（事件）可视、外在等具象特征逐渐转向内在固有特性，具有从事物属性特征向事件关系属性特征发展的趋势。（李甦等，2002）语言表达从范畴间的关系扩大到事物间的关系。

（一）语言总体发展情况

到 3 岁时，儿童的语音发展已经比较完备。5－6 岁时，大部分儿童的发音比较清晰、准确，只有少数儿童会出现语音偏误。此时，方言的影响成为产生语音偏误的主要因素。（崔荣辉，2009）也就是说，儿童的语音偏误在很大程度上不是由于语音能力的欠缺而引起的。此外，儿童的语音感知和表达能力在本阶段逐步达到了目标语的水平。

由于儿童已经具备了较为完备的语音感知能力，因此儿童能即时地从语音串中分离出新的语音单位。儿童开始通过语言而不是猜测来确定语义单位。这种通过语言学习语言的能力，被称为元语言（metalanguage）学习能力，儿童通过语言来建立语音与语义之间的象征关系。例如：

（67）Y：什么是"辛苦"？（3 岁 3 个月）

（68）Y：什么是"闺蜜"？（4 岁 1 个月）

（69）Y：什么是"颜值"？（4 岁 2 个月）

（70）Y：什么是"擅长"？（4 岁 4 个月）

通过成人的示范性解释等语言实践活动，儿童通过模仿，形成了对抽象概念的解释方法，逐步建立起对抽象概念的解释能力。不过，他们最初只是通过对事物、事件的可视特征进行描述，概括还不够准确。例如：

（71）（Y 看见一个女孩抽烟，悄悄说）妈妈，你看那个女生在抽烟呢，不公平。

妈妈：你知道不公平是什么意思吗？

Y：我知道啊，不公平就是女生不能抽烟，男生也不能抽烟。
（3岁6个月）

通过语言对抽象概念范畴进行探寻和解释，儿童还会通过语言探索新的事物。例如：

（72）Y：奇怪了，鸡爸爸也会孵小鸡啊？（3岁7个月）

与前一阶段通过实物、动作和语义单位的共现关系来习得概念和事物相比，元语言学习的效率更高，是儿童语言学习能力提高的加速器，它能促使儿童的语言得到快速的发展。

3－4岁是幼儿心理理论发展的重要时期。（亢蓉、方富熹，2005）到了三岁，儿童朴素理论框架基本形成，他们会依据朴素理论，用一套看来"合理的""万物有灵"的理论来解释和预测生活中的现象。例如：

（73）（听妈妈讲布谷鸟赶走山雀宝宝的故事，Y充满同情地说）山雀宝宝别伤心呀，等我长大了，就可以走进故事书里来救你了。（3岁1个月）

（74）Y：白云没长翅膀，怎么飞到天上去了？（3岁3个月）

（75）Y：天上没有水管，雨怎么下来了？（3岁5个月）

（76）（Y不肯吃鱼，说）你们把鱼吃了，我生气了，我还想和它做朋友呢。（3岁6个月）

（77）（Y请求妈妈为她装上一对翅膀）我好想飞上蓝天，和蝴蝶、小鸟做朋友啊。（3岁8个月）

（78）（Y对死去的蚊子表示同情）它的妈妈再也看不到它了，你不

觉得它真的很可怜吗？（3岁9个月）

(79) Y：天上的星星不像我们人类一样可以自己走路，星星宝贝和它的爸爸妈妈隔那么远，好可怜哦。要不我跳蹦极，弹到天空把他们放在一起吧。（3岁10个月）

(80) Y：秋天到了，树叶在和大树妈妈说再见呢，可是它们为什么要离开妈妈呢？吹风的时候，它们为什么不像我这样紧紧抱着妈妈呢？（4岁）

这时候，儿童开始使用一些看起来有科学依据的理论来解释某些现象，对客观世界的认识逐渐向科学世界转向。例如：

(81)（Y不让爸爸把废旧电池放进垃圾桶）电池要用盒子装起来，不然会毒死小草的。（3岁1个月）

(82)（Y解释掉头发的原因）肯定是那根头发老了，自然就掉了。（3岁2个月）

(83)（Y解释她的眼里有妈妈的原因）可能是我的眼睛里有光，所以就实现了。（3岁7个月）

(84)（妈妈问Y为什么只有左边脸是红的）可能是我吃苹果的时候只用了这边的牙齿吧。（3岁9个月）

(85)（Y解释为什么妈妈会出现在她的梦里）可能是因为昨天我亲了一下妈妈。（3岁10个月）

(86)（Y认为晚上比白天冷的原因）月亮上有很多风。（3岁10个月）

(87)（Y认为昨晚没有做美梦的原因）可能是做美梦的时候我睡着了。（3岁11个月）

(88) Y：人类不是动物。（3岁11个月）

以上这些语例表明，儿童已经摆脱了朴素理论的影响，从语言到解释事件所用的理论原理已经具备了科学的特征。

（二）词汇的发展

词汇的发展是这个阶段儿童语言发展的一个重要指标，主要体现在词汇量、词义理解和灵活度三个方面。在 3－6 岁期间，儿童的词汇量呈现出快速增加的趋势。同时，儿童对词义的理解更加深入，对词义的把握更加准确，能够更加灵活地运用词汇并创造新词。

从认知的角度来看，儿童对词语所指属性的理解会有一个逐步深化的过程，儿童通过不断地感知和理解，逐渐准确地把握词语的语义特征。孔令达（2004）对儿童掌握"昨天""今天""明天"这一组时间词的研究表明，儿童在 3 岁时就已经具备了对这三个时间词的语音表征能力，但是此时儿童对时间词的语义表征距离目标语还很远。儿童从 4 岁开始才真正理解"昨天"和"今天"等时间词。到 4 岁 6 个月龄才能准确理解"明天"和"今天"的相对关系。我们从 Y 描述事件时使用的时间词可以看出儿童对时间词的理解过程。例如：

（89）Y：明天妹妹给你买睡觉裤裤要得不？（2 岁）

（90）Y：明天我就去买一瓶胶水，把妈妈和宝贝的肚子粘在一起，这样我的袋鼠妈妈就不能去上班了。（3 岁 1 个月）

（91）Y：明明刚才我撒了娇的，你都不陪我，我要你刚才陪我，刚才就是现在。（4 岁 2 个月）

（92）Y：妈妈，我一点都不期待明天，又要上幼儿园了。

妈妈：不过宝贝儿，星期四上完课不就放暑假了吗？

Y：我真的好期待星期三的明天哦。（5 岁 1 个月）

例（89）表明，Y 早在 2 岁的时候就掌握了"明天"的语音形式，但是直到 5 岁左右才真正理解"明天"的语义特征。这一发展过程说明，儿童在习得抽象范畴的时候，从语音表达到象征单位的完整确立需要经过较长的时间，范畴越抽象，这一过程越长。李宇明（2004）从使用范围的角度，将词义分为日常词义、科技词义和文学词义三类。儿童时期掌握的词义主要是日常词义，科技词义和文学词义抽象程度更高，其理解和表达需要经过训练才能获得，因为儿童不可能一下子就理解与目标语完全吻合的语义信息。儿童在理解词义的时候，并不是孤立地判断词义，而是把词语出现时所发生的活动或现象等综合情景纳入自己的理解范围。儿童对词义的理解总是受到他对整个情境理解的强烈影响，所以儿童最初获得的词义内容总是很具体的。心理语言学界一般认为，儿童词义的发展依赖于概念形成的发展，但是，儿童早期语言中的词义很难达到概念的水平。儿童词义理解的过程是将词语所代表的具体事物在他的认知结构中建立起表象的过程，在这个过程中，词的语音形式同事物引发的表象建立起了某种等值关系，这种关系常常是具体而不是抽象的，是特殊的而不是一般的。总之，儿童的词义习得是一个从具体到概括、从简单到复杂、从形象到抽象、从单一到多元的动态过程。随着儿童认识活动和交际活动的日渐丰富，儿童的认知能力逐步发展，理解策略和方式趋于完善，儿童有能力调整与目标语有偏差的语义内容，儿童语言中的语义系统逐步向目标语靠近。儿童能表达和运用的词汇更加抽象，还出现了正式词汇。例如：

（93）Y：刚才我的左耳发出一个胆怯的声音，右耳却发出一个要坚持的声音，这难道就是心理作用？（5岁8个月）

（94）Y：艺术都是主观的。（5岁8个月）

（95）Y：为什么美好的时光都是那么短暂，就像我的寒假一样。（5岁9个月）

以上的语例表明，Y开始使用更加抽象的范畴，词汇也开始带有书面语的味道了。这表明儿童语言开始出现语域分化，这为后来的语言中不同语域的出现打下了基础。

除了词汇量与词义理解两个方面的发展，儿童语言的发展还体现在词语的灵活运用和创造上。从 3 岁起，儿童语言中出现大量的自造词。自造词是指儿童在没有掌握某事物（事件）在目标语中的表征方法之前，根据自己已经理解的汉语构词规则而临时创造的词汇。与前一阶段的自造词无规律相比，本阶段的自造词具有更高的透明度，成人可以根据其构成理解儿童想要表达的语义。例如：

(96) Y：我的快递这么多天还没送到，都变成慢递叔叔了。（3 岁 4 个月）

(97) 妈妈：我们今天朗诵的诗歌名字叫作《杨树》，杨就是姓杨的杨。

Y：哦，我知道了，还有李树，王树，温树。（3 岁 7 个月）

(98) Y：爸爸是画画神，所有的小人都是他画的。妈妈是衣服神，因为她买的衣服比较多。我的玩具最多，所以就是玩具神。（4 岁 2 个月）

(99) Y：如果爸爸迷路了，就给他取个外号叫"找不到先生"。（4 岁 3 个月）

(100) Y：爸爸的一只鞋子找不到了，难道是被鞋贩子抓走了？（4 岁 4 个月）

(101) （新买的小脚裤不听使唤，老是往上蹭，Y 打趣道）瞧瞧，你们怎么给我买了一条爬山裤哦？（4 岁 7 个月）

(102) （Y 认为偷油婆的名字不好）虽然它们偷油，但又不是婆，还是应该叫偷油虫吧。（5 岁 1 个月）

(103) （妈妈告诉 Y 吃饭不要像女汉子那样狼吞虎咽，Y 说）快看看老爸，简直就是一个男汉子。（5 岁 1 个月）

(104) Y：老妈，会说幽默的话应该是段子嘴吧？（5 岁 1 个月）

（105）（妈妈说卖雪糕的老板有点坑爹，Y 表示同意）不仅坑爹还坑妈。（5 岁 2 个月）

（106）妈妈：如果我是全职妈妈就好了。

　　　Y：我还想当个全职宝贝呢。（6 岁 5 个月）

上述语例表明，Y 在理解词汇的时候，会将词汇分解为自己能够理解的组成成分，并且运用已经掌握的该成分的语义来创造新的词汇。自造词的出现是儿童语言主动性的一种表现，是儿童日后直至成年语言创新的基础。

（三）句法的发展

随着年龄的增长和思维能力的发展，儿童对事物特征的感知逐步由外在特性向内在特性深化，对范畴和时间之间关系的理解也逐步深入，儿童的句法成分和修饰性成分逐渐增多，句法结构更加复杂和严谨。这些认知上的深化为儿童的语言表达提供了潜势。

杨先明（2012）的组块分析显示，从 3 岁起，每 100 个语句中组块总数的增长速度有所减缓，从此前的每个年龄段增加 100 个以上减缓到 60 个左右，但是儿童语言中的句法成分数量还在继续增长，总数的增长是一个显性指标，反映出儿童表达单位内能够处理的范畴数在继续增长，表达单位包含的范畴数越多，范畴间的关系就越复杂，句法结构就越复杂。从修饰类组块来看，事体性组块在语句中的百分比有所上升，但动状修饰组块在三岁左右达到最高，然后呈现出下降的趋势。但从绝对数来看，动作修饰语组块仍然是增加的，修饰性成分的增加是儿童对事物、事件的观察能力增强的结果和语言表征。

朱曼殊等（1979）对幼儿口语中的句法结构发展研究表明，儿童 3 岁前的句子中各成分间的相互制约并不明显。3 岁半以前儿童的话语经常漏缺主要词类，词序紊乱。3 岁半以后，句子复杂性增加，各成分之间的相互制约越来越严格。（朱曼殊、武进之、缪小春，1979）杨先明（2012）的组块分析显示，儿童在本阶段表达范畴之间的语法组块的比例上升幅度显著，儿童语言中表示范畴关系的显性组块成分增加很多，表明范畴间的制约关系更为显著，儿童对范畴及事件之间的关系的理解和表达逐步深化和提高。从2.5-3岁年龄段起，儿童语言中复合事体组块数和复句数与前一个年龄段相比都有显著的增加。此后，这两个指标都处于高位且呈增长趋势，这表明，从句法结构的复杂化来看，2.5-3岁是一个关键期，从这时起，句法复杂度快速提高。

儿童的句法发展还表现为句法结构的严谨化，表现为句法连接成分的显性化。儿童在3岁以前对两个事件的描述大多是松散的并列，连接词的运用较少。例如：

（107）Y：来嘛，就吃这个嘛，妹妹喂你，很好吃。（2岁1个月）

（108）Y：妈妈，你不舒服了呀，不要怕，妹妹会保护你的，你的头靠着妹妹嘛。（2岁2个月）

胡承佼（2004）对儿童语言中的连接词的统计结果表明简单连接词的运用一般先于复杂连接词。儿童在3岁以前就出现了一些简单的连接词，比如表示并列、连贯、假设的连接词，而表复杂语义关系的如因果、转折等的连接词大多出现在3岁以后。例如：

（109）Y：我想到了一个办法，就是让妈妈变老，这样妈妈就不用上班了。（假设复句）（3岁1个月）

（110）Y：电池不能丢到垃圾桶，要用盒子装起来，不然会毒死小草的。（转折复句）（3岁1个月）

（111）Y：斑马身上的条纹是黑白的，这是紫色的，所以它不是斑马，它就是一匹马。（因果复句）（3岁3个月）

（112）Y：妈妈，我真的不想长大，因为长大了妈妈就会老，就会死。（因果复句）（3岁3个月）

(113) Y：可是我得先问问司机叔叔去不去翠楼，不然到时候我怎么到幼儿园来接你呀？（转折复句）（3岁7个月）

(114) Y：马戏是挺好看的，可是为什么要让狮子和老虎钻火圈呢？那些动物好可怜哦。（转折复句）（3岁7个月）

从上面的语例可以看出，3岁开始，儿童语言中的连接词运用显著增加，而连接词的显性化使得句法成分之间的关系更为明确、相互制约更为紧密，连接词的密集出现，表明儿童的句法结构更加紧密和严谨。儿童句法结构的严谨还体现在句法成分的完整表达上。在3岁以前，成人对儿童语言的理解在很大程度上依赖于语境，而句法成分的完整出现使语言的理解对语境的依赖性降低，甚至脱离语境也可以正确理解。例如：

(115) Y：我的超人妈妈，你准备什么时候带我去外太空呢？（4岁11个月）

(116) Y：宝贝的生日就是妈妈的辛苦日。（5岁）

(117) Y：你确定这些小儿科的玩具真的可以换来一个弟弟？（5岁1个月）

上面的语例表明，到5岁的时候，儿童的用词更为标准、规范，涉及的范畴更为抽象，句法结构趋于完整，儿童的语言已经接近目标语了。

（四）语用能力的发展

从广义的角度看，儿童的语言中很早就出现了语用能力。有人认为，儿童的语用能力在语言出现之前就存在。（吴琳，2002）下面要讨论的语用能力是指儿童理解和表达语言本义之外的附加意义的能力以及儿童利用不同语言手段表达额外语义的能力。3岁以后，儿童语用能力得到快速全面的发展，儿童开始采用语言手段来表达额外的语义。例如：

（118）（和妈妈比赛谁雪糕吃得快，Y 输了后说）妈妈，你说赢更重
要还是快乐更重要？（4 岁）

（119）Y：妈妈，其实我还想长成你那么大呢。这样我就可以像妈妈
一样，生一个像我一样可爱的小宝贝儿了。（4 岁 1 个月）

（120）Y：妈妈，我想喝白开水。

妈妈：宝贝儿自己去拿吧。

Y：你还想不想让我做你的女儿嘛？（4 岁 2 个月）

（121）妈妈：西瓜好像坏了。

（Y 尝了一口，说）心理作用。

（Y 看见妈妈吃毛豆，眼馋了）其实我也觉得西瓜有点酸。

（4 岁 2 个月）

（122）妈妈：你看，这么小的蒙奇奇，还卖这么贵呢。

Y：要不我们买个大的？（4 岁 5 个月）

例（118）中，Y 没有直接承认自己输了，而是用反问的方式来为自
己找台阶。例（119）中，Y 没有用简单的语言来表达"我很可爱"，而
是用了更为复杂的语音串，显然，她已经能够运用会话合作原则，通过有
意违反数量准则来增加额外的语义了。

在这个阶段，儿童将相似事物进行联系的能力增强，比喻能力快速提
高，并能用合乎目标语言规则的语言手段表达出来。例如：

（123）Y：妈妈，你看，我们紧紧拥抱在一起，就像一块融化了的雪
糕。（3 岁 9 个月）

（124）（妈妈晕车了，Y 说）妈妈，我是你的风油精。（3 岁 11 个月）

（125）（妈妈没有闻到桂花香，Y 说）妈妈别担心，可能是天黑了，
桂花都去睡觉了。（4 岁 4 个月）

（126）Y：盛开的花朵是花妈妈，花骨朵都是她的宝贝。那花妈妈是

怎么生出这些可爱的宝贝的呢？（4岁6个月）

（127）Y：妈妈，你是天空中最甜的棉花糖，我要把最好的惊喜送给你。（4岁11个月）

上述语例表明，Y已经具备灵活运用语言的能力，能通过语言手段将不易表达清楚的意思用修辞的手段表达出来，表现出儿童非凡的语言创造能力。

（五）语篇能力的发展

儿童认知能力的发展使儿童的认知单位和认知跨度逐步加大。由于儿童可以感知到更多的事件特征，对事件的认知深度逐步深化，因此他们具备了更多的表达潜势。儿童的语言表达不再以语句为单位，而是由多个语句构成的篇章为单位。

汲克龙（2009）认为，语篇是指围绕一个特定的话题（或主题）在一定的语境中使用的语言基本单位。徐洪征（2010）认为，语篇的基本单位是超句统一体，表现为围绕一个基本主题发展的几个在内容和句法方面都有关联的句子。语篇的意义是通过词汇手段、次序的变化、语调以及特殊的书写方式来表达的。张放放、周兢（2006）把儿童语篇分为个人生活故事、想象故事和脚本三种类型。

个人生活故事就是儿童对自己真实生活中某些事件的描述。同前一阶段的单句相比，这一阶段他们往往可以描述得更充分、细致，需要多个语句才能完成描述。例如：

（128）（担心自己长大后妈妈会变老，Y说）妈妈，我真的不想长大，因为长大了妈妈就会老，就会死。（Y一边看电视，一边大喊）妈妈，快来看哟，电视上的小朋友长大了，他们的妈妈没有变老哦，真是太好了，我长大了妈妈也不会老了。（3岁3个月）

（129）（幼儿园放学回家路上，妈妈问）今天在幼儿园开心吗？

　　　　Y：一个男生用玩具砸到我的鼻子了。我哭了。好奇怪哦，老
　　　　师发了一颗糖给我，我吃了糖就不会哭了，难道她们的糖可
　　　　以止哭吗？（3 岁 5 个月）

　　在这个阶段，由于朴素理论的进一步完善，儿童在大脑中具备了各种
想象能力，因此，语言中常常有大量的想象故事类语篇。例如：

（130）（Y 和妈妈商量为爸爸买生日礼物）我知道了，我就是最好的
　　　　礼物啊，妈妈你把我包装好，快递给爸爸，他一定会开心的。
　　　　（3 岁 6 个月）

（131）Y：妈妈，天上的星星不像我们人类一样可以自己走路，星星
　　　　宝贝和它的爸爸妈妈隔那么远，好可怜噢。要不我跳蹦极，
　　　　弹到天空把他们放在一起吧。（3 岁 10 个月）

（132）Y：每个小朋友的心里都有一个理想，我要赶快把我的理想都
　　　　画出来。我的理想是长大了开一家游乐园，里面有摩天轮、溜
　　　　滑梯，小朋友就可以在里面开开心心地玩耍了。（4 岁 3 个月）

　　儿童对日常生活中的各种事物、现象的关注度和观察能力是逐步提高
的。随着这些能力的发展，他们形成了按照一定的模式观察类似事物的能
力，其语言的表达结果就是脚本类语篇。例如：

（133）（Y 从被窝里钻出来，对妈妈喊道）鸡妈妈，你快看，小鸡从
　　　　蛋壳里孵出来了。奇怪了，鸡爸爸也会孵小鸡啊？真是笑得
　　　　我龇牙咧嘴的了。（3 岁 6 个月）

第三章

儿童言语幽默分析

幽默是人们日常生活中的一种表达方式，是交际过程中能够引人发笑的语言、动作、表情和场景等。人类对幽默的研究最早可以追溯到古希腊，古希腊哲学家柏拉图和亚里士多德都曾把言语幽默作为研究对象。十七世纪末，幽默在美学领域中出现，随后，幽默的研究范围随着时代的发展逐渐扩大到哲学、社学会、心理学以及语言学各个领域，幽默的研究理论也变得更加丰富。幽默既是一种语言艺术，又是一种人生智慧。幽默的涵盖面很广，有言语幽默和非言语幽默之分。言语幽默是指需要借助语言工具来构建和表达的幽默。由于人们的交际活动主要是依赖语言进行的，因此幽默大多产生于话语中。近年来，国内外诸多学者从语用学、语义学、认知语言学和话语分析等诸多视角对幽默产生的机制、推理、认知心理以及交际过程进行了广泛研究。本章以言语幽默为例，分别从合作原则、关联理论以及情景的视角来分析儿童在交际中的言语幽默现象。

第一节　合作原则视域下的儿童言语幽默

会话是人们在交际过程中彼此间的谈话。美国哲学家格莱斯（Grice）认为会话受到一定条件的制约，为了使人们的交谈不至于成为一连串的胡言乱语，会话双方（或多方）需要朝一个共同的目的（或一组目的）互相配合并做出努力。格莱斯把这些大家都要遵守的原则称为合作原则。

一、合作原则

不论是口语交际还是书面对话，交际双方在某种程度上都要付出一定的努力，有意识或无意识地相互配合，才能使会话顺利进行。合作原则包含四个基本准则：数量准则（The Maxim of Quantity）、质量准则（The Maxim of Quality）、关联准则（The Maxim of Relevance）和方式准则（The Maxim of Manner）等。

1. 数量准则

a. 使自己所说的内容能够满足交谈所需要的量。

b. 自己所说的内容不要多于交谈所需要的信息量。

数量准则要求说话人提供的信息是听话人要求或期待说话人说的，这条准则要求人们在交际过程中说出的话语所含的信息量不多不少，正合要求。

2. 质量准则

a. 不要说自己认为不真实的话。

b. 不要说缺乏依据的话。

质量准则要求说话人所说的话具有真实性，提供的信息需要真实、准确，有足够的证据。这里所谓的真实性是指说话人自认为所说的话属实，在现实生活中也存在说话人自认为是真实的，但实际上并不真实的情况。说话人的这种无意的"假话"或者"谎话"仍然遵循了质量准则。

3. 关系准则

交际双方所说的话与交谈的内容要有关联。

关系准则要求交谈双方所说的话要和正在交流的主题密切相关，交际双方都不应该说和主题没有关联的话，说话人要尽量说能被听话人接受和理解的内容，从而保证会话的顺利进行。

4. 方式准则

a. 说话要通俗易懂，避免晦涩。

b. 说话要清楚明了，避免歧义。

c. 说话要言简意赅，避免冗长。

d. 说话要井井有条，避免杂乱。

在合作原则的四条准则中，前三条关注的是交际双方的说话内容，第四条是对交际双方说话方式的规范。格莱斯认为，合作原则在交际中会无意识地指导人们完成对话，大多数人在交际中都会遵守合作原则，违反某一条准则一般会导致不解、曲解和误解。但是，只要双方具有一定的共同阅历和知识，那么故意违反一条准则不会导致误会或疑惑，相反会产生会话含义。要使听话人能懂的会话含义需要具备以下几个条件：双方具有一定的共同知识、典故和背景；说话人违反的准则一次不超过一个；双方都有或不反对含混、双关、歧义、曲言、讽刺、比喻、影射、夸张等幽默手法，而幽默往往就会在猜测和推理会话含义的过程中产生了。

二、违反合作原则产生的儿童言语幽默

徐韵（2005）认为："儿童由于其思维方式、逻辑表达的不成熟，天真童稚的风格，常常在交流中出现让人捧腹大笑的情况，所以有人说幽默是儿童的一种天性。"汉语中的"幽默"是英语"humor"音译而来。"幽默作为一种人类特殊的认识活动，其萌芽自婴儿出生第二年起即已开始具备，从幼年期通过游戏培养婴儿的幽默感，对日后创造力的发展具有不可忽视的作用。"（胡范铸，1987）胡范铸认为幽默有广义、狭义和常义三个层次，而本章主要探讨言语幽默。言语幽默与特定语境中的语用意义紧密相连，它常常利用语言手段的变异来取得幽默效果。这种变异体现在语言的各个方面，如语音、词汇和句法等层面。言语幽默常见的方式有同音异义词、同音同形异义词、谐音词和一词多义等，也包括运用修辞手段比如比喻、夸张、反语、双关等。

格莱斯会话含义理论对于学龄前儿童语用发展研究具有重大的影响。通常情况下，儿童与他人交谈时不遵守合作原则是因为其语言能力不足而并不是出于自身的交际愿望。下面我们将以格莱斯提出的合作原则和会话含义理论为基础，对 Y 在交际过程中违反合作原则的实例进行分析。

（一）数量准则的违反

数量准则要求说话人所说的话恰如其分，尽量详尽而又不超出听话人需要的信息。如果说话人提供的信息量不足，就会产生歧义或者造成语义模糊；如果说话人提供的信息量过多，听话人需要结合一定的语境来猜测和推断说话人想要表达的真正意图。在 Y 的会话中，违反数量准则产生幽默效果的情况并不少见。例如：

(1) 妈妈：宝贝儿，你长大了想干什么？

　　Y：我想当快递员。

　　妈妈：为什么？

　　Y：我不告诉你。（3 岁 2 个月）

(2) 妈妈：宝贝儿，作为一个重庆人，你可以尝试吃点麻辣的东西了，不然你会错过好多的美食哟。

　　Y：没品位。（5 岁 2 个月）

上述两个语例中，Y 的回答都违法了数量准则的第一条次则。例(1) 中，当妈妈问 Y 为什么想当快递员，Y 的回答是"我不告诉你"。Y 故意违反了数量准则的第一条次则，没有为听话人提供足够的信息量，即没有为听话人提供想当快递员的理由。结合具体的语境，我们可以推断出 Y 的言外之意其实是"当快递员可以天天收到快递"。例（2）中，妈妈劝 Y 吃麻辣的东西，但是 Y 只用了"没品位"三个字，传达出的会话含义是"我并不想吃麻辣的东西"。这两个对话都是由于交际的一方 Y 提供的信息量不足而产生了额外的会话含义。在日常交际中，Y 还常常故意提供过量的信息来制造笑料。例如：

（3）（Y 站在沙发屏包上唱歌）法海你不懂爱，雷峰塔会掉下来。

　　妈妈：咦，跟谁学的呀？

　　Y：跟妈妈学的。世上只有妈妈好。（1 岁 10 个月）

（4）（爸爸对 Y 说）要不你长大了给妈妈买手机吧。

　　Y：行啊。可是我要很久很久才能长大。（3 岁 10 个月）

（5）妈妈：宝贝儿，你知道七夕节是谁的节日吗？

　　Y：是妈妈和小孩的节日。因为今天我和妈妈都想收到礼物。（4 岁 3 个月）

以上三个语例都违反了数量准则的第二条次则。例（3）中 Y 只需要回答"跟妈妈学的"就可以达到交际目的，但是随后她又补充了一句"世上只有妈妈好"，这已经超过了听话人所需的信息量。结合会话发生的语境来看，Y 知道站在沙发屏包上唱歌很危险，所以通过违反数量准则的第二条次则传达出会话含义"希望妈妈不要责备我"。例（4）中，Y 间接告诉会话另一方，现在自己还小，还没有能力为妈妈买手机，从而产生委婉拒绝的幽默效果。例（5）中，Y 通过违反数量准则的第二次则，表达的会话含义是"我也想要礼物"。

（二）质量准则的违反

根据质量准则，交谈双方所说的话要力求真实，不说自己认为不真实的或没有依据的话。质量准则既是交际准则，也是做人的准则。我们发现，在日常的交际中，Y 常常会违反质量准则，说一些明显不符合事实或与事实相矛盾的话，传达出特殊的会话含义，幽默也随之产生。例如：

（6）（Y 将自己不喜欢吃的蔬菜放到妈妈碗里，说）妈妈吃菜菜，吃嘛，好香哟，不长溃疡哟。（1 岁 9 个月）

69

（7）奶奶：这双鞋子小了，穿不得了。

　　Y：好嘛，那就等鞋子长大了我再穿吧。（2岁2个月）

（8）（Y看见石碑上还未刻字，说）妈妈，快看啰，这块石头没有穿衣服，打的光叉叉，好羞人。（2岁2个月）

（9）妈妈：嘿，美女，不要坐在那里嘛，脏兮兮的。

　　Y：妈妈，这样妹妹就变成臭美女了噻。（2岁5个月）

（10）妈妈：树叶怎么都掉光了哟？

　　Y：是不是可恶的光头强砍光的哟？（2岁8个月）

（11）妈妈：宝宝不要担心，大灰狼进不来的，妈妈已经关好门了。

　　Y：要是大灰狼找到了钥匙，自己开门进来怎么办？（2岁10个月）

（12）Y：妈妈，为什么地球一直转，我们却掉不下来呢？

　　妈妈：因为地球有引力，把我们紧紧地吸住了。

　　Y：可能是地球上有透明胶吧。（3岁6个月）

（13）Y：妈妈，天上的星星不像我们人类一样可以自己走路，星星宝贝和它的爸爸妈妈隔那么远，好可怜噢。要不我跳蹦极，弹到天空把他们放在一起吧。（3岁10个月）

（14）Y：妈妈，我就是你的风油精。（3岁11个月）

（15）（Y叫爸爸看水中的倒影）爸爸快来看，房子掉进水里了。（4岁2个月）

（16）妈妈：你都睡着了，怎么知道老师在哈哈大笑呢？

　　Y：对呀，我是睡着了，但是我的耳朵没睡着啊。（4岁5个月）

（17）Y：妈妈，你是天空中最甜的棉花糖，我要把最好的惊喜送给你。（5岁）

（18）（妈妈告诉Y经常听鼓声的番茄结出的果实很小，Y说）难道是鼓声太大，把番茄的耳朵给振聋了？（5岁2个月）

（19）妈妈：宝贝儿，颜值高就是长得漂亮的意思。

Y：妈妈，你的颜值都高到几个亿了。（5 岁 2 个月）

（20）妈妈：宝贝儿，你知道什么是梦吗？

Y：梦就是脑子里面的小丹参。（6 岁 3 个月）

例（6）中，Y 明明不喜欢吃蔬菜，却对妈妈说"好香哟"，明显是不真实的，她的目的是想说服妈妈帮她吃掉自己不喜欢的蔬菜。其余几个例子也是属于典型的学前儿童语言。Y 的回答违反了质量准则，产生了夸张的修辞效果，达到了强调、突出事物本质以加强渲染力量的目的，体现了儿童的纯真和可爱，由此产生的幽默不禁引人会心一笑。

（三）关系准则的违反

根据关系准则，交际双方所说的话必须要与主题密切相关，不说和话题无关的话，切忌"牛头不对马嘴"，这是针对交际内容提出的要求。然而在实际生活中，为了顾及对方的面子，在对话中常常会出现顾左右而言他的情况，让人产生答非所问的感觉，正是这种毫不相关的回答产生了幽默的效果。例如：

（21）（妈妈看见 Y 躺在床上发呆，问）妹妹在想什么问题呢？

Y：核问题。

妈妈：啥子核问题哟？

Y：世上只有妈妈好。（1 岁 11 个月）

（22）妈妈：宝贝在动物园看到了什么？

Y：熊猫呀，斑马呀，大象呀，羚羊呀，孔雀呀，老虎呀……

妈妈：那你最喜欢什么呀？

Y：豆乐园，骑马马。（1 岁 10 个月）

（23）（妈妈让 Y 带一件她最喜欢的玩具去幼儿园）宝贝儿，告诉我，你上幼儿园最离不开的东西是什么？

Y：我最离不开的是妈妈。（2 岁 11 个月）

(24)（妈妈让 Y 来决定谁洗碗，Y 很严肃地说）洗碗是很辛苦的劳动。（3 岁 3 个月）

(25) 妈妈：宝贝儿，妈妈的雪糕快吃完了，你怎么还剩这么多呢？

　　　Y：妈妈你说赢更重要还是快乐更重要？（4 岁）

"关系准则"要求说话要贴切，与目标相关联。儿童有意识地违反"关系准则"往往表现为儿童对对方的话题不感兴趣而拒绝继续交谈的情况，这会使说话人的语气显得更加委婉。例（21）中，显然 Y 对妈妈的问题并不感兴趣，所以她的回答和妈妈的提问毫不相干。由于妈妈打断了 Y 的沉思，Y 有些不开心，但是又担心妈妈不喜欢她了，因此选择委婉回答来实现拒绝的效果，同时还维护了说话双方的关系。由于学前儿童的语体习得和语言习得是重叠的，二者都还处于习得的初级阶段，因此儿童在理解话语的时候，会因为缺乏相关的文化知识和经验而无法找到关联。例（22）中，Y 听到"动物园"时，联想到的是平时自己最喜欢的游戏场所"豆乐园"，从而产生一种特殊的幽默效果。例（23）中，Y 显然没有理解"东西"和"人"的范畴。例（24）中，Y 的回答明显是一种逃避做决定的委婉拒绝。例（25）看似答非所问，违反了关系准则，实际是 Y 在为自己动作慢做狡辩。

（四）方式准则的违反

根据方式准则，说话人要用最易理解的方式编排话语信息，使自己所说的话紧紧围绕交谈的主题，所说的话要简练而有条理，不要使用晦涩难懂的或产生歧义的词语。由于儿童的语言习得还处于初级阶段，有时候要清楚明白地说出想要表达的内容还存在一定的困难，因此会话的时候，往往会以牺牲方式准则为前提。例如：

(26)（Y 吃饭磨蹭，爸爸对她说）你看嘛，爸爸吃完了，妈妈也快了，你的还没动。

（Y 立马拿起饭勺手舞足蹈，说）妹妹在动，妹妹在动。（2 岁
1 个月）

（27）妈妈：宝贝儿，不要害怕，这是面膜，你用手来摸一下嘛。（Y
告诉爸爸）我给你讲嘛，妈妈脸上有泡沫，妹妹长大了也要学
妈妈敷泡沫。（2 岁 3 个月）

（28）Y：妈妈，刚才爸爸把我的桌子打湿了。等爸爸回家，我要冒
火他。（2 岁 7 个月）

（29）（Y 唱歌跑调，妈妈逗她）你有跑调哦。
　　（Y 起身逃走）我有跑掉噢，我真的跑掉了哦。（2 岁 8 个月）

（30）Y：妈妈，你也太着急了吧，怎么就像一只蚂蚁上的热锅呢？
（4 岁 2 个月）

（31）（唱完卡拉 OK 后，Y 说）今天过得真开心，我们唱了哈喽 K
呢。（4 岁 2 个月）

（32）Y：爸爸，你看，妈妈给我穿了打底裤，这样就走不光了。（4
岁 3 个月）

（33）Y：看到鸡腿，我可不会下手留情的。（4 岁 6 个月）

（34）（航班延误，Y 说）妈妈，由于航班发炎（延），我们可以在香
港多住一晚了。（4 岁 8 个月）

（35）Y：哎，爸爸不听我的。不听宝贝言，吃亏在眼前，外面都下
雨了，他一定会遭淋成汤姆鸡的。（4 岁 9 个月）

（36）（飞机上新结交的小朋友对 Y 说）你看不见我，你看不见我，
你现在是个瞎子。
　　Y：我可不是瞎子，虾子还在水里游泳呢！（5 岁 9 个月）

（37）（听到机场正在广播："旅客们请注意"，Y 问妈妈）为什么不
叫男客注意？（6 岁 3 个月）

（38）爸爸：信佛的话就不能吃肉，只能吃蔬菜。
　　Y：还好我姓温。（6 岁 3 个月）

例（26）（29）（36）（37）（38）这五个语例违反了方式准则中的第二次则，会话中 Y 通过使用汉字的谐音达到了幽默的效果。例（27）（31）（34）（35）违法了方式准则中的第一次则，"泡沫""哈喽 K""发炎""汤姆鸡"这些晦涩的词语离开了具体的语境根本无法理解，但是由于会话双方具有共同的知识，所以听话人可以推断出说话人的会话含义。例（28）（30）（32）（33）违反了方式准则中的第四次则，由于语序错乱而产生的幽默让人忍俊不禁。

三、儿童违反合作原则的原因

儿童的语言运用是指儿童在学习和获得语言的过程中不断操作和使用语言进行交流的现象。儿童在交往过程中发展起来的语用能力主要表现在儿童如何运用适当的策略与他人进行交谈，如何根据不同情境运用适当的方法组织语言来表达自己的想法。儿童的语用技能会随着认知和语言的发展不断提高，儿童在使用语言时的合作交流程度越高，他们的语言所产生的功能作用对交流对方的影响就越强。通过对儿童违反合作原则的分析，对于研究儿童语用能力的发展具有积极意义。

通过上述语料分析，我们发现违反合作原则导致的言语幽默主要有两种情况：说话人有意识地偏离合作原则而产生的幽默效果；说话人并没有发觉他的话偏离了合作原则，由此产生了出乎意料而又十分真实的幽默效果。儿童违反合作原则产生的幽默效果多属于后者。在儿童会话中，儿童故意违反合作原则产生修辞效果的例子也不少。这说明儿童通过违反合作原则以达到交际效果和成人一样具有相同之处，同样丰富了语言的表达形式，增强了语言的生命力和表现力。但是由于受到心理水平、认知能力和社会权势等因素的影响，儿童违反合作原则的情况与成人又有所不同。

儿童在最初的语言习得过程中，由于感知经验不足，缺乏足够的认知能力，导致他们违反量的准则。从 9 – 12 个月开始，儿童能够注意到共同关注的对象、揣摩交际意图、进行角色互相模仿，这些都是语言获得的心理基础和机制。（黄宇，彭小红，2010）虽然12个月的儿童已经初步具有社会认知技能的基础，但是其发展还刚刚开始，离完善还有很大距离。年幼的儿童还常常因为不能意识到自己是否真正理解交谈对象所说的话而导致对质的准则的违反。皮亚杰认为，儿童的言语和思维都具有自我中心的性质，2–7岁的儿童一般不会有意同别人说话，也不会根据听众的不同而选择和调整自己的语言，在会话中儿童违反关系准则就是这个原因造成的。在交谈中，儿童常常不能长时间关注交谈对方所说的内容，而是答非所问地将自己所想到的讲出来。在违反方式准则的情况中，儿童虽然理解了交谈者的意思，也知道自己需要表达的意思，但是由于语言表达能力有限，就会采用牺牲语言的表达方式来达到交际效果。当然，儿童也有接近成人违反合作原则的情况，儿童有时会说出很符合语境而让成人大跌眼镜的话来。这是因为具体场合中经常用到或出现的语言特征，可以在儿童的大脑中结构化。语用因素的结构化会产生认知语境，认知语境是人为语言使用的有关知识，是与语言使用有关的、已经概念化或图式化了的知识结构状态。这种结构化的语言特征也是儿童言语幽默产生的源泉。

儿童的语用发展是一个复杂的过程。儿童言语幽默产生的根本原因是儿童语言能力和交际能力的发展不同步。这种不同步使得儿童对接收和输出的信息一知半解，这种对词语背后的文化知识、语用知识和社会文化知识的一知半解使儿童产生了言语幽默。众所周知，家长在儿童早期的亲子语言活动中处于主导地位，因此，在儿童语言发展的早期阶段，成人可以根据所处的环境，结合具体的情景不断与儿童说话，为儿童提供丰富的语言刺激，使他说出违反合作原则的幽默话语。当父母给孩子提供超过孩子已知范围的语言刺激时，孩子会因为一知半解而说出与成人理解不同的有趣答案，孩子的幽默感就会逐渐培养起来。

第二节　关联理论视域下的儿童言语幽默

人类的交际过程也是一种有目的和意图的明示 – 推理的认知过程。在这个认知过程中，交际双方按照一定的思维规律进行推理。说话人根据自己的交际目的及所处的场合选择合适的表达方式来传递信息。听话人需要识别说话人的意图，思考话语背后隐含的交际意图，使交际获得成功。

一、关联理论

关联理论是由斯博伯和威尔逊（Sperber & Wilson，1995）在《关联性：交际与认知》（Relevance：Communication and Cognition）一书中提出的认知语用理论，是解释语言的"符号模型"和"推理模型"的叠加。言语幽默作为一种特殊的语言表达方式，说话人总是通过间接表达的方式将所要表达的信息传达给听话人，听话人需要通过一定的认知努力才能真正理解说话人的隐含意义。幽默的理解需要听话人从语境中选择最佳关联的假设，用最小的努力和付出，对话语所建立的新关联假设加以处理来获得最大的语境效果，从而找出话语的最佳相关性的解释。

（一）认知语境和互明

关联理论中的认知语境是指人们能感知或判断的所有事实或假设的集合。（Sperber & Wilson，2001）认知语境不是已知的或者给定的，它是听话人在理解话语的过程中不断选择和自我构建的，包括当时的场景、语言使用的背景知识以及百科知识等元素。每个人的认知语境会因为个人的认知能力、记忆知识以及所使用的语言不同而有所差异，因此只有当交际双方的认知语境能够互相显映相同的事实或者假设时，说话人的交际意图才能被听话人识别，双方的言语交际才能成功。认知语境的构建是一个动态变化的过程，是人类话语理解的认知基础。即使交际双方在话语中拥有相同的认知语境，但是由于各自所处的外部环境和认知能力不同，双方各自所建立的心理表征也会有所不同。即便是相同的事物或环境，交际双方也会持有各自的理解和假设，如果交际双方的理解或假设出现交叉或重叠，这时双方的认知语境就是互明（mutual manifestation）。交际双方的百科知识、词汇知识和逻辑知识是互明的基础。认知语境的互明只是交际双方认知语境的部分交叉或重叠，借助互明，人们可以更好地理解话语的含义，因此互明被视为关联理论的理论前提。

（二）最大关联和最佳关联

关联理论认为交际双方所说的话应该是相关的，交际双方对话的过程就是寻找关联的过程。当听话人在现有的语境中找不到关联的时候，就会不断扩大语境范围，直到找到话语的关联。只有当一方所说的话在另一方的语境假设中产生了语境效果时，交际双方所说的话语才具有关联性。

斯博伯和威尔逊从认知的角度对交际进行了大量研究，把最大关联（maximal relevance）和最佳关联（optimal relevance）作为关联理论的核心内容，提出了认知和交际两大原则。认知原则解释了最大关联，即在话语理解的过程中，听话人付出尽可能小的心智努力获得最大的语境效果。交际原则解释了最佳关联，即在话语理解的过程中，听话人付出有效的心智努力后获得足够的语境效果。（张亚飞，1992）斯博伯和威尔逊指出在多数情况下，不一定每个话语都有最佳关联，最大关联也并不总是最佳关联，出于经济、省力的心理，人类往往以追求最佳关联为认知活动的最终目的。最大关联和最佳关联的反差正是幽默效果的主要来源。（鞠辉，2006）

（三）明示 - 推理

斯博伯和威尔逊把言语交际看作是一种"明示"（ostension）、推理（inference）的过程，在关联理论中提出了明示 - 推理的交际模式。明示是指说话人通过听话人能够显映的方式进行编码，提供与听话人的认知环境相关的信息，向听话人明白无误地表达自己的交际意图。推理是指听话人结合自己的认知语境，对说话人提供的显映方式进行解码推理，从而理解说话人的交际意图。在交际的过程中，只有当说话人清楚地表达了自己的交际意图，而听话人又正确地理解了说话人的意图，说话人才算实现了成功的交际，也就是互明。

二、关联理论对儿童言语幽默的阐释

关联理论不是专门针对幽默现象而提出的，但是它为言语幽默提供了理论框架。根据语言的经济学原则，听话人在理解话语时，尽管需要付出一定的认知努力，但寻求的也是话语中的最大关联。因此，说话人常常会利用听话人的这种本能，诱导听话人做出错误的推理，然后再突然否定听话人的推理结果，显示出自己的交际意图（最佳关联）。根据关联理论，最大关联和最佳关联之间存在的反差是幽默的来源之一。这种反差越大，幽默的效果就越强。根据这个原则，言语幽默的理解大致会经历三个阶段。第一阶段，建立认知语境。它包括最初形成的语境假设、对话语的最大关联期待以及听话人认知环境中的附加信息。第二阶段，发现冲突。听话人发现自己的关联期待与说话人进一步的明示信息毫无关联。第三阶段，寻求最佳关联。听话人进一步付出认知努力，重启新的语境假设对说话人的明示刺激信息再次解码，识别说话人的交际意图，幽默理解成功。因此，听话人理解会话幽默时，是以寻求最佳关联为导向的，需要付出更多的认知努力才能发现话语的关联性，从而获得足够的幽默效果带来的愉悦。

根据关联理论，交际双方对同一话题对象的极端偏差的理解即双方理解中心的不同，会造成最大关联与最佳关联之间的意义反差，幽默也随即产生。例如：

（39）Y：妈妈，我好希望每周星期六和星期天也可以上幼儿园。

妈妈：宝贝儿真是越来越乖了。

Y：这样星期一到星期五我就可以休息了，是不是很爽啊？（5 岁 4 个月）

例（39）中，当说话人 Y 提供信息希望星期六和星期天可以上幼儿园时，听话人妈妈的头脑中自然而然浮现出的最大关联就是 Y 开始喜欢上幼儿园了。然而 Y 的真实意图却是希望一周只上两天幼儿园，剩下的时间都可以玩。

在现实生活的交际中，说话人想要使听话人相信他所说的话语具有最佳关联性，而不是必定具有最佳关联性。但是在幽默会话中，说话人往往不愿把具有最大关联的信息告诉听话人，而是选用关联性较差的信息来产生幽默效果。例如：

（40）（Y 捏了七八个大小不同的小黄人，问爸爸）你说，哪个是小黄人的妈妈？（爸爸用手指个头最大的小黄人）

Y：这些小黄人的妈妈是我的手啊，你忘了它们全部都是我用手捏出来的吗？（5 岁 3 个月）

当 Y 用手指着大小不同的小黄人问爸爸的时候，爸爸根据已有的假设，推导出最佳关联：这一堆小黄人中肯定有一个是小黄人的妈妈。但是 Y 的回答恰恰是由完全不关联到最大关联，从而产生了意想不到的幽默效果。

要正确理解话语，需要根据话语与语境的关联情况进行推理。根据关联原则与最佳关联原则，推理是切实可行的，但是由于人们的认知结构不相同，由逻辑信息、百科信息和词语信息所组成的认知环境也因人而异，对话语的推理自然就会得出不同的结果。（何自然，1997）儿童由于所掌握的词语信息和百科信息相对较少，加上对事物的思考方式与成年人大不相同，使用对话语的推理得出的结果往往就和说话人所期待的解释不同。因此，听话人（儿童）对说话人（成年人）意图的识别和说话人的意图之间也会存在差异。这种认知差异具有它的合理性，往往会达到意想不到的幽默效果。例如：

(41) 妈妈：宝贝儿，赶快把衣服穿上，不然冷感冒了又要咳嗽了。

　　　Y：妈妈，你不是说我是热咳吗？（3岁7个月）

(42)（妈妈对坐在地板上的Y说）嘿，美女，不要坐在那里嘛，地上脏兮兮的。

　　　Y：妈妈，这样妹妹就变成臭美女了。（2岁5个月）

(43) Y：妈妈，我也想打扮得像新娘一样漂亮。

　　　妈妈：可是，宝贝儿要长大了才能当新娘噢。

　　　Y：那我现在可以当小新娘呀。（3岁3个月）

(44)（爸爸遭遇一辆非法营运车，悄悄说）又是一辆黑车。

　　　Y：你说错了，明明是一辆白车。（3岁3个月）

(45) Y：妈妈，什么是段子手？

　　　妈妈：就是那些会讲有创意的话，而且又有那么一点冷幽默的人。

　　　Y：老妈，会说幽默的话应该是段子嘴吧？（5岁1个月）

　　由于儿童缺乏相关的百科知识或语言知识，Y并不清楚上述语例中的"热咳""臭美女""小新娘""白车""段子嘴"的真正含义，故无法识别说话人的真正意图，从而给出不相关而有趣的回应。

　　幽默话语是一种最佳关联，需要付出有效的认知努力后，方可获得足够的语境效果。幽默话语的语境效果与一般会话的语境效果不同，一般会话交际是为了改变对方的认知，它的语境效果使听话人获得一定的信息，从而改善认知环境。而幽默话语就不止于此，它在提供认知信息的同时，更多地提供的是趣味性的审美感受，它不仅是知性的，更是感性的。感性包含对客体外部形式、言语词句、语境的直观感受和主体自身（交际双方）的情感体验。因此，幽默话语的主要作用是平衡情感、排解尴尬、缓和矛盾，从而营造轻松气氛。例如：

(46)（爸爸指着桌上的水煮虾对 Y 说）这些虾都是因为贪吃才上当受骗的。

（Y 对着饭桌说）快来看啊，上当的虾子，上当的鱼，上当的南瓜，上当的番茄，还有上当的米饭！（4 岁 4 个月）

(47) 妈妈：我们今天朗诵的诗歌是《杨树》，杨就是姓杨的杨。

Y：哦，我知道了，还有李树，王树，温树。（3 岁 7 个月）

上面两个语例中，Y 的归谬推理多半是为了讨趣，制造一种轻松诙谐的氛围。幽默话语的发生和理解离不开趣味性思维方式，趣味思维对幽默话语的理解十分重要。任何事物本身并不幽默，幽默只存在于接收者的认知过程中，幽默的实现在很大程度上依赖于听话人。听话人必须具备相关背景知识，并且这种背景知识在必要时可以被激活，同时他还必须意识到幽默发出者只是提供了实现幽默的可能性，幽默接收者要将这种可能性变成事实，必须结合语境，发现不和谐因素，进行趣味思维，才能获得愉悦感。

通过上面的语例分析，我们可以看出关联理论对幽默话语的理解具有很强的解释力。按照关联理论，每一种明示的交际行为本身都具备最佳的关联性。当交际双方根据各自的认知语境进行推理假设时，由于双方语境的不同而推导出不同的"最佳关联话语"，就会造成表面上的不关联现象，而幽默话语正是产生于这种表面的不关联现象。

第三节　语境视域下的儿童言语幽默 ——以谐音为例

谐音是言语幽默的手段之一，常常出现在生活的各个方面。谐音幽默的理解依赖于特定的语境，因此，想要真正理解谐音幽默及其产生的原理，就必须了解谐音幽默与特定语境的关系。

一、语境

美国社会语言学家海姆斯（Hymes，1972）在《语言与社会背景相互作用的例子》一书中将语境定义为："话语的形式和内容、背景、参与者、目的、音调、交际工具、风格和相互作用的规范等。"荷兰语言学家戴伊克（Dijk）认为语境就是语言环境，即上下文；发生言语行为时的实际情况；文化、社会和政治。英国语言学家里奇（Leech，1983）指出，语境就是说话人与听话人共同拥有的背景知识，这种背景知识对听话人理解说话人说出的特定话语起着重要的作用。英国功能语言学家韩礼德（Halliday，1976）认为语境由场景、交际者和方式三个要素构成。我国著名语言学家张志公（1992）按照内容把语境分为现实的语言语境和广义的语言语境。陈望道（1997）在《修辞学发凡》中指出，语境是指写文章或说话时所处的种种具体环境。根据众多语言学家的研究，我们把语境分为上下文语境和情景语境。上下文语境是一种微观静态语境，是指一个词前后的词语或词与词同现或搭配的可能性，也可以指句子前后的语句。情景语境是一种宏观动态的语境，包括所有与交际有关的任务、场合、时间、文化和政治背景以及我们在交际推理中产生的认识等。

随着功能语言学和语用学的诞生，人们对语境的研究日益频繁和深入。语言的使用离不开语境，幽默更离不开语境，因为任何幽默都是一定语境的产物。但是语境对口语（言语幽默）和书面语的作用是不同的。

对书面语而言，上下文是重要的语境。而言语幽默是一种特定的语言效果，它在表现上往往有特别的言语行为方式（如夸张、比喻和双关），并不依赖任何特别的语言形式而存在。除了上下文，情景、说话人的共同生活经验、共知信息及个人背景等语言要素对言语幽默都会产生影响。因此，在日常的交际中，不管是言语交际还是非言语交际，理解其义，首先要理解语篇或者言语所产生的上下文语境，其次还要理解事件或者言语涉及的主题、发生的时间、地点、方式以及接收信息发生的文化大背景，即情景语境。

二、谐音辞格

谐音是一种修辞格，属于双关的一种。李庆荣（2010）在《现代汉语实用修辞》中把双关定义为"借助于语境的特定条件，利用同音或多义的条件，使一个语句同时兼有两种意思"。从这个定义可以看出，谐音辞格最主要的特点是运用多义字词或同近音字词表达不同的意思，对谐音的理解需要借助特定的语境。

谐音的形成与语音结构密不可分，汉语也不例外。汉语常常被认为是世界上最难学的语言之一，除了汉字特殊的构造外，还有一个原因就是汉语中存在丰富的同音或近音词。我们发现，在汉语的古音系统中，单音节语素的数量远远大于音节的数目，若用有限的音节来表示数量庞大的汉字，必定会产生大量的同音或近音字。随着汉字的拼音化，浊音声母的清化和入声尾韵的消失，汉字语音系统相比古音系统更加简单化，同近音字词数量猛然增多。《汉语拼音词汇》统计显示，同音字约占10%，同音异调词占20%，这些都为汉语谐音辞格的产生提供了语言学基础。

除了语言基础，谐音在中国传统文化中还有其深厚的文化基础。首先，对称、和谐、平衡的思维方式和交际习惯是汉民族文化心理的重要特征。其中，最能体现对称心理的就是对联这种独特的语言艺术形式，对联不但讲究对仗工整，强调平仄协调，还常常运用谐音的技巧使其生动有趣。其次，由于受传统儒家思想的影响，汉民族习惯用委婉含蓄的方式来表达自己的真实意图和想法。运用谐音，可以巧妙地将直白化为含蓄，使语境迂回曲折，符合汉民族含而不露的心态。最后，谐音还与汉民族了解事物和认识世界的方法密切相关。汉民族具有丰富的联想能力，由此及彼，从一事物联想到与其相对或相关的另一事物是汉民族认识事物的方法之一。这种了解和认识事物的方式映射到对语言的认识和理解上，就形成了汉民族由音探义的传统习惯。

三、谐音幽默分析

汉语中谐音辞格是在汉语特殊的语音文字结构和文化心理基础上形成的。如果我们想要深层次理解谐音产生的言语幽默，就需要透彻地了解汉语言的特点以及汉民族特殊的文化心理、价值观、风俗习惯以及认识世界万物的方法。下面这个笑话就是利用谐音制造言语幽默的典型例子：

(48)（吉利车主发现一小孩正在车上乱涂乱画，问）你涂啥？

小孩：没啥，就图个吉利。

这个充满恶作剧的小幽默利用"图"和"涂"同音，巧妙地将惯用语"图吉利"用诙谐幽默的方式传达出来。

由谐音产生的言语幽默主要分为两类：同近音异义词相谐和多义词相谐。同近音异义词就是用一个同音或近音字词表达两种意思。这种谐音幽默主要是运用音同形不同的语音手段使语言产生歧义，使交际双方处于不同的情景之中而产生幽默。例如：

(49)（Y 唱歌跑调，妈妈逗她）你有跑调哦。

（Y 起身逃走）我有跑掉噢，我真的跑掉了哦！（2 岁 8 个月）

(50)（飞机上新结交的小朋友对 Y 说）你看不见我，你看不见我，你现在是个瞎子。

　　Y：我可不是瞎子，虾子还在水里游泳呢。（5 岁 9 个月）

　　例（49）中，"调"和"掉"读音相同、声调相同，但是意义不同，在这个语境下，同一个语音引出两个意义不同的词来制造言语幽默。同样，例（50）中的"瞎"和"虾"也是同音不同形，意思也不同，两者巧妙结合，尽显诙谐幽默效果。

　　同近音异义词相谐还表现在借助方言与普通话系统中的语音不同来制造幽默。中国幅员辽阔，不同的地方有不同的方言，每个方言与普通话又各有差异。在重庆方言中，鼻音"n"和边音"l"不分，平翘舌不分，前鼻韵和后鼻韵不分的情况十分常见。例如：

（51）（听到机场正在广播："旅客们请注意"，Y 问妈妈）为什么不叫男客注意？（6 岁 3 个月）

（52）爸爸：信佛的话就不能吃肉，只能吃蔬菜。

　　　　Y：还好我姓温。（6 岁 3 个月）

　　例（51）中"旅客"（lǔ）和"女客"（nǔ）在重庆方言中的发音都是边音"lǔ"。例（52）中，"信"（xìn）和"姓"（xìng）在重庆方言中的发音一样，都是前鼻韵"xìn"。这两个例子形象生动地展示了由普通话语音系统和方言系统的语音差异造成的言语幽默。

　　多义字词相谐就是利用一个具有多个义项的字或词表达不同的意思。这种幽默巧妙地将同一个字或词的不同义项结合起来，使两种情景相融相混，看似滑稽荒诞，实则符合一定的逻辑，但两种情景的反差会使接收者在理解的过程中因情景的混搭而产生幽默效果。例如：

（53）（Y 吃饭磨蹭，爸爸对她说）你看嘛，爸爸吃完了，妈妈也快了，你的还没动。

（Y 立马拿起饭勺手舞足蹈，说）妹妹在动，妹妹在动。（2 岁
1 个月）

在汉语里，"动"的意思很多。例（53）中，爸爸所说的"动"是
"吃"的意思，而 Y 所说的"动"则是一种动作状态。这里运用"动"的
两种不同意义使之相谐产生令人会心一笑的幽默效果。

人们在进行言语交际的时候，会尽量避免运用语义含糊的字词，而谐
音却刚好相反，为了实现言语表达效果，人们常常运用谐音使表达模糊化。
根据谐音的定义可以知道，谐音幽默就是利用多义字词在不用的语境下表
达不同的意思，有时所表达的意思看似相差十万八千里，实则具有一定的
逻辑联系。我们来看一则讽刺雾霾的对联：上联"厚德载雾，自强不吸"，
下联"霾头苦干，再创灰黄"，横批"为人民服雾"。此对联中"雾"的谐
音"物"，"吸"的谐音"息"，"霾"的谐音"埋"，连续几个谐音字运用
到雾霾的语境，既暗含讽刺，又显示出创作者的幽默机智。谐音幽默既可
以调剂人际关系，拉近人与人之间的关系，又能化解矛盾和尴尬。

四、谐音与语境的关系

语言学家里奇在《语义学》中将词汇意义划分为理性意义和联想意
义。理性意义是词义的核心和基础，是人们对客观现象和内容的理性反映
和认识，意义明确稳定，它一般不会因人、因时而异。联想意义具有很大
的不确定性和不稳定性，它的理解会因时因人而异，还会因民族、文化、
习俗、观念、职业以及个人经历的不同而具有不同的特点。词语在具体的
言语活动中，意义涵盖的内容丰富，除了语言本身的意义和环境赋予的意
义，还包含言语接收者对词语的理解意义。因此，在言语交际中，不能只
从词汇和语法层面去理解词汇的理性意义，而是需要借助语境来推导和理
解其联想意义。

　　语境是语言使用的环境。幽默是一种特殊的交际方式，是特定语境下的产物。一方面，言语幽默的理解依赖于特定的语境，比如事件发生的情景以及文化背景等。在言语交际中，如果一方对语境的交代不清楚或者接收者对语境的认识不够充分就达不到幽默的效果。例如：

　　(54)（Y 没赶上飞往普吉岛的飞机，说）妈妈，由于航班发炎，我们可以在香港多住一晚了。(4 岁 8 个月)

　　例(54)中，Y 和爸爸妈妈准备去普吉岛度假，在香港中转，由于前一趟航班晚点，全家人没能赶上中转航班，只有在香港多待一天。Y 在这里用了"炎"和"延"同音异义相谐，实现了幽默效果，但如果接收者对当时的语境并不了解，就会一脸茫然，理解不了笑点。这充分体现了幽默对于语境的依赖性。另一方面，语境制约着言语幽默，言语必须与语境达到双重或多重契合才能产生幽默效果，接收者可以借助语境来消除谐音幽默中的歧义。

　　如果对谐音产生的诱因进行分析，我们发现，谐音幽默效果的达成与所用谐音字词的语音有着密切的关系。谐音字词的语音就是激发接收者联想的触发器，它借助语境生成幽默。例如：

　　(55)（妈妈觉得要看的书太多了，说）这么多书，怎么看得完嘛？看来只有跳起跳起看了。

　　　　Y：我来看看妈妈到底是怎么跳起来看书的。(4 岁 5 个月)

　　例(55)中，Y 只知道"跳"表达的概念意义是一种"腿部用力使身体离地向上或向前"的动作，而妈妈要表达的却是"跳"的联想意义"越过去"。正是由于这种同音字相谐，达成了一种表面无任何逻辑又有着微妙关系的联系，让受众在认知和心理上产生不平常的感觉，进而产生一种特殊的幽默效果。

谐音幽默的言语表达手段决定了这种特殊的幽默所创设的情景之间的关系微妙且乖张，所以幽默效果的生成需要调用接收者的百科知识、个人经历等进行推理筛选才能领会。可以说，谐音幽默效果的达成是一个动静结合，对特定语境进行凸显和抑制的筛选过程。因此，无论是想成为一个机智的谐音幽默制造者还是一个语言和跨文化交际的运用者，具备这种幽默所需的语境知识对语用主体显得十分重要。

第四节　顺应论视角下的儿童言语幽默

言语幽默是一种特殊的语言现象。麦基（McGhee，1972）认为言语幽默必须包含某种不和谐、不合乎逻辑、荒谬、出乎意料、可笑的关系，听话人必须首先觉察到这种不和谐因素中的意义，然后去发现不和谐中的和谐，并理解说话人通过幽默言语所表达的意图。在言语幽默交际中，识别幽默发出者的意图，发现其中的不和谐因素，这些都要依赖语境。任何语言本身并不幽默，只有当语言和具体的语境相结合，我们才能真正解读言语幽默。鉴于语言对言语幽默理解的重要性，我们将以比利时语用学家维索尔伦（Verschueren）提出的顺应论语境观来解读言语幽默。

一、顺应论

维索尔伦的语言顺应论（Theory of Linguistic Adaptation）认为语言的使用过程是一个不断选择语言的过程。这种选择可能是有意识或者无意识的，它由语言内部结构或者语言外部原因所驱动，语言使用者需要根据语言的变异性、商讨性和顺应性特性对语言做出选择。根据维索尔伦的观点，顺应包括结构客体顺应、语境关系顺应、动态顺应和顺应过程意识突显，这四个部分是一个互相联系的有机整体。维索尔伦认为，语境是在语言使用过程中生成的，它们的出现受制于说话者和受话者交际的动态性。语境的动态进程是由作为交际主体的人与人之间的社会交往以及他们的认知心理状态决定的。一定的社交关系，比如说话的内容、场合、方式等都是构成语境的因素，交际者应该进行合适的语言选择以适应这些因素，交际者的认知水平、信念以及对话题是否感兴趣都会影响这种选择。言语交际中的语境不是一个客观存在的静态的既定集合体，而是一个随交际的需要不断被创造的变体和不断发展的动态系统。

维索尔伦将语境分为言语语境和交际语境。言语语境是指语言使用者在使用语言的过程中根据语境因素而选择的各种语言表达方式。这种选择不仅是对形式的选择，还有策略的选择。交际语境包括语言使用者、心理世界、社交世界和物理世界。语言使用者处于交际语境的中心位置，物理世界、社交世界、心理世界之间没有明显的界定，语言使用者通过认知激活这三个世界中的语境成分来发挥语言的交际功能。

维索尔伦的顺应理论认为语言顺应不是单向的，而是双向或多维的，即语言顺应语境，或语境顺应语言，或两者同时顺应。一方面，语言本身是一种客观存在，它为语言使用者提供了一系列语言形式，包括各种语音、词汇和句法形式。语言使用者的语言能力决定了他对这一形式的掌握，但是选择哪一种形式则是由语言使用者根据交际时的情况而定。另一方面，在交际过程中，随着信息交流的进展，听话人提取或构建一系列假设并对其进行处理，从而形成一个逐渐变化的认知语境。简单地说，语言使用过程是在不同的意识程度下对语言结构与语境相关成分之间相互顺应的过程。由此可见，语境制约着语言的选择，语言的选择会影响乃至构成新的语境。

二、言语幽默的顺应性分析

（一）言语语境的顺应

言语语境是指交际中的语言使用者根据语言本身的特点而选择各种

语言表达方式，包括篇内衔接、篇际制约和线性序列三个方面。篇内衔接指使用一些衔接手段；篇际制约指制约语篇的语用风格或情景因素；线性序列指语篇上安排话语的秩序与前后逻辑语义关系。在儿童的言语幽默中，体现出对言语语境的顺应。例如：

(56) Y：妈妈，我也想打扮得像新娘一样漂亮。

　　　妈妈：可是，宝贝儿要长大了才能当新娘噢。

　　　Y：那我现在可以当小新娘呀。(3岁3个月)

(57) 妈妈：嘿，美女，不要坐在地上嘛，脏兮兮的。

　　　Y：妈妈，这样妹妹就变成臭美女了嘛。(2岁5个月)

例(56)中，Y机智地运用了语言中的反义现象"大－小"将上下文巧妙地联系起来，既然还没有长大，那就可以当"小新娘"。例(57)中，Y运用了语言中的"臭"和"脏"两个词的近义归纳，为自己坐在脏兮兮的地上开脱，传达出来的言外之意就是"臭美女就可以坐在脏兮兮的地上"。根据言语语境的相关内容，我们看出语言使用者之所以能做出恰当的选择，在于语言的三个基本特征，即可变性(variability)、商讨性(negotiability)和顺应性(adaptability)。语言的可变性是指语言具有可供选择的可能性，人们在使用语言的过程中是有选择余地的。特定的语言环境对说话人的话语理解不止一个，而是多个，这样听话人就有了多种选择。语言的商讨性指选择使用语言时不是严格、机械地按照某种规则，或者固定地按照某种形式即功能关系，而是基于高度且灵活的语用原则及策略来完成的。顺应性指在选择使用语言时，语言使用者从可供选择的语言项目中灵活地做出选择，从而达到交际的需求。上述例子中的Y正是利用了语言的这些特征，巧妙地传达出语言的新意，从而展现了个人的幽默感。

（二）交际语境的顺应

根据顺应论，想要获得理想的交际效果，交际双方做出的语言选择应当动态地顺应物理世界、社交世界和心理世界及其中出现的各种情况。

物理世界包括特定的主体、对象、空间、时间和话题等因素，其中最重要的是时空因素。此外，交际双方在物理世界中所处的位置、外表形象和身体状况等也会在不同程度上影响说话人的话语选择和听话人对话语的理解。时间指称常常具有明显的不确定性这一特点，时间指称模糊不清或指称效果不强可产生幽默效果。例如：

（58）Y：明明刚才我撒了娇的，你都不陪我，我要你刚才陪我，刚才就是现在。（4岁2个月）

心理世界涉及交际者的心理情感因素，包括个性、动机、情感、意图等。维索尔伦认为，语言互动是交际者心智与心智的交流，说话人选择语言的过程就是一个不断顺应自己和对方心理世界的动态过程。在日常会话中，交际者要尽量维护双方的形象和面子，所以说话人选择话语的时候必然会顺应这一心理动机。例如：

（59）妈妈：宝贝儿，你的嘴巴怎么像抹了蜂蜜哦？

Y：妈妈，我真的没有拍马屁，你倒的白开水都像饮料一样甜。（4岁6个月）

（60）妈妈：宝贝儿，可不可以悄悄告诉妈妈，今天你许的生日愿望到底是什么？

Y：我希望妈妈越来越漂亮。

妈妈：你过生日怎么给妈妈许了个愿望呢？

Y：因为宝贝的生日就是妈妈的辛苦日啊。（5岁）

　　上面两个语例中，Y用风趣幽默的语言顺应了听话人喜欢甜言蜜语的心理，拉近了交际双方的心理距离，进而产生了更为和谐的亲密关系。顺应是一种动态的过程，语言的选择过程在时间维度上发生、展开和结束，语言随着时间的变迁做出动态顺应。在交际中，随着时间的推移，交际者在不同的意识下不断发生选择和顺应，从而避免了交际中的冲突和矛盾。

　　在交际过程中，说话人选择语言做出顺应的意识程度会有所不同，有些选择是无意识、自动的，有些选择则带有明显的动机，会受到生理、心理和社会因素的影响。对于意识程度低的话语，听话人往往需要花费更多的时间和精力，而这时往往也是说话人传达特殊信息的时候，因此要注意区分明说和隐含的话语信息。这就意味着听话人要结合特定的语境进行推理才能弄清其隐含的会话含义，而在推理的过程中，听话人会获得幽默感。例如：

　　（61）妈妈：我猜以后你的宝贝儿肯定也会和你一样漂亮。
　　　　　Y：妈妈，那可不一定噢，万一是个帅哥呢？（4岁7个月）

　　例（61）中，妈妈和Y的对话体现了各自选择话语时不同的意识程度。妈妈是有意识地想表达自己的意图，其隐含意义是赞美Y长得漂亮，而Y几乎是下意识地回答"万一是个帅哥呢？"在她的意识中，漂亮是用来形容女孩子的。由于意识程度不同，导致语境发生了变化，从而影响了意义的理解和表达，正是这种理解的不一致造成了幽默效果。

　　通过以上分析可以看出，言语幽默的生成是交际者在不同的意识程度下与语言结构、语境关系、顺应的动态性和顺应过程的意识程度相互顺应的结果，是动态选择语言的过程。

第五节　儿童幽默感的培养

　　幽默是一种机智俏皮的方法，也是一种健康美好的品质。具有幽默感的儿童能更加充分地展示自己的社会学习能力和人际交往能力。因此，了解儿童幽默感的发展特点及影响因素，既能促进儿童良好个性的形成，又能促进其智力的发展。

一、儿童幽默感的年龄特点

　　随着儿童年龄的增长，其幽默感的发展大致经历了以下过程。出生到6个月龄的婴儿能够对成人的一些逗乐行为做出微笑的反应，但是这常常是一种不含幽默意识的微笑，此时儿童的幽默感还处于混沌状态。6-12个月的婴儿为了引起依恋对象的关注，会做出一些动作表示回应，比如咯咯发笑、噘嘴或做鬼脸等。1岁前的婴儿多是对他人的行为做出反应，但还不具备幽默的能力。麦基认为，儿童的幽默发展与认知发展的总趋势是一致的，分四个阶段。（刘文、李亮，2009）第一阶段：针对目标的不协调行为。儿童幽默的最初发展与游戏中角色装扮即活动替代密切相关。2岁儿童会使用新事物替代熟悉事物，将其同化到原有活动中。第二阶段：针对目标和事件的不协调分类。儿童2岁时语言的发展促使幽默性语言的产生，这是再次将外界客观对象同化到原有的适应性认知系统中。2-4岁的儿童会对假装性游戏做出口头评论，对规则中潜藏的不和谐幽默有所反应。科尼特（Cornet）等认为，2-4岁儿童能对不和谐的事物感到好笑。这种幽默感表明儿童已经抓住了事物的规则。第三阶段：概念的失谐。由于儿童认知发展的概念化，幽默表现形式发生了戏剧性的变化。3岁儿童能对客观对象做出分类并理解其不同特点，当某一特殊事物出现失谐时就会产生幽默。第四阶段：多重含义中的幽默。儿童此时最主要的变化是具备了调转事物发展进程、思考事物间相互关系的能力，这种重构能力可促使他们理解词语的多重性意义及模棱两可的含义。（刘文、李亮，2009）4 岁幼儿特别喜欢幽默角色扮演，如过家家或扮演卡通人物。5－6 岁的孩子开始敏感于语言中的幽默成分，他们对歌曲、笑话和故事当中的幽默成分十分敏感，比如滑稽的押韵字。此外，他们还会自创一些幽默的话语，有时也会用幽默来缓解所处的尴尬局面。7 岁的孩子喜欢讲笑话或听笑话。8 岁以后儿童已初具幽默感，幽默的理解和创造程度已显著提高。儿童入学后，幽默方式更具逻辑性。

二、儿童幽默感的培养策略

幽默感是情绪和智力发展的产物。儿童幽默感与认知风格和认知能力有关，儿童认知能力的成熟使其幽默感更加复杂化。此外，儿童的幽默感还会受到家庭氛围、教育背景、个人气质和性别等因素的影响。培养儿童的幽默感具有多方面的价值，既可以促进儿童身心健康成长，又可以促进儿童创造力的发展以及社会交往能力的提升。我们认为，家庭教育对儿童幽默感的培养过程十分重要。

（一）增强培养儿童幽默感的意识

具有敏锐洞察力的家长要能够及时察觉和识别儿童的幽默行为，在识别的基础上欣赏儿童的幽默，在欣赏的基础上对儿童的幽默行为进行积极回应。很多儿童的早期幽默行为都是无意识的，他们的幽默体验主要来自成人的积极反馈。例如，儿童会在日常生活中模仿动画片角色的搞怪表情和腔调说话，这些都是儿童幽默感开始萌芽的表现。Y 在 1 岁 8 个月龄的时候故意将"梅花鹿"说成"梅花糖"，会给妈妈取外号"洋人街"，和爸爸对话时假装自己是另外一个人。碰到这样的情景，我们就会用欣赏的口气对 Y 进行充分的肯定"宝贝真棒，奖励一个大拇指"，同时做出夸张的表情和动作，用大拇指在她的额头上摁一个奖章，以此来强化她的幽默行为。积极关注和回应既表明了家长对儿童幽默行为的赞许态度，又有利于儿童表现出幽默并朝着与人互动的方向发展，为儿童的幽默向高阶发展奠定基础。

（二）提高家长自身的幽默感

研究表明，儿童幽默感的形成和发展与家长的幽默感有直接关系。麦基（1983）对儿童的行为言语和笑声频率进行研究，发现由于父母的榜样作用，具有幽默感的父母可以促使儿童幽默的产生。李亮（2010）认为，当父母在日常生活中经常用幽默来应对外界刺激时，孩子的幽默感总得分明显高于父母幽默感总得分较低的孩子。因此，家长除了要增强培养儿童幽默感的意识，还要提高自身的幽默感。

首先，家长需要提高自己的文化素养和语言表达能力。家长只有拥有丰富的文化知识和灵活多样的语言表达，才能让自己的说话变得更加有趣生动。其次，家长要有意识提高自己的想象力和观察力，这样才能敏锐地捕捉到事物的不同寻常之处，才能运用夸张的方式表现出幽默。最后，家长还需要将学到的幽默付诸实践。好模仿是儿童的天性，儿童尤其喜欢模仿家长的行为，家长在生活中有意识地运用幽默处理问题可以潜移默化地影响孩子，起到强化儿童幽默的作用。

（三）培养基于认知基础的幽默感

儿童的幽默感和儿童的认知发展是分不开的，认知发展是儿童幽默感发展的基础，儿童在不同的阶段，其幽默感的发展呈现出不同的特征。因此，家长在培养儿童的幽默感时，一定要考虑儿童认知发展的水平。

家长要基于儿童的认知发展水平有针对性地培养儿童的幽默感。如果家长不遵循儿童的认知发展规律，超越了孩子的认知发展水平，就可能达不到相应的教育效果。比如1岁前的婴儿多是对他人的行为做出反应，还并不具备幽默的能力，但是能够识别成人丰富的面部表情。因此，家长可以通过丰富的面部表情和夸张的语言给婴儿绘声绘色地讲读故事，逐渐建立起儿童的幽默意识。3岁前的儿童幽默感主要体现在动作和语言的重复上，这个阶段的儿童希望自己的言行能够引起成人的注意。因此，家长要敏锐地察觉并欣赏他们的幽默，同时要对他们的幽默做出及时的回应，让儿童感受到自己的幽默行为可以给他人带来快乐，从而使他们更加乐于表现幽默。4 岁的儿童特别喜欢幽默角色扮演，Y 常常会变身为卡通片中的角色，比如"小灰灰""跳跳蛙""贝贝公主""米卡""巧虎"等。

(62)（妈妈扮演巧虎的角色，Y 扮演巧虎的姐姐。Y 对妈妈说）巧虎，你看，姐姐给你带了你最喜欢的小熊玩具，因为你小时候也是属熊的。

妈妈：我是老虎，怎么会属熊呢？

Y：这有什么奇怪的？我是人，还属兔呢。（4 岁 4 个月）

(63)（爸爸妈妈因为小事发生争执，让 Y 来裁决，Y 说）从现在开始我不想管你们两个的事情了，我们魔仙界关心的是整个人类世界的和平。（4 岁 6 个月）

从上面的两个语例可以看出，4 岁后的儿童幽默表现力有了较大的发展，可以通过想象力把一些看似无关的事物联系在一起。因此，家长可以和儿童一起通过角色扮演将幽默情节表现出来。5－6 岁的孩子开始敏感于语言中的幽默成分，此外，他们还会自创一些幽默的话语，有时也会用幽默来缓解所处的尴尬局面。家长应该根据儿童认知发展的不同阶段，采取不同的家庭支撑策略。同时，家长还应该意识到，虽然儿童的幽默感是以认知发展为基础的，但儿童也并不是完全被动的。根据维果茨基（Vy-gotsky）的最近发展区理论（theory of proximal zone），家长可以在一定的情境下，稍微超越儿童现有的认知发展水平培养儿童的幽默感，从而使儿童的幽默感发展到更高的阶段。比如，妈妈会有意识给 Y 输入超越她认知水平的词汇，常常会产生意想不到的幽默感。例如：

（64）（妈妈给 Y 解释"四脚朝天"，Y 说）我们人类不是只有两只脚吗？应该是两脚朝天吧？（4 岁 3 个月）

（65）（妈妈给 Y 解释"老虎不发威，当我是病猫"，Y 说）我不发威，当我是板凳啊？（4 岁 6 个月）

（66）（妈妈给 Y 解释"同病相怜"，Y 说）妈妈，我在幼儿园住上铺，可你在寝室却住的是下铺，那我俩就不是同病相怜了噢。（4 岁 6 个月）

儿童的幽默感虽然会有先天因素的影响，但是后天的培养对儿童幽默感的发展也同样重要。良好的家庭教育在儿童幽默感的培养过程中起着重要作用，家长作为家庭教育的实施者，应该结合儿童自身的认知发展特点，为儿童幽默感的培养创设轻松的氛围。

第四章

双言儿童的语言发展

第一节　方言与标准语

　　方言指的是显现地区差异的语言变体。与语言不同，方言是一种独立的变体，但是其独立性又不至于大到被视为另一种语言的程度。时间、空间和社会差异的不同会形成不同的方言类型：时间方言、地域方言、社会方言。时间方言是指一定历史时期的语言变体，或者说是受时间限制的语言变体。比如，汉语有古汉语和现代汉语之分。地域方言专指一定地区的人所讲的语言变体形式。现代汉语有北方方言、粤方言、闽方言、赣方言、吴方言等。普通人把"地域方言"称作"口音"，比如 Y 的语言带有明显的重庆口音。社会方言是指能显示社会等级差异的语言变体。不同的阶级、性别和职业在语言运用中都会留下一些社会语言学意义上的烙印。本章主要讨论的是地域方言。

　　标准语是和方言相对的概念。在一个国家或民族范围内，为了满足说不同方言的人之间的交际，在一种方言的基础上形成了标准语（通用语或共同语）。标准语是民族内超方言的高级形式，它对方言的发展有制约作用，吸引着方言向自己靠拢。一般说来，作为标准语的基础方言是全国政治、经济、文化中心城市及首都所在的方言。汉语的标准语就是以北方方言为基础的普通话。普通话是现中国大陆使用的现代标准汉语的称呼，是中华人民共和国的主流汉语语音。《现代汉语词典》对普通话的定义是：以北京语音为标准音，以北方话为基础方言，以典范的现代白话文著作为语法规范的现代汉民族共同语。

中国是一个多民族国家，汉族和其他55个少数民族之间有不同的语言，在同一个民族内，不同区域往往有不同的方言。方言的产生和发展离不开一定的社会历史文化背景。汉语的方言自古就有，在秦始皇统一六国之前，各国就有自己的语言（方言），并且方言之间的差异很大，这种差异的形成与社会文化密切相关。语言或者方言一旦形成，就成为使用这种语言（方言）群体所共享的习俗，它既是文化的载体，又是文化的一部分。由于体现不同社会文化的言语习俗会在不同地区长久延续下去，所以各地方的语言分歧现象还将继续存在。

一、方言对普通话习得的影响

儿童从出生开始最早接触到的便是自己的母语，即方言。因此，儿童的语言习得在很大程度上会受到方言的影响。这种影响会涉及语言的诸多方面，包括语音、语调、词汇等。比如重庆人会在一句话的末尾出现语气助词"嘛""哈""耶""迈"等，给人一种很随意的感觉。随着社会的进步和发展，为了交流的方便，儿童从小就开始习得普通话，由于受到方言的影响，儿童的普通话不可避免地打上了方言的烙印。同时，普通话的发展也会对方言的发展产生一定的影响。也就是说，儿童的方言与普通话的习得互相影响、相辅相成。因此，在儿童语言习得的过程中，我们一定要抓住语言学习的关键时期，为儿童习得普通话打下坚实的基础。

儿童的普通话往往是在浓重的方言氛围影响下习得的，因此他们习得的标准方言即普通话往往带有浓重的方言色彩。我国的方言带有明显的地域特点，突出地表现在南北方言的差异上，通常我们说北方人豪爽大气，南方人细腻谨慎。所以不同地域的儿童，他们习得的标准语言里也都不可避免地带有各自的地域方言的特色。当然，很多儿童是在一个方言和标准语言融合的语言环境中习得语言的，因此，他们习得的语言既不是完全的标准语言，也不是正宗的方言。

由于我国的普通话是基于现代北方汉语和北京话语音的通行标准语言，因此，大部分北方人很容易掌握普通话，而对于一些南方区域比如四川、重庆、云南、贵州、湖北、湖南等地区的人来说就有些困难，这是由于他们的语音能力和语音感知受到当地方言的影响，比如重庆人鼻音"n"和"l"不分，翘舌音和平舌音不分。对于方言区的儿童来说，方言是其内部语言，标准语是外部语言。以方言为内部语言的儿童在习得标准语的时候，其发音方式以及思维方式都受到了方言的影响，所以当他想用标准语表达的时候需要经过大脑内部的翻译才能够传达出来。儿童在后天习得标准语的时候，会受到方言的阻碍，这种阻碍不光体现在语言层面，心理层面也会受到影响。儿童在习得标准语的过程中可能会伴随心理抗拒和心理防卫的交替出现，因此，关注儿童语言习得的心理进程显得十分重要。

从语言渊源来看，汉语方言与标准语都是汉语历史发展的产物，即使两者在定义上的界定有着严格的不同，但它们毕竟是同一语种，即汉语。语言并不是一成不变的，方言的发展为普通话提供了丰富的养料，极大地丰富了普通话的词库。同时，借助普通话的标注和书写，方言词汇才得以保留和流传。可见，方言与普通话互相影响，互相吸收，互相丰富，共同发展。方言与普通话虽然在使用范围上有所不同，但是它们并没有优劣之分，应该同等看待。

在普通话不是母语的方言区，方言作为第一语言在儿童的大脑中已经根深蒂固。二语习得理论认为，对于已经掌握了一种语言的人来说，学习第二语言的过程既是掌握新语言的过程，也是克服第一语言干扰的过程，因为二语习得过程中普遍存在一种语言的"负迁移"（negative transfer）现象。这就说明对于母语不是纯正普通话地区的儿童，其方言对普通话习得存在一定的影响，这种影响大小根据方言与普通话的差异大小而定。因此，考察方言与普通话习得的差异，对于普通话的习得机制有重要意义。

二、重庆方言与普通话的差异

重庆方言隶属西南官话，主要指居住在重庆市主城区的本土居民使用的口头语言。重庆于 1997 年才从四川省行政级别上划分出来，因此，对重庆方言的研究具有特殊的语言学意义。重庆方言与普通话有很大的区别，主要体现在以下几个方面。

（一）语调方面

重庆方言和普通话一样有四个声调，这四个声调可以很好地区分"同音不同义"或"不同音不同义"的情况。但是重庆方言与普通话的声调相比，最大的区别在于各种声调的调值，即"同调不同值"，除阴平调以外，其他的三个声调差异尤为突出，主要有以下几个特点：重庆方言的整体调值偏低，四种声调都在 4 度以下，从整体上听，重庆方言比普通话显得低沉；重庆方言的调域窄、调值变化较小，几种声调调值比较接近，抑扬起伏的幅度较小；重庆方言无升调，有两种降调，比普通话的降调要多；重庆方言的去声调与普通话的去声调不同，不是降调，而是与普通话的上声调调值接近，形成先抑后扬的特点；重庆方言无轻声，字字重音。例如：

（1）Y：妈妈，你真是我的大理石妈妈，大厉害妈妈，因为你很强壮，很厉害，可以打败所有的怪兽。（3 岁 9 个月）

（2）Y：妈妈，我需要一张隐形叶。（3 岁）

例（1）中，Y 所说的"大理石"（dà lǐ shí）其实是"大力士"（dà lì shì），例（2）中的"隐形叶"（yǐn xíng yè）是指"银杏叶"（yín xìng yè）。从上面两个语例可以看出，Y 在习得语言的时候，会混淆方言和普通话的调值。针对重庆方言声调系统的特点，在重庆方言区学习普通话的儿童，需要掌握一套适应重庆人学习声调的方法，才会取得较好的语言学习效果。首先，要读准调值。虽然重庆方言声调的名称和字的归类与普通话基本一致，但实际读法却不相同，因此儿童在习得普通话的时候，需要按照普通话声调的规则来改变调值。重庆方言虽然是平调，但是调值不准，相对音高不够高，儿童在练习发音时要注意把声带拉近并将音高保持在最高位。其次，要改读入声字。由于重庆方言里的入声字几乎全部归入阳平调，声调读错的一般都是入声字，因此可以采取相关的对策来加以纠正。最后，家长可以利用各种视听媒体为儿童输入足量的标准语。儿童通过对比和模仿，可以获得基本的声调类推能力，从而将方言的腔调自觉地转变成普通话的腔调。

（二）语音方面

在重庆方言中，没有声母的平舌和翘舌之分，几乎所有翘舌都归入平舌，在重庆方言里只有 zi, ci, si，没有 zhi, chi, shi, r 的发音。当声母与韵母进行拼合的时候，就会出现平翘舌不分的情况，比如：吃饭（cī fàn），石头（sí tóu），名字（mín zì）等。重庆方言在平舌和翘舌变化的时候，声调的变化并不大，因此重庆方言易于听懂。但是对重庆方言的习得者而言，需要通过练习才能正确发翘舌音。值得一提的是，平舌和翘舌两组声母的发音方法是相同的，都属于塞擦音，其区别在于发音部位不同。发翘舌音时，要训练儿童将舌尖上翘，抵住硬腭前部，然后由气流冲开舌尖与硬腭形成的障碍，摩擦成声。

一般认为，重庆方言只有边音，没有鼻音，其实重庆方言里鼻音和边音常常混用，既可以读鼻音，也可以读边音，并没有明显的区别，听话人也不会有异议。这就涉及语言学上的音位变体，音位里所包含的虽然相近但又有差别的各种音位变体都是从实际语言中归纳出来的。可以说，重庆方言中的 [n] 和 [l] 属于音位的自由变体。我们发现，Y 就因为鼻音和边音的混用制造了特殊的言语幽默。例如：

（3）（机场正在广播："旅客们请注意"，Y 听后好奇地问）为什么不

叫男客注意？（6岁3个月）

上面这个语例中，Y把旅客（lǚ kè）和女客（nǚ kè）混用，因此才会出现与女客相对应的男客。重庆方言由于［n］和［l］混读，在区分意义上不明确，因此发好鼻音和边音十分重要。在普通话中，鼻音和边音对应分明，［n］和［l］是不同的音位，能够区别意义，比如"旅客"和"女客"在北京人听来是完全不相同的，但是对重庆人来说，就不是那么容易了。其实，边音和鼻音的发音部位相同，都属于舌尖中音，只是发音的方法不同。发边音时，要训练儿童将软腭和小舌上升，堵住气流通过鼻腔的通路，使其进入口腔后从舌两边的间隙流出。

在重庆方言里，有［v］声母，且只出现在［u］韵母前，这种情况在普通话声母系统里却没有。例如：

（4）（Y给妈妈讲故事）从前有一匹斑马在高高兴兴地跳舞，故事讲完了，妈妈你还疼不疼？（2岁2个月）

（5）（Y描述感冒咽喉痛的感受）妈妈，我的喉咙里好像有五只小瓢虫在爬。（3岁5个月）

例（4）中的"舞"和例（5）中的"五"的普通话语音为［u］，但是重庆人在发这个音时，会在前面加上声母［v］，因此在重庆方言中，这两个字的发音就变成了［vu］。同样，重庆人会在一些字尤其是［a］开头的音节前面添加音节［ŋ］，发音时舌根贴近软腭，气流往鼻腔里走，同时拼合韵母。例如："我爱妈妈"中的"爱"（ài）在发音时就变成了（ŋài），对于这种添加现象，成人需要提醒儿童将声母去掉。

上面的例子表明，重庆人在发声母时舌头比较靠前，舌尖力度不够，而长期放平舌头发音会导致舌头不够灵活。因此，儿童在习得标准语的时候，除了要注意加强舌部运动，比如通过经常练习卷舌的动作来增加舌头在快速语流中的灵活度以外，还需要充分体会舌尖、舌面、舌根等不同的发音部位和发音方法。

前鼻音和后鼻音不分主要是指重庆方言只有［in］和［ən］，没有［iŋ］和［əŋ］。例如：

（6）爸爸：信佛的话就不能吃肉，只能吃蔬菜。

　　Y：还好我姓温。（6岁3个月）

例（6）显示，由于受到重庆方言的影响，Y在习得普通话的时候会出现前鼻音"信"（xìn）和后鼻音"姓"（xìng）不分的情况。因此，在普通话学习中要注意发好这两个音。家长可以提示儿童发音时先发［ə］和［i］，然后接着将舌根上抬，让软腭下垂，使气流从鼻腔中通过。

在普通话中，［aŋ］和［oŋ］是两个很不一样的鼻韵母。［aŋ］发音时不圆唇，口型张大，而［oŋ］是圆唇，但是在重庆方言中，二者的发音有趋同现象。在重庆方言里，［ə］常常会读成［uo］，例如哥哥这个词的发音，常常是用gō来代替gē，"天鹅"中的"鹅"会念成"［o］"。这种韵母的简化和趋同现象使重庆方言和普通话之间有了很大的区别，使字音的辨识度降低，意义分辨难度增加。因此，儿童在习得标准语的过程中，需要学习相关的语音知识，分清普通话和方言中韵母和声母的规则，从而进行针对性的发音训练。

（三）词汇方面

从语言变异的角度来看，方言地区的普通话是不同地区各种词汇变异的总称。方言词汇已经成为地区方言文化的象征，会影响普通话的习得，方言的词汇与普通话差异越大，普通话语义习得障碍就越大。重庆方言与普通话在词汇方面的差异主要体现为命名差异、义同形不同以及同形异义等情况。下面主要讨论重庆方言中与普通话同形异义的情况。同形异义词是指重庆方言中与普通话同形，但意义却与普通话不同的词。

1. 理性意义不同的同形异义词

理性意义是指词义中与概念相关的意义。重庆方言与普通话中同形异义词在理性意义上的差别体现在重庆方言词义扩大的同形异义词上。例如：

（7）Y：婆婆，我想穿上这双鞋子到楼顶上去玩。

　　　奶奶：这双鞋子小了，穿不得了。

　　　Y：好嘛，那就等鞋子长大了我再穿吧。（2岁2个月）

（8）Y：放音乐啦，妹妹要跳舞啦，欢迎欢迎。（1岁8个月）

（9）Y：妹妹乖了，妈妈不打。（1岁8个月）

（10）Y：妈妈，花花发夹，扎揪揪，嘿乖。（1岁8个月）

（11）（Y抱着熊猫玩具，自言自语）好乖哟，妹妹喜欢。（1岁9个月）

词义的扩大是指词所概括的对象范围扩大。在重庆方言中有大量的词汇，它们表示的事物的范围相对于同形的普通话来说有所扩大。例（7）中的"婆婆"在普通话中指"丈夫的母亲"，但是在重庆方言中，除了指"丈夫的母亲"之外，还可以表示"祖母"即"父亲的母亲"，甚至是任何年纪较大的女性都可以称为"婆婆"。"妹妹"在普通话中的词义是"同父母（或只同父、只同母）或同族同辈中年龄比自己小的女子"，而在重庆方言中，"妹妹"还可以用来表示"年纪小的女孩子"，无论这个女孩子是否比自己年纪小，都可以用"妹妹"来表示，例（8）中Y就称自己为"妹妹"。普通话中的"乖"的词义是"机灵，伶俐（多指小孩听话）"，比如例（9）中的"乖"就是"听话"的意思，但是，在重庆方言中，除了上述的含义之外，"乖"还可以用来形容"人的外貌漂亮"，例（10）中的"乖"就是指妈妈漂亮。"乖"还可以用来指"物品好看、美观"，例（11）中的"乖"指的是熊猫玩具好看。从上面的语例可以看出，重庆方言词义扩大的同形异义词主要是指称对象范围扩大了。

重庆方言中也存在词义缩小的情况。比如"耍"在普通话中主要是

"表演、玩、游戏"的意思，但是重庆方言中的"耍朋友"并不是与朋友玩耍，而是指谈恋爱。它所表达的范围由"与朋友玩耍"缩小为"与恋人在一起"。词义缩小，主要表现为词的义项的减少，也就是说在普通话中有多个义项的词在重庆方言中仅有一个义项。词义的转移指表示甲类对象的词用来指称与之有关的乙类对象。重庆方言中也有很多词汇，所表示的事物的范围与普通话中的指称不同。"哈"在普通话中的含义很多，如"张口呼气""象声词，形容笑声""叹词，表示得意或者满意"。在重庆方言中，最常用的却是将这个词用作形容词，比如"你好哈哟"来形容人很傻很笨。

2. 色彩义不同的同形异义词

色彩义是附着在词的概念义之上，表达人或者语境所赋予的特定感受，包含感情色彩、形象色彩和语体色彩，因此色彩义也是一种附属义。词义有褒义、贬义和中性之分。普通话中有些中性词没有褒扬和贬低的意思，但用在重庆方言中，就有了鲜明的褒义色彩。比如"行市"在古汉语中指"在集市上游行，游街示众"，在普通话中指"证券或者商品的现时的出价、发价或价格，有行情的意思"。无论以上哪个含义，都是一个中性词，既没有褒义也没有贬义色彩。不过在重庆方言中，"行市"被赋予了新的感情色彩。例如：

（12）（妈妈表扬 Y 旅游时很能干）妹妹，你好行市哦。

例（12）中的"行市"明显带有褒扬的感情色彩，意思是"厉害、了不起"。在重庆方言中，更为常见的是中性词贬义化。"牙刷"在普通话中就是一个中性词，指用于清洁牙齿的一种刷子，是生活工具的一种。但是在重庆方言中，多用于贬义。例如：

（13）A：我今天花了 1000 元买了一件 T 恤。

B：牙刷，你娃还有钱耶。

（14）不要跟我说那崽儿，他牙刷得很。

（15）你晓得个牙刷！

　　例（13）中的"牙刷"是语气词，表示 B 被 A 说的话吓到了，很惊讶，认为他很舍得花钱，在这个句子中没有褒义贬义色彩。但是"牙刷"作为形容词时，表示"不耿直、不厚道"，具有明显的贬义色彩，例（14）的意思就是"不要和我提起那个人，他太不耿直或者很不厚道"。例（15）中的"牙刷"是代词，意为"狗屁，一文不值"，具有浓厚的贬义色彩。在重庆方言中，中性词贬义化的情况比较常见，这主要是因为重庆人性格火辣、直爽，喜欢赋予词贬义来对他人进行"调侃"。

　　（四）语法方面

　　1. 语气词"哈"

　　重庆方言中的"哈"是一个特殊的语气词，它在不同的句子类型中表示不同的语气。Y 在习得重庆方言的过程中，"哈"字出现的频率也相当高。例如：

（16）（妈妈做了虾面，Y 说）谢谢妈妈哈。（1 岁 10 个月）

（17）（Y 安慰妈妈）不哭嘛，妹妹保护哈，妈妈哭了啷个办？（1 岁 10 个月）

（18）Y：妈妈，兑奶奶，少兑点哈，喝多了妹妹要咳哟。（1 岁 11 个月）

（19）Y：妈妈，你千万不要去厕所哈，爸爸在洗澡哟，男生洗澡不能看，妹妹都不看。（2 岁 2 个月）

（20）Y：今天轻松多了哈？只要坚持，妈妈的超级丑肚一定会变成和我一样的超级美肚。（4 岁 2 个月）

例 (16)(17)的"哈"用在陈述句中,用来强调说话人自己的想法和观点,加上一个"哈"字,可以使语气变得更加委婉。例 (18) 说话人 Y 用一种委婉、和缓的语气提醒对方少兑点奶粉,"哈"表达出请求的语气。例 (19) 中的"哈"是用一种平和的语气传达出劝阻的意思。由此可见,相对于一般的祈使语气来说,重庆方言中的"哈"字祈使句表达的语气更加委婉。例 (20) 是典型的是非问句,其句法结构很像陈述句,没有表示疑问的结构或疑问代词,所以疑问语气全部来自句末的疑问语气词"哈"。但是"哈"字所带的疑问语气是很弱的,提问者几乎已经肯定答案了,可以说这里的疑问语气并不是针对带"哈"字句的内容提问,而是发话人再次确认事情的准确性。这种问句的答案一般都是肯定性的回答。

2. 疑问词"啷个"

特指疑问句是疑问句中的下位分类,通常用疑问代词和由它组成的短语来表明疑问点。特指问句的语调可升可降,在句中用疑问代词指出要求回答的内容。普通话中的疑问代词"怎么"在重庆方言里一般用"咋个""啷个"等来代替。疑问代词承担了特指问句的疑问信息,同时也形成了疑问的焦点。例如:

(21) Y:妈妈,我们啷个一起伸懒腰、打呵欠呢?(2 岁 1 个月)

(22) Y:妈妈,你好狡猾哟,赶快把妹妹抱起来,不然大灰狼来了啷个办嘛?(2 岁 1 个月)

上述两个语例中的重庆方言"啷个"可以用普通话"怎么"来代替。在掌握了方言"啷个"之后,Y 通过大量的普通话输入和内化,语言交际中出现"怎么"的频率越来越高。从微博中的记录来看,Y 在 2 岁 6 个月龄后,疑问句中很少出现方言"啷个",而"怎么"出现的频率越来越高。例如:

(23) Y:我想要红色的玩具车、布偶、琪琪。可是圣诞老公公晚上

来的时候，我睡着了怎么办？（2 岁 7 个月）

（24）Y：要是大灰狼找到了钥匙，自己开门进来怎么办？（2 岁 10 个月）

（25）Y：真是奇怪了，白云没长翅膀，怎么飞到天上去了？（3 岁 3 个月）

（26）Y：爸爸妈妈，你们快看，小山和她的妈妈在一起呢。可是山妈妈怎么会生 baby 呢？（4 岁 2 个月）

3. 疑问词"哪个"

"哪个"是重庆方言里最常见的疑问代词之一。重庆方言中的"哪个"既可以指代人，相当于普通话中的"谁"，也可以指代事物，相当于普通话中的"哪一个"。因此，重庆方言中的"哪个"用于疑问句中，和普通话的疑问代词"谁"和"哪个"用法十分相近，但又有所差异。普通话中的"谁"一般指代人，我们先来看看"谁"在现代汉语中的几种用法：

（27）Y：谁是地球的敌人？（5 岁 11 个月）

（28）Y：老天爷是谁？（3 岁 11 个月）

（29）今天迟到的都有谁？

（30）Y：七夕节是谁的节日？（4 岁 3 个月）

上述语例中的"谁"都是用来问人的代词，可以指一个人，也可以指不止一个人。例（27）中的"谁"在句中作主语，例（28）（29）中的"谁"在句中做宾语。例（30）中的"谁"修饰名词，通常带"的"。"谁"还可以用来指代不能肯定的人，包括不知道的人，无须或无法说出姓名的人，相当于"某人"。例如：

（31）教室里好像有谁在唱歌。

　　"谁"还可以表示任何人，用在"也""都"的前面或者"无论""不管"的后面，表示在所说的范围内无例外。例如：

　　（32）谁都不知道将来会发生什么。
　　（33）不论是谁都要遵守规则。

　　"谁"表示任何人时，还可以用两个"谁"前后照应，指相同的人，如例（34）。"谁"还可以用在否定句中，两个"谁"分别指不同的人，如例（35）。

　　（34）Y：谁生的我，我就喜欢谁。（3岁9个月）
　　（35）他们谁也不肯让谁。

　　例（27）至（35）中，只有例（29）不能将"谁"转换成重庆方言"哪个"，其余句子均可互换。这是因为重庆方言中的"哪个"作疑问代词用于问人时，只能指一个人，不可指代复数。如果要将例（29）中的"谁"换成重庆方言，只能用"哪些"来替换。此外，"哪个"在重庆方言中修饰名词时，在具体的、有实物可依的名词前要带上"的"，例（30）可以换成重庆方言"哪个的节日"。但是在"岁数""方法""经验"等抽象名词前不带"的"，比如"哪个岁数大"就是普通话"谁的岁数大"的意思。
　　普通话中指示词"哪个"用于疑问句中表示在同类事物中加以确指，如例（36）所示。"哪个"也可用于虚指，表示不确定的一个，如例（37）所示。"哪个"还可以用于任指，表示任何一个，如例（38）所示。"哪个"后面常用"就"来呼应，或者用两个"哪个"前后呼应，如例（39）所示。

（36）这些小黄人中，你最喜欢哪个？

（37）这种质量的衣服，哪个都卖不出去。

（38）看上哪个，随便你挑。

（39）哪个好看就买哪个。

两个"哪个"互换，除了例（37）外，其余的句子互换以后两种语言形式的表意完全相同。例（37）如果换成重庆方言中的"哪个"，虽然字面意思一样，但是会产生歧义。这是因为，在重庆方言中的"哪个"既可以指人，也可以指物。此处若变成重庆方言"这种质量的衣服，哪个都卖不出去"，就会产生两种含义：这种质量的衣服，任何一件都不会被买走（和普通话的表意相同）；这种质量的衣服，任何一个人都卖不出去（"人"做施事主语）。

"哪个"在普通话中还可以作代词，用在疑问句的偏正短语中，后接名词，指人时，用"哪个＋名词"的形式；指物时，用"哪个＋名词＋的＋名词"的形式来表示疑问和确指，如例（40）和例（41）所示。

（40）哪个同学回答？

（41）这是哪个同学的作业本？

重庆方言中的"哪个"作代词用在疑问句中时，并不一定位于偏正短语中，后面一般不直接接名词，指人时，用"哪个＋谓语"的形式，指物时，用"哪个＋的＋名词"的形式，也表示疑问和确指。如果将例（40）和（41）两句均省略普通话中"哪个"后的名词，将偏正短语"正"的部分去掉，就成了"哪个回答？"和"这是哪个的作业本？"可以传达出与普通话一样的意图，达到话语交际的目的。但有时候重庆方言中也会说"哪个同学回答？"和"这是哪个同学的作业本"，这种情况一般出现在正式场合，而这种正式场合的话语交际目的和表达方式已经和普通话类似了。

4. 语气词"嚓"

"嚓"在重庆方言中是一个使用频率非常高、语气表达最为丰富的语气词之一。"嚓"用在祈使句句末，常常用重音，起强调作用，表示要求、期望、责怪等意味，一般都是说话人为了达到一定的目的而用在句末的语气词。例如：

（42）（Y听见妈妈咳嗽，说）老爸，倒水嚓。（2岁）

（43）（Y在动物园看见自己喜欢的熊猫，说）爸爸，快点给我和熊猫拍个照片嚓。（2岁3个月）

上面两个语例中，末尾语气词"嚓"要重读才能对语气词前面的内容起强调作用，表现出说话人传达出的信息目的。这两个例子中的"嚓"表达了说话人强烈的主观目的性，希望事件按照说话人的意愿发展，所以带有要求的意味。

陈述语气是所有语气中使用最频繁的一种，主要是陈述事实，描述事件，语调平缓。重庆方言中的"嚓"用在陈述句末，表示确认事实或真理，说话人表达的主观态度是对事实或事理的确认，具有强调的作用。例如：

（44）Y：妹妹有币嚓，妹妹给你坐旋转木马，给你看天线宝宝，看丁丁、拉拉、波波。（2岁）

（45）Y：因为妹妹是妈妈的小棉袄、小宝贝、小朋友，我们是好朋友嚓。（2岁1个月）

（46）（Y解释为什么还要再买一个熊猫玩具）还差一个熊猫爸爸嚓。（2岁3个月）

（47）Y：这样妹妹就变成臭美女了嚓。（2岁5个月）

（48）Y：当然是因为你表现好才奖励你的噻。（4 岁 11 个月）

带有"噻"的陈述语气，强调所述事实都是显而易见的，是对事实的确认，也带有强调意味，往往还带有弦外之音、言外之意。例（44）中，说话人 Y 对"有币"进行了强调，言外之意是"虽然我没有钱，但是我有币"。例（45）说话人 Y 强调"我们是好朋友"，所以妈妈很爱我。例（46）说话人 Y 陈述了"还差一个熊猫爸爸"这一事实，为自己再买一个熊猫玩具找到了合理的解释。例（47）说话人 Y 强调"臭美女"，臭和脏往往联系在一起，说话人为自己坐在脏兮兮的地上找到了借口。例（48）说话人 Y 陈述了"表现好才有奖励"，言外之意是因为妈妈表现好，所以才得到了一个漂亮宝贝。从上面的例句中可以看出这类表达几乎都包含了强调的口气。

第二节　家庭双言环境下儿童普通话的习得

中国自古就是一个多民族国家，绝大多数民族都有自己的语言。在同一民族内部，不同的地区、族群又有不同的方言，不同的方言在字形、语音、词汇和语法上差异很大，为了能够交际，人们便创造出一种汉语共同体：普通话。但是，随着社会的快速发展，越来越多的儿童使用两种（或以上）的语言（方言），同时使用方言和普通话的人在我国也越来越多。这种纷繁复杂的语言学现象不仅为语言学家提供了丰富的语言资料，也为双言环境下儿童普通话的习得研究奠定了基础。

一、双言的概念界定

双言（dignossia）与双语既相似又不同。一般来说，双语是指两种语言具有不同的口头语言和书面语言。双言的界定仍然存在争议，普遍认为，在一定的语言社群里，一种语言存在两种变体并各有其特定功能。对双言者而言，同一文字符号往往具有两种不同的语音表征。双言者一般在入学前从生活情境中获得方言，入学以后开始学习与掌握标准语。双言是一种稳定的语言状态。

在一般的研究中，人们并没有严格区分双言和双语。不管是双言还是双语，从语用的角度来看，都是为了达到交流目的而采用的一种表达方式。在不同的情况下使用同一种语言的两种或两种以上的变体就是双言。虽然汉语的方言与普通话之间在发音及使用上存在着诸多差异，但从总体上看，双言的概念强调普通话和方言的共性大于个性。将普通话和方言视为双言更为恰当，因为双言主要是指说话人使用同一语言的两种不同变体。方言与标准语都使用汉字作为书面语。方言与普通话的大多数词汇书写形式都是相同的，虽然有些词汇的发音不同，但是语法基本一致。方言多用于非正式场合，而普通话多用于正式场合。既能够讲普通话又能够讲方言的人被称为双言者。

二、双言环境下儿童语言发展的阶段

社会互动论的主要代表人物维果茨基认为，儿童的语言习得主要依赖于儿童与周围环境的交流互动，尤其是与年长的儿童或成人之间的互动。儿童的语言是在各种情景中通过特定的社会文化活动以及与他人的互动交流习得的，儿童认知语言不是完全靠自己，而是通过模仿他人的发音、选词和语法规则来实现。所以语言环境在儿童语言发展中起着至关重要的作用。汉语儿童多数家庭的语言环境都是普通话和方言两种语言变体交替使用，这就为儿童的语言发展创造了一个较为复杂的语言环境，因此儿童在语言发展的不同阶段呈现出不同的特点。我们通过观察发现，在双言环境下成长的 Y，其语言发展也具有阶段性的特征。

（一）强势方言期

儿童早期阶段的语言环境主要是由儿童本人及其照顾者构成的交际空间。

由于这一时期的儿童年龄小、身体器官发育不够成熟，行动不够方便，这在很大程度上限制了他们的活动范围，也限制了他们的人际交往。所以在语言习得早期，他们习得了与自己距离最近，最经常接触到的交际空间中的语言特征。这个阶段，Y 的语言主要体现出重庆方言的语言特征。例如：

（49）妈妈：哪个老？

　　　（Y 看了看碗中的肉丝）嘎嘎。（1 岁 5 个月）

（50）Y：妈妈，花花发夹，扎揪揪，嘿乖。（1 岁 8 个月）

（51）（奶奶想吃奥利奥，Y 说）咩点。（1 岁 8 个月）

（52）Y：妹妹保护妈妈，嘿抖，妈妈要遭摔了，妹妹喜欢妈妈。

　　　（1 岁 9 个月）

（53）（Y 指着图片，问）妈妈，说嘛，是啥子？（1 岁 9 个月）

（54）Y：外语校，招得少，不是哪个都读得到。（1 岁 9 个月）

（55）Y：等到起妹妹。不哭嘛，妹妹保护哈，妈妈哭了啷个办？（1

　　　岁 10 个月）

（56）老爸，做抓子，嗯？紧倒不出来。（1 岁 10 个月）

（57）（Y 在路上看见一只鸟被车轧死）妈妈，外头的雀雀遭车车轧

　　　死了，没得妈妈，没得爸爸，好造孽哟。（1 岁 11 个月）

（58）（Y 听见妈妈咳嗽，说）妈妈，快吐嘛，吐到妹妹身上，妹妹

　　　给你接到。老爸，倒水噻。（2 岁）

（59）Y：老爸，饭饭和菜菜都要吃哟，光吃嘎嘎的话要长胖哟，妹

　　　妹都要吃菜菜和饭饭，长得漂亮，白白生生的。（2 岁 1 个月）

（60）（Y 看见石头上没刻字，说）妈妈，快看啰，这块石头没有穿

　　　衣服，打的光叉叉，好羞人。（2 岁 2 个月）

（61）Y：爸爸不乖，因为他上厕所时喜欢和妹妹打斗凑，妈妈乖，

　　　因为妈妈喜欢妹妹。妈妈，你千万不要去厕所哈，爸爸在洗澡

　　　哟，男生洗澡不能看，妹妹都不看。（2 岁 2 个月）

(62) Y：因为这是熊猫妈妈噻，我们再给她买个小 baby 嘛，不然熊
猫妈妈哭了好可怜嘛。（2 岁 3 个月）

(63) Y：爸爸，快点给我和熊猫拍个照片噻。（2 岁 3 个月）

以上的语例显示，Y 在语言习得的早期，主要的语言环境是重庆方
言，所以她的语言无论是在语音、语调还是词汇、语法上都显示出重庆
方言的特征，方言得到了极大的发展，成为她的强势语言。尽管这个时期，
妈妈也会有意识地对她的方言进行纠正，但是她讲的主要还是重庆方言。
她能听懂普通话，但是不能说，她的普通话呈弱势或者隐性状态。

（二）双言并用期

该时期主要发生在儿童进入词汇激增期到进入幼儿园（3 周岁）后不
久。这个阶段，儿童处在从方言向普通话过渡的阶段，此时儿童的语音语
调是普通话，但是仍然会借用重庆方言的词汇或者句式，是一种带有重庆
味儿的普通话。例如：

(64) （Y 抱怨妈妈不陪她玩）因为妈妈只晓得做家事，不陪我玩。
（2 岁 8 个月）

(65) 妈妈：为什么打哈欠眼泪会掉下来？
Y：因为眼泪一下就掉下来了噻。（2 岁 11 个月）

(66) Y：爸爸，你搞错了，电池不能丢到垃圾桶，要用盒子装起来，
不然会毒死小草的。（3 岁 1 个月）

儿童在双言并用期的语言呈现出如下特征：借用方言里的词汇，用普
通话的语调说方言的词汇；用方言的语调说普通话的词汇；方言词汇和普
通话词汇并用。此时，儿童的大脑中两种语言处于交锋状态，方言的强势
地位逐渐被普通话取代。随着年龄的增长和认知水平的提高，儿童逐渐对
周围的事物有了自己的判断能力和选择能力。正是在这一时期，儿童开始

逐渐习得普通话。在习得普通话的过程中，当儿童遇到不熟悉的内容，他们就会借用已经熟知的方言来满足交际的需求，这既是一种权宜之计，也是一种交际策略。在这个时期，儿童的方言和普通话之间的转换具有很大的随意性和自由性，我们很难准确地借助语言学理论找出这种转换的原因。双言并用最大的特征不是两种语言的转换需要有一套可以依赖的明确要素，而是两种语言之间存在一种相互转换的可能性。儿童从方言向普通话的转换，标志着他们需要下意识地对家庭语言环境中存在的某种交叉语言要素做出选择。由于儿童的个体差异和中介语言的多样性特征，儿童的中介普通话特征表现并不稳定。

（三）普通话强势期

双言儿童在语言习得的早期，两种语言在他们的大脑中竞争。但是，随着儿童年龄的增长，活动范围的扩大，他们的交际对象也不再局限于家庭或父母。儿童最终使用的方言取决于大环境的主流方言或同龄人所使用的方言。尤其是儿童上学以后，他们开始对普通话产生认同，从学习使用普通话到最终进入普通话强势期，是儿童语言发展的一种自然取舍。

三、双言并用对儿童语言发展的影响

双言并用的家庭语言环境已经成为城市儿童成长的典型家庭语言环境，这种语言的特殊性会影响儿童的认知加工。语言关联性假设提出，语言可以塑造人的思维模式和认知能力，双语经验会对双语者的认知带来影响。双语对认知的影响包括消极影响和积极影响两个方面。更多的研究显示早期的双语经验对儿童语言与非语言认知能力有促进作用。与双语相比，双言所指的是两种语言相似度较高，双言经验会促进儿童的认知发展，并且这种优势会随着年龄的增长越来越明显。

（一）对语言加工的影响

儿童在习得一门新的语言时，语音是首要问题。对于方言区儿童来

说，发音是最难掌握的，即便是在同一个国家，还是有一部分语音很难区分，这些难以区分的语音就是不同地区的方言。语音意识（phonological awareness）是指个体对言语的音位片段的反应与控制能力，是预测阅读能力的重要指标。个体能够听到的话语声音是由比词还小的单位组成，例如音节就是人们比较容易听到的单位，中文的每个字就是一个音节。虽然目前学术界对于双言者是否更具语音意识优势说法不一，但是有证据显示，双言儿童的语音意识比单言儿童的语音意识强。

方言对普通话词汇与语义习得的影响不是直接的，而是通过语码转换。语码转换为方言地区的普通话学习者的语言表征研究提供了全新的视角。目前，有关语码转换的研究主要集中在言语产生和言语理解两个方面，而方言对普通话词汇习得与语义习得的影响主要是言语理解方面。言语理解以语音习得为平台，进行语码转换后进入人的感知系统。方言作为一种特殊的文化形态，在普通话的学习中因地区而异，语码转换与普通话词汇和语义习得密不可分。双语者的词汇习得年龄是影响词汇识别的重要因素，相关实验表明，在语义任务上发现了词汇习得的年龄效应，早期习得的词汇比晚期习得的词汇更容易加工。语言理解的最终目的是通过词汇获得语义，讲话者的认知会通过不同的语言经验表现出来。双言者从正在使用的语言切换到另一种语言的时候，反应时间会更长，错误率会增加。这一现象表明方言地区儿童学习普通话，其词汇转换会影响语义加工。因此，我们应该努力将这种影响降到最低，从而帮助儿童更精确地掌握普通话。

语法性（grammatical gender）是指有些语言为无性别甚至无生命事物的词加上性别标记，比如德语、法语、意大利语中就有性别标记词。拼音文字的研究显示，语法性会影响人们对物体的分类和认知，影响人们对物体名称的记忆以及对物体的相似性评定。普遍认为，汉语不存在语法性，因此，有关语法性对汉语讲话者认知影响的研究相对较少。但是有研究者指出，汉语中虽然没有语法性，但是中国的传统文化中存在阴阳对立的概念，因此我们可以用阴阳对立来解释自然界和人类社会中的各种现象，比如日为阳，月为阴。这种浓郁的阴阳文化不仅反映在日常生活和语言文字里，还渗透到人们的意识中。与汉语普通话不同，有些汉语方言词汇具有语法性标记。例如，重庆方言在词尾加"叔""娘"等标记，这些语言标记可以影响儿童对事物的性别编码、分类和对事物性向的认知。心理学研究发现，方言和普通话语法差异，会给儿童带来不同的理解策略，对认知加工也会产生影响。

（二）对认知能力的影响

记忆的语言依赖效应（language - dependent effects on memory）近年来成为探讨语言和认知相互作用的切入点。语言依赖效应多见于双语者的记忆中，表现为记忆对语言环境的依赖：用一种语言有时能比用另一种语言回忆出事件的更多细节；在一种语言环境下回忆不出的事件可以在另一种语言环境下回忆出来。两种语言的语音和表达方式、加工水平以及语言熟练程度都会影响双语者的记忆效果。这些研究为方言区儿童语言的学习提供了心理学依据。

双言对双言者的时间认知会产生影响。时间是物质存在的基本形式。时间具有一维性和周期性。对时间的判断和推理是人类的基本认知技能。但是，不同的语言在时间表达上有很大的区别，语言会影响时间的表征方式和推理策略。例如，普通话单言者对周期性时间的推理主要采用数字的表征和加工方式，粤语－普通话双言者交替使用数字和空间表象的表征和加工方式。粤语－普通话双言者对周期性时间推理比普通话单言者慢，这是由时间语义表征与加工方式的弱联结造成的。在进行时间推理时，对数字表征的时间，普通话单言者只有数字的表征和加工方式，粤语－普通话双言者则有数字与空间表象两种表征和加工方式交替进行，所以使用一种加工方式的机会就少，熟练程度就低，因而出现时间推理的低速率。汉语方言中的时间表达呈现出的多样化趋势为研究语言和时间的认知关系提供了素材。

在言语交际中，双言者常常根据不同的语境进行语码转换，这种语码转换会影响双言者对两种语言的态度。交际者的语言态度包括对语言的感性评价和理性评价。感性评价是听到或说到某种语言时的情绪反应，一般是不自觉地对某种语言产生的好恶经验。理性评价即社会评价受语言社团的社会、经济和文化地位等因素的影响。例如，在对山东地区考察方言和普通话不同态度的研究表明，由于普通话是汉语的标准口音，比地方口音更权威，因此普通话更受欢迎。然而，在将研究范围扩大到南方方言（粤语）时，情况就发生了变化，广东大学生对普通话和粤语讲话者的评价没有显著差异，这与广东人偏爱粤语方言和广东在全国的经济地位有关。山东方言和粤语虽然同为汉语方言，但是粤语是强势方言，只是由于国家推广普通话，普通话才取得了与粤语相同的地位。由此看出，人们对于方言和普通话的评价取决于方言与标准语言的相对地位。普通话和方言的语码转换既是一种语言现象，也反映出复杂的社会心理。说话人基于不同的目的，在不同的情境中变幻语言，说话人可能出于表达的需要，也可能为了表明语言的态度，增进或疏远与对话者之间的感情。

语言在生活中得到广泛的使用，在沟通交流中充当桥梁的作用，也是儿童学习与应用的重要内容。语言教育作为学前教育的五大领域之一，对儿童的发展起着重要作用。单言儿童长时间接触同一套语言体系，拥有一套固定的语言模式。而双言儿童掌握同一体系内的两门语言，他们需要在学习和生活中对两门语言之间的内容和规则进行转换，经过长期的练习，儿童的大脑会储存语言转换的经验，语言间的转换经验会影响双言儿童的认知，促进他们的认知灵活度。

四、家庭双言环境下的语言教育策略

中国地域广袤，方言数目众多。使用任何一种语言或方言都包含了语言主体对该语言一定的认同度。语言认同是指讲话人对一种语言或方言的本体特征以及这种语言或方言所承载的政治、经济和文化等价值的认同。语言、言语行为和社会之间相互关联。语言既体现一种社会关系，也体现一种社会结构。语言认同是社会认同和文化认同的共同表现，语言认同包含语言主体的语言态度、使用这种语言的行为和语言意识三个方面。

　　研究表明，具有认同行为的讲话人可以识别不同的社会群体，有机会和能力去观察和分析这些群体的行为系统，并有加入该群体的强烈动机，从该群体得到反馈并使这种动机或增强或减弱，讲话人可以主动改变自己的行为。人们对一种语言的认同会在根本上影响该语言的发展方向。语言行为并非是简单的个体行为，而是其与社会认同相接的一个界面。哈姆斯和布莱克（Hamers & Blanc）认为，只有当语言受到语言社区的认同时才能被用于完成高认知语用行为，成为认知的工具，从而有助于个体的认知发展。当两种语言都受到社区的认同时，双语经验才能促进儿童的认知发展。因此，在家庭教育中，要提高儿童对方言的认同度，保护好方言的语用环境，使其有利于而不是有害于方言儿童元语言意识的发展。家长需要为儿童营造一个和谐的语言环境，让儿童认识到方言与普通话是共同存在的，二者并没有优劣之分。

　　虽然方言对普通话的学习会有一定的影响，但是我们不能放弃学习标准的普通话。普通话语言能力的培养是一个复杂的心理生理过程，需要采取积极有效的对策。首先家长要为儿童营造一个普通话的家庭环境，培养儿童对普通话的敏感性和习惯性。例如，当儿童看到周围的事物时，家长要鼓励他们用普通话说出来，只有经过长期的训练，让儿童形成条件反射，才能养成普通话的思维方式。其次，扩展儿童生活空间和内容。广泛的社会实践和人际交往活动可以从多方面帮助儿童语言能力的发展。最后，还要做好普通话的矫正工作。生活在方言区的儿童，其普通话不可避免地会受到方言的影响。由于儿童的语言习得明显带有家庭成员的特征，因此家长要用标准的普通话与儿童交谈，输入正确的普通话语音。比如我们针对重庆方言中平舌、翘舌不分的情况，着重培养儿童的辨音能力。总之，方言是儿童语言习得的基础，儿童的语言习得又受方言的影响，二者相辅相成，只有平衡好二者的关系，才能促进儿童的语言发展。

第五章

影响儿童语言习得的因素分析

儿童的语言习得是一个相当复杂的过程，它受到多种因素的制约和影响。该过程既与儿童先天的语言能力、思维能力以及智力有关，又与后天的各种环境如社会、文化等外部因素有关。只有清楚地认识并控制好这些因素，才能更好地引导儿童习得语言。

第一节　影响儿童语言习得的内部因素

儿童自身的因素是儿童语言习得的生理基础。儿童在习得母语的过程中，由于个体的生理差异，儿童习得语言的情况是不一样的。

随着大脑发育逐渐成熟，大脑的两侧分别被赋予不同的功能，智力、逻辑、分析的功能逐渐被侧化到左半球，情感的社会功能则逐渐受控于右半球，而人的语言控制中枢存在于大脑左半球。实验证明，如果将一个病人的左脑半球进行麻醉，他就不能说出或者唱出熟悉的歌词。如果人的左脑半球受伤，人类生成语言及理解语言的能力将会受到损坏。但是，左侧脑损伤如果是发生在青春期之前的儿童身上的话，他就能够把语言功能转移到大脑的右半球，进而重新学习第一语言，并且不会遇到很大的学习障碍。不过，左脑半球的语言能力和语言潜势会随着人的生长发育逐渐衰退，在过了青春期后，左脑几乎丧失了语言习得的能力。语言学家据此提出了关键期假说，该假说认为，人在习得语言的过程中存在一个非常重要的时期，在这个时期，人类能够顺利地习得语言，一旦错过这个时期，人类就不能或者很难习得语言了。关键期处于人类生长发育相对靠前的时间，也就是青春期之前。因此，在青春期以前对语言中枢进行开发，这对儿童的语言习得相当重要。青春期之前是语言发展的关键期，这个时期大脑的这种可塑性使儿童能够顺利习得两种或多种语言。

儿童对语言的思维过程也会影响儿童语言的习得。思维是指人的大脑对客观现实的积极反应，是对现实的思考和接纳的过程。大多数语言学家认为思维和语言是相对独立的，语言和思维不同步的现象就是一个很好的证明，比如人们有时候会想到了什么却不知道该如何用语言来表达。儿童在语言习得过程中，思维先于语言，也就是说儿童先有理解的过程，然后才有语言习得的过程。儿童在还没有学会说话的时候，就能理解某些话语并加以判断了。例如，Y 在语言习得的初期，常常会用 "zhuāi zhuāi" 的发音来代替 "乖乖"，将 "饮料" 说成 "yě liào"。但是当成人模仿 Y 的错误发音时，Y 会不赞同并纠正成年人的发音直到成年人正确发出 "乖乖" 和 "饮料" 为止。这个例子说明 Y 在习得语言的发音之前就能够理解语言，只是她还不能正确发音而已。虽然思维和语言是相对独立的，但是在儿童语言习得的过程中，二者密不可分。儿童的思维过程严重影响他以后对语言的习得，儿童的思维能力越强，就越容易理解别人所说的话，也就越容易习得语言。

乔姆斯基提出的内在论和先天论认为，人与生俱来就有一种语言习得机制，这种心理机制的核心就是普遍语法。儿童后天接触到的极其有限的语言材料对语言习得机制的发展只起触发机制的作用，因为儿童先天固有的语言习得机制是相同的，并且都是由一套普遍语法组成的，所以，不管智力因素、所处环境、所接触语言材料的多少，儿童都能在大致相同的时间内掌握好母语。韩礼德认为儿童习得语言的过程就是逐步掌握用语言来表示各种功能的过程。他把语言功能分为工具功能、启发功能、想象功能、调节功能、表现功能、表达个人的功能和相互作用功能等七种功能。儿童母语的习得与儿童认知能力的发展紧密相连，语言能力是受一般认知能力制约又有自己特殊性的认知能力。儿童在了解时空和情感等概念的同时，还需学会表达这些概念的语言手段，在很大程度上，母语的习得取决于儿童对周围世界的概念认识。语言符号可以帮助儿童加深对周围世界的认识，同时也会促进儿童社会认知能力的发展。

除了认知因素以外，儿童的性别角色也会对儿童的语言习得产生影响。男女性别角色的差异体现在社会生活的各个方面，当然也体现在语言的习得上，社会语言学家在许多语言中都发现了男女语言的差异。例如，女孩较多地使用礼貌语言，较多地使用形容词来对人或事物进行情感性的评价，而男孩则较少使用礼貌语言，较多使用动词来进行祈使和描述。这与女性讲求文雅、富于感情，而男性较为粗放、重视行为有一定的关系，也是性别角色早期分化在儿童语言习得上的表现。儿童在进行角色认同的同时，也在语言方面进行认同。这种认同会受到父母和社会的鼓励或者抑制，这无疑对男女儿童的语言发展产生了不同的影响。一般而言，女孩的语言发展速度比男孩快，女孩开始讲话比男孩早二至三个月，且这种语言能力的领先会一直保持到青春期前。研究显示，在一岁半至两岁时，女孩对反问句的理解水平高出男孩13%以上。在反问句和是非问句的发展上女孩比男孩要提前半岁到一岁。其原因在于女孩比男孩更乐于同成人交往，三四岁的女孩据说要花25%的时间与人交往，他们在干一件事情之前，往往要向成人请示。以上情况表明，性别角色对儿童习得语言的速度以及与性别角色关系密切的语言现象都有较大的影响。

第二节　影响儿童语言习得的外部因素

前面分析了影响儿童语言习得的内在因素，但是这些因素往往具有先天性，因而在实际的语言习得过程中较难控制，下面我们将对影响儿童语言习得的外部因素进行论述。

一、语言类型的影响

语言是文化的符号。不同的语言是不同民族或种族的文化符号。不同的方言是不同民族、不同方言区或社区的文化符号。在同一语言或方言中，不同的语言单位、语言单位的组合方式和使用方式等，也可能具有不同的文化内涵，反映出不同形式的文化积淀。不同语言或方言的习得难度，同一语言或方言的习得顺序都会影响儿童的语言习得。例如，不同民族的复数表达方式不同，所以对复数的习得速度也大不相同。由于汉语复数的表达方式相对简单灵活：名词的单复数一致；人称代词加"们"就可以表示复数；谓语动词不会随着主语的单复数发生变化，因此，汉语儿童在二到三岁就基本习得了复数的表达方式。相对而言，英语的复数表达就比较复杂，说英语的儿童往往要到六岁时才能掌握复数的表达形式。由于汉语属于孤立语，缺乏严格意义上的形态变化，不论是构词还是造句，语义都是优先考虑的因素，较少受到语法的制约，因此汉语儿童在习得语言时，较少出现语法错误现象。而印欧系语言的特点则是富于形态变化，在构词造句时，不仅要考虑语义因素，而且在语法上也有严格的要求，性、数、格、时、体、级、人称等的词形变化十分复杂，且有许多不规则形式，这就为儿童的语言习得带来了困难。从理论上讲，儿童语言习得受制于两个重要因素：认知的复杂程度和语言形式的复杂程度。由于各民族儿童的认知能力发展基本上相同，因此制约儿童语言习得的主要因素是语言形式的复杂程度。语言形式的复杂程度造成儿童语言习得过程中不同的特点，遵循不同的习得方式和习得顺序，对某一语言现象的习得速度也会呈现出不同。

二、语言输入的影响

婴儿从出生之日起，除了睡眠时间外，从早到晚都浸泡在母语中，他的耳边充斥着大量丰富多彩的语言材料，因此，婴儿很早就具有对声音的分辨能力。儿童的母语是自然习得的，他们对母语的习得很大一部分来自父母。在儿童语言习得的过程中，语言输入是必不可少的外部因素。研究表明，如果儿童在习得语言的过程中完全不接触人类语言，他就不能习得人类的语言。例如，狼孩在青春期之前是具有语言能力的，但是由于与人隔离，没有接受相应的语言输入，故不能习得语言。因此，在儿童语言习得的过程中，应当保证一定量的语言输入，使儿童能够充分地与语言素材接触，从而使他们的语言能力得到充分的发展。

父母的儿向语言（child – directed speech）在儿童语言习得的初期是最重要的语言输入形式，是儿童接触最早和最多的言语刺激。在生活中，大多数父母并不知道儿向语言的作用，但他们都在自觉地使用儿向语。儿向语由于结构简单、便于记忆，与儿童的语言发展水平相适应，常常能够引起儿童的好奇心和兴趣，使儿童感到温暖，从而激励儿童反复练习所学到的语言，并把学话当作一种乐趣。父母同儿童之间的感情纽带和亲密关系对儿童具有很大的吸引力，这使儿童渴望用话语同成人建立联系。父母对儿童讲的语言速度较慢，语法、用词简单，讲话时不厌其烦地重复，并辅之以手势、表情，使儿童易于理解。父母在儿童学习过程中表现出的耐心、宽容、鼓励和称赞等都会使语言习得变成一种愉悦的游戏体验，儿童在这个游戏过程中，不仅学到了地道的母语，而且培养了语言交际能力。儿向语在特定时期对儿童语言发展无疑起到了积极的作用，但是，随着儿童语言能力的发展，父母应该逐渐向儿童输入标准化的语言，还要注意遣词造句的准确性或句法结构的规范性，从而正确引导儿童学习语言。本章第三节将专门讨论儿向语言对儿童语言习得的影响。

三、文化环境的影响

任何孩子都是在特定的文化环境中生活和习得语言的。文化环境涉及物质、精神、家庭和社会等诸多层面，包括家庭成员的文化素质、宗教信仰、生活条件、地区与民族特点、时代背景等。文化环境对儿童的语言习得具有十分重要的影响。

（一）家庭文化的影响

家庭文化是影响儿童语言习得最直接的因素。家庭是儿童早期主要的活动场所，家庭关系也是儿童最早接触和认识的社会关系。儿童的语言习得必然会受到家庭成员的价值观念、教育水平及语言水平等方面的影响。父母作为孩子的主要抚养人，和孩子的交流最为密切，是儿童语言习得过程中最主要的语言环境提供者。一般认为，父母的受教育程度越高，对儿童的语言发展越有利。这主要是因为教育程度高的父母更加重视孩子的语言发展，能够采取多种有效的方法培养孩子的语言能力和思维能力，孩子的输入语也就更规范。此外，父母的语言习惯对儿童语言的习得也有潜移默化的影响，由于孩子对父母有一种先天的趋近感情，这种趋近感使父母的语言最容易被孩子重视，因此孩子会不自觉地模仿父母的语言。孩子的语言就是父母语言的影子，父母说话时的语气、腔调以及常用的词句，甚至说话时的动作都对孩子有很大的影响。因此，在儿童语言发展的早期阶段，成人可以根据所处的环境，结合具体情境不断同儿童说话，不断为儿童提供丰富的语言刺激。例如，当 Y 试图用手扯掉尿不湿的时候，妈妈就会抓住机会，不断重复"尿不湿"这一词汇。同时，在 Y 做出回应或者尝试发声时，妈妈就会给予她积极的反馈和鼓励，而不会急于纠正她不标准的发音。成人还可以通过实物、图片、贴纸、墙饰等在家庭内部为孩子创设生动有趣的语言环境。通过多跟儿童说话，每天睡前与儿童进行亲子阅读，在固定的时间播放儿歌、故事、动画片等活动都可以为儿童提供丰富的语言刺激。总之，成人应将多样化的外界语言刺激渗透于儿童的日常生活中，在为儿童提供丰富语言刺激的基础上，还要抓住每一个教育时机，为儿童提供尽量多的听说机会，以促进儿童语言的习得和发展。

儿童的语言是在使用的过程中得到发展的。儿童对成人的语言输入并不只是简单被动地照单全收，他们对成人语言输入的选择性反馈以及在语言加工时表现出的主动性和创造性说明了在语言习得的过程中，儿童自身的主动性发挥与儿童现有的语言经验和认知结构密切相关。父母应该充分发挥在亲子会话过程中的主导作用，以儿童的认知发展水平和语言发展特点为基础，围绕儿童可能感兴趣并能够理解的内容发起会话，或者提供丰富的活动材料引导儿童主动地进行语言活动。除此之外，成人还应对儿童在会话过程中的语言体验做出及时、正确的判断并进行合理的反馈或调整，以此来维持语言活动的进一步开展。成人通过为儿童创造多种语言活动的机会和情景，可以激发儿童语言表达的欲望，从而调动儿童在语言活动中的能动性。同时，家庭之外的大环境对早期儿童语言的习得和发展也有一定的作用，成人应充分利用大环境资源为儿童提供语言活动的场所。例如，自从 Y 满月后，我们会每天定时带她去户外活动，每周都会去周边各大公园和游乐场。从两岁开始，每年寒暑假都会带她去国内外旅游。丰富的外出活动让 Y 有更多的机会与其他儿童或成人接触和交流，这不仅为她提供了丰富的语言刺激，同时也增加了她与同伴的交流和语言运用的机会。对于幼儿期的孩子，尽可能让他通过体验来刺激五感神经，因为这一时期正是儿童快速增加连接脑神经细胞的突触数量的时候。人类的脑细胞数量基本上都一样，但是，连接脑细胞的突触却因人而异，突触数量越多，大脑运转速度越快。因此，有必要让孩子多看、多听、多接触、多与人见面，使脑突触不断复杂化。

（二）民族、地域文化的影响

各个民族的文化对儿童语言习得也具有深刻影响。民族文化是儿童语言习得的大环境，通常，每一个民族都有其独立的语言系统，民族文化被固化于该民族的语言中。儿童在习得语言的过程中必然会受到民族文化的影响，各民族不同的文化观念影响着儿童语言习得的内容和方式。对汉族和彝族撒尼人儿童的语言习得研究发现，撒尼人儿童对"乖"这个词的习得远远晚于汉族儿童，这是由于汉族人受宗法观念的影响，希望孩子温顺听话，常用"乖不乖"来评价一个孩子。而撒尼人则注重孩子的能力和行为，很少用"乖"来表扬孩子。由此看出，汉民族的这种特殊民族心理影响了儿童语言习得的内容。此外，在汉族的民族文化观念中，历代都对孩子书面语的学习十分重视，选拔人才的科举考试也是以考察写作为主要内容。而在西方的民族文化观念中，口头表达更为重要。从古希腊时代开始，演讲就成为参与政治生活的重要形式。同时，口头辩论也是学者们探讨真理、传播艺术的主要方式。这种民族文化观念的差异表现在对儿童的口语训练上。西方儿童在习得语言时，口语是语言习得的一个重点，而汉语儿童在习得语言时，更重视书面语的习得，从而导致我国儿童口头表达能力较弱的特点。另外，不同的地域由于地理环境、地方习俗不同，形成了特有的地域文化，不同的地域文化也体现在儿童语言习得的过程中。由于地域文化背景不同，儿童对于不同的词汇敏感度及掌握程度不同。比如，重庆以吃辣闻名，这个地区的儿童对"辣"的掌握要比其他地区的儿童早一年到一年半。

　　总之，儿童的语言习得是一个渐进而复杂的过程。在这个过程中，多种因素都在发挥作用。儿童语言的习得不仅受制于儿童先天的语言学习能力，还受到后天文化因素的影响，不同的语言或方言，不同的民族、地区、家庭，不同的性别，不同的生活和习得语言的文化背景都会给儿童的语言习得带来影响。重视并认真研究影响儿童语言习得的不同因素，并在此基础上采取相关的措施，才能促进儿童的语言习得。

第三节　儿向语言的影响

前面谈到语言输入对儿童的语言习得具有十分重要的影响，父母与儿童的互动交流有助于儿童语言的发展，在这个过程中，父母往往采用儿向语和儿童交流。本节主要探讨儿向语言的特点及其在儿童语言发展中所起的作用以及儿向语言对儿童语言教育带来的相关启示。

完整的家庭是孩子接受教育的第一课堂，而父母是儿童的第一任老师。婴幼儿时期，父母亲尤其是母亲总是不失时机地同儿童交流，不厌其烦地观察、倾听儿童的需求。成人在和儿童交流时，语速明显较慢，发音较清晰，语言较简单，音调较高，语调较特殊。这种成人自然而然使用的特殊语言就是儿向语，又被称为保姆式语言（baby talk）、母亲语言（motherese）或照顾者语言（caretaker talk）。

一、国内外儿向语的研究

国外对儿向语的研究最早是从母亲对小孩说的话和成人之间的话的对比研究开始的。佛格森（Ferguson，1977）认为几乎所有的言语社区，成人与儿童交流的方式和成人之间的谈话都存在着或多或少的系统性的差别。母亲同儿童讲话时，一般会使用简单的词汇、简单的句子和夸张的语调频繁地重复他们和孩子的话语。除了典型的儿向语特征以外，研究还发现母亲会随着儿童年龄的增长调整语言的复杂程度。斯诺（Snow，1972）发现母亲对两岁儿童和十岁儿童的说话有差别，认为儿向语在复杂程度上会随着儿童语言的逐步成熟而发生变化。其他研究者也发现，随着儿童年龄的增长，母亲在与儿童交流的时候会逐步增加说话的语速、增加句子的平均长度以及语言的复杂程度。这些发现引发了人们对两个问题的讨论：成人是否根据小孩的年龄来调节自己的语言；成人语言的简单化对小孩的母语习得是必不可少还是起促进作用。许多研究者认为语言习得的快慢与其母亲在语言复杂程度上的调整没有关系。比如，克罗斯（Cross，1978）通过观察16组19个月至33个月大的澳大利亚儿童与其母亲的对话，发现虽然母亲语言中的词汇和语义的调整与儿童语言熟练程度的逐步提高相关，但在句法方面的调整却与儿童的语言习得没有关系。纽波特（Newport，1977）认为母亲的语言输入与儿童语言发展几乎没有什么关系，母亲语言的适当调整只是为儿童加工语言提供方便。但是一般而言，成功的语言学习依赖于儿童与照顾者共同建立的一种积极的、交互式的语言环境。成人之所以使用儿向语，是因为儿向语所具备的特征能够更好地吸引儿童的注意力，使语言中的新信息更加突出，短语、从句和词在语句中的界限更加明确，能够有效地帮助儿童顺利地把语言输入中的信息流分解成相应的单位，更好地理解语言输入的具体意思，接受语言输入所包含的信息，从而完成学习任务。

关于说普通话母亲的语言输入与汉语儿童早期语言发展的研究并不多。李贞静（1991）描述了母亲语言的词汇、句法以及篇章特征，发现母亲对儿童使用的语言不仅不同于成人之间的语言，而且有些特征会随着儿童年龄的增加发生变化。塔迪夫（Tardif，1993）对北京地区的儿童语言发展研究发现，受过高等教育的父母比受教育少的父母用更多的陈述句、疑问句和名词项，父母受过高等教育的儿童词汇量更大，词类更多，但两组儿童的句法发展没有什么差别。李宇明和李迅等（1991）指出成人在同儿童的交流中，一般都比该年龄段儿童的语言稍微复杂，当孩子还在咿呀学语时，成人已在使用电报式的语言同其交流，当孩子刚会说话时，父母就开始使用较复杂一点的语言。这似乎表明儿童语言习得主要受益于儿向语的精致调整。但是，陈敏（2005）的研究证明儿童并非成长在精细调整的理想语言环境中，即照顾者并非有意识地简化语言去适应儿童。由此看来，对儿向语的研究至今还存在诸多争议。我们必须认识到儿童语言习得的关键在于儿童本身，但是父母与孩子的谈话的确也为儿童获得目标语词汇提供了一个有效的语言环境。

二、儿向语言的特征

佛格森列出了儿向语言的三个特征：简约化（simplifying）、表达性鉴别化（expressive - identifying）、澄清化（clarifying）。简约化就是减少语言的复杂性（比如减少辅音连缀或只用有限的句子结构）；表达鉴别化是指在话语中添加情感（比如用爱称）或者突显某种语言表达的方式；澄清化就是对语言信息进行必要的添加。哈里斯（Harris，1990）对儿向语的特征总结如下：比儿童使用的语言略微复杂；涉及儿童感兴趣的话题；与儿童的语言在语义上一致，成人以儿童想要表达的交际意图为基础，重复、扩展或调整儿童的话语并为其提供惯用的语言表达结构；具有寒暄性，成人常常用"yes""oh""er"和"I see"等话语来表明在倾听和关注儿童的讲话；不局限于一问一答，内容丰富；利用会话空位（slot）增强儿童言语和非言语交际能力。

研究显示，母亲对婴儿所讲的话，其发音精确度要高于同成人所讲的话；父母的儿向语言比成人间的话语音调更高、音频范围更宽、语速更慢、停顿更长；父母在和儿童交流时，往往将声调过分夸张；这些特征使得儿向语言成为吸引儿童的信号。句法方面，父母往往会用更简短的句型和符合语法的句子对儿童说话，多用祈使句和疑问句。话语的重复性和冗余性较高，例如中国父母喜欢用"花花""饭饭""粑粑""狗狗""猫猫"等叠词。儿向语涉及的内容具有现实性，且话题的范围较窄，大多围绕儿童正在做和儿童身边发生的、能引起他们兴趣的事情，比如食物、睡眠、玩具、游戏等。儿向语言的这些特征都是成人为了适应儿童的语言水平进行的适应性调整，也就是说成人使自己的话语在语义内容、词的选择和语法的复杂性上更适合儿童的语言理解水平，但是随着孩子年龄的增长，这些范围会逐渐变宽。

三、儿向语言的作用

儿向语言与儿童的语言发展有着密不可分的联系，它在儿童的语言习得过程中所起的作用大小受到文化、阶层、个人性格等因素的影响。例如，那些和蔼可亲的人更容易使用儿向语。因此，了解儿向语的特征和儿向语的积极因素，可以促进儿童语言的习得。

（一）帮助儿童获得非普遍语法知识

普遍语法是世界上一切语言共有的特征，是人天生具有的一种语言能力，它是习得一切语言的基础。但是每一种具体的语言又有自己独特的规则，儿童如果想要掌握一门具体的语言，就必须掌握它的特定规则。儿童只有在充分地接触语言环境，在不断分析和总结语言材料的基础上，才能发现该语言的特定规则并掌握它们。儿童要从众多的语言材料中分辨出句子是否符合规则并不是一件简单的事情，所以儿向语言就可以发挥它的重要作用了。通过儿向语言，儿童很容易接受非普遍语法的具体语言的规则。比如汉语中的复数加"们"这一规则并不属于普遍语法范畴，但汉语儿童通过父母的儿向语言就会很自然地习得、理解并正确使用这一规则。由此可见，儿向语言是促使儿童把普遍语法应用在具体语言上的工具，是把普遍语法同具体规则联系起来的桥梁。

（二）加速儿童语言习得进程

儿向语言的特殊性为儿童提供了一个自然而轻松的语言实践环境，儿童语言实践的机会越多，习得语言的速度就会越快。父母在使用儿向语言和孩子交流的过程中，会给孩子创造许多使用语言知识和语法机制的机会。当然，单纯的语言重复不能有效地促进儿童语言能力的提高，但重组和扩充句子却能巩固他们的语言能力。例如：当 Y 说出"垃圾"这个词时，父母会立即做出反应，说："是的，这是垃圾，好臭哦"或者"让我们把垃圾放进垃圾桶吧"等等。再比如，当 Y 说"爸爸把我的桌子打湿了，我要冒火他"时，妈妈就会重组语言"爸爸把你的桌子打湿了，你很生气，你要对他冒火，是吗？"通过重组、启发和鼓励，孩子会接触到新的语法结构和形式。在儿向语言的交际情景中，很多父母都会积极地对孩子已经习得的词汇进行扩充，这样一来，儿童的语言输入就会更加丰富，他们能接触到的语法结构和形式也就更多，这有助于加快儿童的语言习得。因此，在儿童语言习得的进程中，儿向语言的质量是很重要的。一项有趣的研究表明，家庭中的第二个孩子，由于他们接触的儿向语言数量较少，其语言的习得要比其他孩子（如头生子和独生子）要晚。这就表明，儿向语言的数量也可以影响儿童的语言习得。当然，儿向语言的使用并不是越多越好，成人在使用儿向语言的时候，还要遵循儿向语言自身的时间表。一般而言，儿向语言适用于一岁到五岁的儿童，超过这个时间段，成人应该逐渐减少儿向语言的使用，直至完全停止。这是因为五岁以后，儿童的语言能力和认知能力都得到了极大的发展，成人可以不再局限于使用儿向语来吸引他们的注意力。如果五岁以后成人还使用儿向语言，儿童的语言就会停滞不前，这对儿童的语言习得没有好处。

（三）促进儿童与父母的情感沟通

儿童的发展需要爱的交流，儿向语言就是一种很典型的情感刺激来源。儿向语言发生在儿童熟悉的语境中，儿童对父母的说话方式了如指掌，能轻而易举地领会父母的谈话意图，再加上熟悉的环境限定了生词所指称的范围或场景，这就大大降低了儿童学习新事物的语言难度。当儿童和父母在会话过程中出现理解障碍时，双方常常会采用调整、澄清、修正或重复等策略进行协商，以便听话人能理解。正是借助于这种不断的协商过程，父母与儿童实现了顺利的交流，这种交流对于建立儿童与照顾者之间的联系很重要。

四、儿向语言对儿童语言教育的启示

基于上述分析，儿向语言对儿童语言教育有如下启示。

（一）了解特点，因材施教

家长首先要了解影响儿向语言的变量，针对儿童语言发展不同阶段的特点因材施教。研究显示，母亲在单位时间内讲的话越多，儿童的词汇量增长速度越快。在其他条件相同的情况下，儿童听到的母亲的话语越多，其词汇掌握得越多。因此，在和儿童交流的时候，父母可以故意加快语速，使用多样化的词汇。由于儿童最先掌握的往往是那些接触最频繁的词，因此，在与 Y 交流的时候，我们常常会主动说出她正在关注的物体，比如"尿不湿""消火栓"等，这样孩子很快就掌握了这些名词。在日常生活中经常对孩子发号施令，尤其是积极的指令也可以促进儿童的词汇习得。4 岁前是儿童口语发展最快的阶段，但每个儿童又有个体差异，家长要结合孩子的特点，采取适当的手段为儿童的语言提供形式多样的输入材料。例如，对刚刚学话的 Y，我们会选择色彩丰富的绘本，辅以音频和视频资料，让她建立起音和义之间的联系，注重语言输入的趣味性和形象思维的开发。随着孩子年龄的增长，我们会引导孩子向语言的更高阶段发展。

（二）营造宽松自然的家庭语言环境

完整的家庭结构是儿童语言发展最有利的环境。父母对儿向语言的影响不容忽视。可以说，母亲是孩子语言能力形成和发展的催化剂；母爱是儿童健康成长的关键因素，也是儿童学习语言的最初刺激来源。母亲往往是与儿童交流的发起者，在谈话中起主导作用。母亲常常会使用较简单的词汇同孩子谈话，增加孩子与周围人交流的机会。当然，儿童早期的语言学习中，如果缺失了父亲的指导，其语言的发展是不健全的。有研究显示，父亲更喜欢使用控制性的言语，即父亲更喜欢采用命令的方式同儿童交流，因而双方的会话时间较母亲而言稍短。另外，父亲也喜欢使用一些儿童不熟悉的词汇，虽然这有可能让谈话暂时中断，但更有可能的是父亲和其他陌生的谈话者却能够给儿童提供难得的机会，使他们学会同不太熟悉甚至陌生人的交谈技巧。正是由于父母与儿童朝夕相处，所以父母对儿童的一言一行都能心领神会，父母不厌其烦地一唱一和才能给儿童习得语言提供一个宽松的环境。在和 Y 的日常交流中，我们会认真倾听孩子说话，鼓励和引导孩子说话。在与孩子交流时，充分发挥母亲主导，父亲从属的互补作用，从而为孩子营造宽松自然的家庭语言环境。

　　儿向语言的出现并非偶然，它与儿童的语言发展有着密切的联系，虽然儿向语言并不能在习得过程中起决定作用，但是它确实对习得语言有很大的帮助。作为父母，应该了解儿向语言的特点及其作用，并据此在特定时期使用儿向语言发挥其长处，或在其他时期避免使用儿向语言消除其负面影响，从而为儿童创造出一个良好的语言习得环境。

第六章

调查对象语言实录

2011 年

2011 年 7 月 30 日

我叫依依，生于 2011 年 5 月 16 日下午 5 时 30 分，系金牛座女孩一枚，现在我已经两个月大了。这是爸爸给我织的"围脖"，爸爸说，等我长大了自己会织了就交给我。

2011 年 7 月 31 日

我家旁边的地铁一号线开通了，爸爸、妈妈和外婆决定带我出去体验一下坐地铁的感觉。今天是我第一次乘坐地铁哦，让爸爸妈妈迷惑不解的是我一上地铁就呼呼大睡，一下地铁就哇哇大哭。世界那么大，可我还这么小，我怎么看得过来呢？不过，我要感谢在地铁上给我让座的那位好心阿姨。

2011 年 8 月 7 日

今天是我出生后的第 78 天，外公用竹子为我编了一个摇篮，现在我拥有了一个漂亮的小窝，我可以躺在摇篮里听妈妈唱摇篮曲了。爸爸让我趴在他的肚子上练习抬头。今天，我还被剃了光头，除了大哭表示抗议之外，我还有什么办法呢？外婆发现我能用一只手紧紧抓住玩具了。

2011 年 8 月 12 日

今年的夏天好热啊，我好想让自己的小背背凉快凉快，可是我还不会翻身呢。今天，在妈妈的帮助下我可以侧卧了，这可比仰卧舒服多了哇！

2011 年 8 月 21 日

今天，我可以用自己的双手支撑抬起头了。

2011 年 9 月 1 日

历史性的突破：今天，我可以自己侧翻睡午觉了。

2011 年 9 月 19 日

我的四个月儿保报告：身高 63 厘米，中上；体重 7 公斤，中上；头围 40.2 厘米，中。医生说我的体重增长有点快。今天打了百白破，我的那个哭声啊，真是惊天地、泣鬼神。不过吃糖丸的时候，我的表现很棒哦，可惜儿保医生说下个月不让吃了，我觉得吃糖丸比打针好一百倍呢。

2011 年 9 月 25 日

今天阳光灿烂，爸爸妈妈带我去鸿恩寺公园晒太阳，陪同的还有奶奶和小姨。晚上，我们一行人去五斗米顺水鱼馆吃饭。看，我可以拿稳盘子了，我还会和奶奶抢东西吃呢。

2011 年 10 月 6 日

今天，我们一家人去重庆最大的湿地公园玩，我开始有点认生了，只要有陌生人一靠近我，我就会躲闪。我只允许佳佳姐姐抱我。

2011 年 10 月 16 日

今天我五个月大了，爸爸带我们去礼宴天下吃自助餐，爸爸说我可以开荤了，不过，还没有长牙的我除了可以喝几口南瓜汤外，还能吃什么呢？

2011 年 10 月 19 日

我的五个月儿保报告：体重7公斤，中上，相比上个月没见长（上个月猛长，是不是上个月称错啦）；身高64.8厘米，中上；头围40.8厘米，中。今天我又打了百白破，依然是号啕大哭。

2011 年 10 月 23 日

今天下雨了，爸爸妈妈还是坚持带我去大渡口公园玩，陪同的还有小姑和林林哥哥，他们抱着我在雨中漫步。爸爸妈妈，你们是想让我明白不经历风雨，怎么见彩虹的道理吗？

2011 年 10 月 27 日

今天，我可以坐起来啦！

2011 年 11 月 5 日

今天，在爸爸的帮助下，我学会撕纸啦。我非常认真地把爸爸递给我的抽纸撕成了两半，然后很得意地把它们撕成小片往空中乱扔。爸爸比我还开心，他还说婴儿学会撕纸是双手和眼睛协调运动的一个里程碑。

2011 年 11 月 10 日

昨天晚上，情况十分不妙，我又吐又拉，这可急坏了全家。妈妈一夜没睡好觉，奶奶半夜还在清洗被我弄脏的衣服和枕头，爸爸在百度上查找"育女新经"。今天天气晴好，一切又恢复了正常，我又活蹦乱跳，不吐不泄了。爸爸又学到了一招：小儿腹泻不用急，分析大便是第一，补充水分要适时，倍加呵护小屁屁。

2011 年 11 月 16 日

今天中午，我正在客厅和奶奶一起玩，我看见妈妈从卧室走出来，于是我对着妈妈大声喊出了"妈妈"两个字。语言学家说，这有可能是婴儿的无意识发音。无论如何，我想妈妈的心里一定是乐开了花。

2011 年 11 月 17 日

我的半岁儿保报告：身高 66.3 厘米，中上，增长 1.5 厘米；体重 7.7 公斤，中上，增长 0.7 公斤；头围 42 厘米，中；血色素 127g/L；血型：A 型。这次我一共挨了三针，医院整栋楼都能听见我"螺旋式"的哭嚎。

2011 年 11 月 18 日

今天，爸爸、妈妈和外婆带我去欧尼尔拍半岁照，几个大人像打了鸡血似的又唱又跳，还非要逗我发笑，让我摆出各种 pose。好吧，既然爱笑的女孩运气都不会太差，那我今天就笑个够，毕竟，脱了厚衣服，我可以尽情地吃手指头啦。外婆发现我的单眼皮神奇般地变成了双眼皮。

2011 年 11 月 19 日

今天，太阳公公露出了久违的笑脸，爸爸妈妈带我去龙头寺公园晒太阳，说是要给我补补钙。可是，一到公园，他们便把我一个人留在婴儿车上，自己补钙去了。

2011 年 11 月 24 日

中午，爸爸训练我拿东西，他先把一个衣服夹子放在他的手上，让我去抓，我用左手轻松地把夹子拿了起来。老爸，这个是不是太小儿科了？

然后爸爸又放了一个夹子在他的手上，我想同时拥有两个夹子，可是每次我只知道拿起一个，然后放下，再去拿另一个。后来，在爸爸的反复训练下，我学会了左手拿一个，再用右手拿一个。我终于明白了，原来左手和右手是可以分工合作的。

2011 年 11 月 27 日

今天，我把妈妈的眼镜取下来啦。妈妈问，为什么小孩子都喜欢抓眼镜呢？我想说，妈妈，其实你不戴眼镜更漂亮哦。

2011 年 12 月 9 日

爸爸的"育女新经"：要想小儿安，三分饥和寒。肚子不能吃太饱，冬天不能穿太多。

2011 年 12 月 14 日

爸爸的"育女新经"："只差一点点"游戏。美羊羊只差一点点才到我手上，我必须要用手去抓才可以得到；苹果泥只差一点点才到我嘴里，我要费点劲儿自己够一下才能吃进嘴里。现在，我明白了，我需要付出一点点的努力才可以得到我想要的东西。

2011 年 12 月 16 日

今天，我满七个月了，爸爸妈妈对我说：愿小宝贝能经受严冬的考验，茁壮成长，迎接新年，拥抱春天。

2011 年 12 月 21 日

盼望着，盼望着，这一年就要翻过去了。爸爸自己的总结还没写好，就炮制出了我的年度总结报告，也就是我的七个月综合能力评估。社会适应及情感表达：对熟悉的人有亲近需求，尤其依赖妈妈，开始认生，较为排斥陌生人，表情日渐丰富，会大笑、微笑、大叫、生气、哭闹等；突然打断喜欢的活动，会大叫、哭闹；肢体语言逐渐丰富，如伸手要抱抱，打挺，不想尿尿，有意躲避洗脸和擦手。语言及听力：能无意识发音，嗯吗，嗯呐，哎哟，咿呀；能根据声音辨别方位；听到自己的名字有反应；喜欢听儿歌和音乐，喜欢听大人谈话。身体运动及控制力：喜欢搬弄大人的手指或其他圆柱物体，双手开始协调运动，学会了传递与分工。会撕纸，会交换玩具，抓住玩具能摇敲；能够独坐，但不稳定；抱着能站立一会儿，可由仰卧变侧卧或俯卧，能爬行；喜欢照镜子，喜欢捉迷藏；开始长乳牙，咀嚼和吞咽能力较强。

2011 年 12 月 26 日

这几天我特别认生，除了爸爸、妈妈、奶奶和外婆，其他人一抱我就哭闹，爸爸从百度上得知认生是婴儿认知、辨别和记忆能力提高的表现，也是对社会适应能力的磨炼。婴儿一般从 6 个月开始认生，8－12 个月达到高峰，以后逐渐减弱。爸爸妈妈，以后一定要让我多出去走走看看，增长见识，我会慢慢变得大方的。

2011 年 12 月 28 日

从半岁开始，我就能发出"妈妈"的音节了，也许这是无意识的，不过这让所有的大人都很高兴呢。这几天，我的"妈妈"音更是清楚而频繁，尤其是我想黏着妈妈的时候。这可是我语言上的巨大进步啊。

2011 年 12 月 29 日

"爸爸"，千真万确，今天晚上，爸爸给我洗脸的时候，我第一次叫"爸爸"，清晰又温柔，还咯咯地笑，爸爸惊得像个木偶似的愣在那里。"有没有听错？"爸爸语无伦次地问外婆，"妹妹确定叫的是爸爸？"外婆也乐了，说："呵呵，真的是也。"爸爸激动得抱起洗脸盆"泪奔"去了。

2012 年

2012 年 1 月 1 日

一年前的元旦，爸爸是这样对妈妈说的，2011 年，依依这个让人无比期待的小天使将会降临到人世间，依依爸和依依妈从此将用最无私的心，最甜蜜的爱，为她牵引导航，或跌撞，或蹒跚，或从容，让她在爱的阳光和雨露下，感受一个幸福和温暖的童年。今天，爸爸对我说，做一个追求"真、善、美"的女孩。

2012 年 1 月 7 日

爸爸的"育女新经"：大病小恙不用慌，能够食疗不吃药，能够吃药不打针，能够打针不输液。到目前为止，我还没有什么大病小恙，一定要 hold 住哦。

2012 年 1 月 12 日

这两天我又学会了新的音节"da－da"和"du－du"，只要一有机会，我就开始练习，一天嘴巴叽里呱啦的，爸爸妈妈都笑我："宝贝儿，你到底想说什么？"

2012 年 1 月 23 日

"不记得何时学会了说话，只知道第一声叫的是妈妈，记得你天天说啊说，渐渐才读懂你的表达……"这就是我的妈妈，只因为担心我被爆竹声吵醒，我的第一个除夕之夜是在妈妈温暖而安详的怀抱里度过的。

2012 年 1 月 29 日

由于感冒，我的八个月儿保报告推迟了一周。体重 8.2 公斤，中上，增加 0.5 公斤；身长 69.3 厘米，中上，增长 3 厘米；头围 43.2 厘米，中。今天我打了麻风和流脑疫苗，还是"嗓声依旧"。除了会叫"爸爸、妈妈"，现在我还会发出"da da、du du，ga ga、zha zha"的音节。

2012 年 2 月 4 日

正玩在兴头上的玩具掉到地上了，怎么办？之前我只会大声哭闹或者置之不理，现在，我用小手抓着爸爸的手臂轻轻摇，还"咿呀，咿呀"地叫。爸爸反复实验了多次，最终确定：我开始学会用和平的方式寻求帮助，而不仅仅限于哭闹了。

2012 年 2 月 12 日

最近，我的牙齿开始慢慢冒出来了。

2012 年 2 月 16 日

今天我满九个月了，我又被爸爸妈妈拉到安琪儿拍照，又累又困的我在中场睡了一觉才勉强完成了拍摄任务。

2012 年 3 月 4 日

今天天气好晴朗，处处好风光，好风光。嗨，龙头寺公园，我又来啦！

2012 年 3 月 16 日

我的十个月儿保报告：体重 8.5 公斤，中，增加 0.3 公斤；身长 72 厘米，中上，增长 2.7 厘米；头围 44.2 厘米。今天我在儿保医院骑木马时，粗心的爸爸居然放开了手，我"砰"的一声摔在地上，顿时哭得稀里哗啦。

2012 年 3 月 18 日

今天和我同年同月同日出生，只比我大 20 分钟的木西姐姐一起在操场上晒太阳。

2012 年 3 月 28 日

今天，爸爸忙活了半个小时，终于为我安装好新买的扭扭车，我坐在车上手舞足蹈。妈妈看了看说明书，居然是 36 个月以上的婴儿才能玩耍的。我的老爸，你确定我有那么大吗？

2012 年 4 月 16 日

今天我 11 个月大了。我在各方面都有了不小的进步，小手越来越灵活，会拿起很小的东西，能扶着站立一会儿了，有时也试着大步走两下，比之前"淘气"多啦，我还经常扯掉自己的鞋子和袜子，爱跟小伙伴玩，跟他们抢玩具，也不认生了，有时还跟妈妈嘟嘟小嘴巴，闹闹小脾气。

2012 年 5 月 4 日

妈妈早就查过日历，说我今年可以过三个生日。第一个生日就在今天，农历四月十四。今年农历闰四月，所以我的第二个生日在 6 月 4 日。如果按照出生当天的日期，我的第三个生日是 5 月 16 日。够复杂的吧？不过一年可以过三次生日，确实让人很开心呢。

2012 年 5 月 6 日

你以为我又在吃小手手吗？No！其实我是在吃磨牙饼干。爸爸妈妈还以为我不会用手拿东西吃呢，这下你们知道我的厉害了吧？

2012 年 5 月 9 日

天气渐渐热起来，爸爸说要把我的头发剪短。要知道，我最害怕剪头发了。虽然我用号啕大哭表示了严重抗议，但是理发店的阿姨还是像秋风扫落叶般将我的头发剪落了一地。原本可以别着花发夹的长发瞬间变成了板寸头，我不得不重新接受被人误会成小男生的事实。先不管发型的问题了，让我再哭一会儿。

2012 年 5 月 16 日

从今天开始，我就是 1 岁的幼儿了。我从去年出生时的 50 厘米到现在的 75 厘米，体重从 3.1 公斤长到 9.6 公斤，人见人爱，花见花开，飞鸟落地，汽车爆胎。要感谢的人实在太多太多，感谢爸爸妈妈把我带到这个世界上来，感谢奶奶和外婆对我无微不至的照顾，感谢爷爷和外公的鼎力支持，还有小姨小姑的百般关爱。

2012 年 5 月 17 日

今天，爷爷奶奶、外公外婆，还有小姨小姑来给我过一岁生日。抓阄环节自然是少不了，爸爸妈妈准备了勺子、水果糖、饼干、化妆品、书、衣服、钢笔、钱……结果我一上场就瞄上了勺子和饼干。佳佳姐姐说："将来一定是个美食家。"我觉得还是佳佳姐姐有文化，没有说我将来是个小吃货。

2012 年 5 月 20 日

今天是"全国母乳喂养宣传日"，到今天为止，妈妈已经母乳喂养我一年了。从最初请催乳师，到手动吸奶，到电动吸奶，再到自然喂养，其间有苦，有累，更多的是甜，妈妈用她全部的爱心和乳汁养育我长大，今天是 5.20，妈妈，我爱你。

2012 年 5 月 31 日

小小指挥家：我学会发号施令了。想吃饼干的时候，我会用胖胖的小手对着奶奶一指，"啊"地叫一声，然后指着茶几上的饼干，再"啊"一声，这样饼干就到手了。晚上和爸爸妈妈散步，妈妈让我看月亮。我依偎在爸爸的怀里，突然灵性大发，指着月亮"啊，啊，啊"。爸爸说，宝贝儿，莫非你想要天上的月亮？

2012 年 6 月 1 日

"六一"爸妈寄语：一年以来，你开心的笑容，点滴的进步，足以让爸爸妈妈神魂颠倒；偶尔一点小病小恙，也让爸爸妈妈心力交瘁；跟你在一起的这一年，你带给爸爸妈妈太多幸福和快乐的回忆，让爸爸妈妈终生难忘；爸爸妈妈能给予你的，是一个开心的童年，让你少一些压力和束缚，多一点快乐和自由。爸爸妈妈珍惜和你在一起的每分每秒。

2012 年 6 月 16 日

今天我已经一岁零一个月了。爸爸、奶奶和小姑带我去顺祥壹街的豆乐园玩，还不会走路的我，在软软的垫子上爬得比兔子还快呢，我再也不像以前那样"三步两回头一休息了"。晚上爷爷喂了我好大一碗饭，看来今天我的胃口还不错。

2012 年 6 月 20 日

奶奶买的玉米真是又甜又糯，我吃完了玉米粒，还要继续啃，大家以为我在吸甜水呢，结果拿开一看，玉米棒被我咬掉了一个小缺口。我这是在磨牙吗？

2012 年 6 月 25 日

现在，我越来越喜欢去豆乐园玩了，五颜六色的球球、小汽车、溜滑梯都是我喜欢的项目哦。

2012 年 7 月 17 日

号外！号外！今天早上我还需要妈妈牵着我的小手才能在校园里散步。晚饭后，我竟然撇开老爸的手，独自一人在操场上闲庭信步起来。我郑重宣布：从今天开始，我要走自己的路，让别人骑车去吧；从今天开始我想到哪儿就到哪儿，想踩水就踩水，想玩沙就玩沙。自己走路的感觉真好啊！

2012 年 7 月 19 日

我学会保护妈妈了。爸爸想验证我是否具有维护妈妈的意识，故意将手放在妈妈的肩膀上，我不动声色，只要妈妈假装哭泣或者大喊请求我帮忙，我就会冲上前去将爸爸的手使劲掰开。如果拗不过爸爸，我会大喊大叫表示不满，看这吓人的架势，没人敢欺负我的妈妈了。

2012 年 7 月 28 日

现在，我除了会走路，理解能力也有了很大进步。妈妈教我如何搞怪和装可怜，我早已运用娴熟。我喜欢和爸爸妈妈躲猫猫，发嗲的时候就用普通话喊爸爸妈妈。我能听懂爸爸妈妈的指令搬运东西了。我还学会了好多好多的技能呢。

2012 年 8 月 8 日

不知道为什么，我喜欢左右手拿着一模一样的东西。水果、玩具、纸盒、瓶盖、石头、圆珠笔、玉米、棒棒糖、核桃、树叶……任何东西，我都想要两个。爸爸妈妈开始以为这是大部分小朋友都有的成长阶段，但是问过很多人后才知道，这是我的专属特色。今天在玩具店里，一个叔叔说我是"双数控"。

2012 年 8 月 15 日

妈妈让我喊"妈妈"，我大声喊"妈妈"。妈妈高兴地应答"嗯"。妈妈让我再喊一声"妈妈"，我愉快地应答"嗯"。妈妈疑惑了，宝贝儿，你是听不懂指令还是故意逗妈妈呢？

晚上，我和妈妈坐在爬爬垫上一起分享可以吸的果冻（平时妈妈不让我吃零食），没想到，我只尝了一小口，妈妈就把剩下的果冻吃光了。我没有像平时一样把包装袋拿来当玩具把玩，而是直接走到垃圾桶旁，努力将其扔进去。妈妈惊奇地发现，这是我第一次在没有得到任何指令的情况下，自主完成的第一项"艰巨"任务。

2012 年 8 月 16 日

这几天，我一喝完水便习惯性地用力将杯子摔在地上，爸爸妈妈告诉我不要这样，我依然置若罔闻，我行我素。后来我每次喝水的时候，妈妈会在旁边说："宝贝儿，喝完水后要把杯子放在桌子上哦。"一旦我乖乖地完成任务，便会得到妈妈热烈的掌声和称赞，我的"坏习惯"就这样慢慢改掉了。看来，我更喜欢表扬啊。

2012 年 8 月 17 日

我的 15 个月儿保报告：体重 9.3 公斤，中上；身长 79 厘米，中上；头围 45.5 厘米；牙齿九颗；囟门闭合；走路稳当，能扶着上下楼梯；会说三个字以上的话。

2012 年 8 月 22 日

早上，我拿着一个夹子对妈妈说："夹夹。"中午，我看着一个瓶盖对妈妈说："盖盖。"晚上和爸爸妈妈一起回家，我指着一堆垃圾说："垃圾。"现在，我可以用有限的语言主动与妈妈交流了。我近段时间使用过的词语有："吃、不吃、走、打、开、猫猫、狗狗、花、乖、好、哇、哎呀、杯杯、鸟鸟、叶子、妈妈爸爸抱抱、背背。"

2012 年 8 月 23 日

为了让我适应重庆的炎热夏天，爸爸妈妈经过商量，决定不带我外出避暑。十几天以来，我们一家三口是这样抗高温的：早上选择在阴凉的户外或者超市玩，上午在家打开客厅大门，利用自然风的对流降温；傍晚太阳落山后，爸爸妈妈带我坐地铁、轻轨到重庆各大商圈步行街玩耍。外面的世界真精彩啊，我好像越来越喜欢 shopping 了。

2012 年 8 月 24 日

我现在开始喜欢逗大人玩了。当我裹着浴巾被妈妈从洗澡盆抱出来时，我会躺在妈妈怀里，故意用温情脉脉的眼神看着妈妈卖萌；晚上我会熊抱妈妈假装睡觉，等妈妈唱完催眠曲后，我会突然抬头大笑，然后迅速逃离现场；我会故意把自己正在吃的东西硬塞给爸爸妈妈，等他们还没有拿到的时候一溜烟跑掉；为了得到想吃的东西，我可以假装"顺从"地亲爸爸妈妈，得逞后坚决不干了。

2012 年 8 月 25 日

今天，在小姨的帮助下，我学会自己拿勺子吃饭了。

2012 年 8 月 27 日

最近，我的认知能力和概括能力都有了很大进步。我能将实物玩具和图片信息联系在一起。猫猫、狗狗、花、水果、企鹅、树叶、书、伞、球、鸟鸟、熊熊……无论是实物还是变异的图像，都逃不过我的火眼金睛。今天早上醒来，我指着枕头上的一头驴子对妈妈说："马马。"妈妈笑着说："宝贝儿，你这可是指驴为马哟。"

2012 年 8 月 28 日

今天，我在一家商场看到一只玩具熊，我好喜欢这只熊啊，临走了我还抱着不肯放手。爸爸告诉我，小熊、熊爸爸和熊妈妈是一家，不能分开，就像宝贝和爸爸妈妈不能分开一样。我似懂非懂，恋恋不舍地将熊还给了阿姨。爸爸表扬我懂事了。我知道这个世界上还有很多我想要却不能得到的东西。不过，我是不是被老爸给忽悠了呀？

2012 年 9 月 3 日

第一次单飞：孟阿姨带猪小妹来我家做客，临走时邀请我上她家玩，没想到我竟然同意了，还屁颠屁颠地跟着孟阿姨和猪小妹走了，走到家门口时我还不忘对爸爸妈妈潇洒地说了一句："Bye‐bye。"老爸老妈面面相觑，瞬间石化，要知道，这可是我第一次一个人上别人家玩哦。接下来的一个小时，我玩得很 high，有点乐不思蜀了。爸爸妈妈不禁感叹："宝贝儿，你的那对小翅膀长硬了啊。"

2012 年 9 月 10 日

一位漂亮阿姨走进了电梯，我主动大声喊道："姐姐。"阿姨心花怒放，转过身来笑呵呵地问："乖乖，我有这么年轻吗？"我现在还没有年龄的概念，分不清楚阿姨和姐姐。要搞清楚这个区别，对一个还只能从 7 数到 10 的小屁孩来说，是难了点。看来，我要学习的东西还很多呢。

2012 年 9 月 11 日

爸爸还是粑粑？最近，我学会了一项重要本领，不管是便便还是尿尿之前先发警报，通称"粑粑"。大人们听见了，抱起我就往厕所飞奔，准确率超过 70%，可有时候也会让人听成"爸爸"，所以叫"爸爸"的时候，大家都要下意识地摸摸我的小屁屁。"到底是爸爸，还是粑粑?"

2012 年 9 月 16 日

今天我 16 个月了。鉴于我天天在家念叨猫猫、狗狗、鸟鸟，爸爸妈妈决定带我去动物园开开眼界。刚一到动物园，看到憨憨的熊猫，我就不淡定了，开始振臂高呼："猫猫，抱抱。"不过，除了那些毛茸茸的可爱小动物外，我似乎对路边的石头、树叶、台阶、工人伯伯更感兴趣。爸爸妈妈一直提醒我："宝贝儿，这是动物园哦。"我只想说，小孩的心思，你们大人怎么会懂?

2012 年 9 月 27 日

今天，爸爸妈妈竟然带我去吃肯德基，还让我吃薯条、喝可乐。妈妈，你可不可以告诉我，为什么"垃圾食品"都那么好吃呢?

2012 年 10 月 9 日

手上只有一个苹果，我会对着爸爸大叫"找"。和奶奶去游乐场，我会对着电动木马说"币"。家里的地板脏了，我会兴冲冲地拿起扫帚说"扫"。盘子里的枣子吃完了，我会对着爸爸嚷嚷"装"。看见妈妈在洗衣服，我会抢起叉棍大喊"晾"。最让爸爸妈妈郁闷的是半夜醒来，我搂着妈妈的脖子喊"走"。现在，我可以用单个动词来表达祈使的意愿了。

2012 年 10 月 15 日

周末，爸爸妈妈带我去天赐华汤泡温泉。这是我第一次住酒店，但是我一点都不怯场，我对周围的一切都感到很好奇，东看看，西看看，这里摸一下，那里摸一下。妈妈说我再大一点就可以下水泡温泉了，我好想快点长大哦。

2012 年 10 月 19 日

今天我学会了"嫩"和"老"这两个词。吃晚饭的时候,妈妈问我:"哪个嫩?"我连眼皮都没有抬一下,不假思索地回答:"妹妹。"妈妈笑了笑,又问:"哪个老?"我抬头把爸爸、妈妈和奶奶横扫一番,眉头一皱,然后指着自己小碗里的肉丝说:"嘎嘎(重庆方言,肉的意思)。"大人们都快笑喷了。

2012 年 11 月 15 日

中午,奶奶抱着我翻看相册。一开始,我很开心,看见自己的照片,嘴里会大声说:"妹妹,妹妹。"后来,我生气了,一个劲儿嚷道:"让,让,让。"爸爸纳闷了,我离你这么远,让什么让啊?靠近一看,才恍然大悟。原来我看见爸爸和妈妈站在一起的照片,我想要照片里的爸爸让开,因为这是我的妈妈。

阳光正好,爸爸妈妈带我去融侨公园晒太阳,我捉了小蝌蚪,捡了鹅卵石,玩了沙。

2012 年 11 月 20 日

我的 18 个月儿保报告:体重 10.1 公斤,中上;身高 83.5 厘米,中上;头围 47 厘米;词汇量超过 100,会说短语短句,会说多个动词,有时自言自语,说一些谁都听不懂的话。

2012 年 12 月 6 日

我把手伸到妈妈面前,说道:"妈妈,闻。"妈妈闻了闻,说"臭"。我半信半疑,自己闻了闻说"香"。现在,我已经对反义词有了初步的概念。目前为止,我知道的几对反义词是:大-小、多-少、长-短、高-矮、好-坏、香-臭、快-慢、上-下。我开始从单字(叠音字)到词

语的转换，目前为止，我会说的词语有"苹果、电视、尿不湿、葡萄、厕所、不烫、好吃、豆腐、扫地、かわいい, how are you, fine, thank you"等。

2012 年 12 月 18 日

妈妈正在洗脸，我站在一旁说："妈妈，等。"妈妈笑着说："乖乖，等妈妈洗了脸就来陪你，好不好？"我回答："可以。"这是我第一次用双字词语"可以"来代替单字"好"。看来，我知道什么是相同意义的表达了。

2012 年 12 月 25 日

全程记录：我给小熊把尿。我抱着小熊说："熊熊，尿尿。"然后我把小熊抱到厕所，吩咐爸爸："灯"。又示意爸爸我需要凳子："坐"。然后我掰开小熊的大腿，发出："屙－嘘－震。"其实是我自己震两下，再抖两下，然后把小熊举起来，对爸爸发号施令："爸爸，揩"（我叫爸爸给小熊擦屁股）。最后我对爸爸说："盆盆，洗。"

2013 年

2013 年 1 月 2 日

这几天我感冒了，感觉特别不舒服。爸爸妈妈带我出门去玩，可是上车不久，我的头就开始晕了，于是我对爸爸妈妈大叫："下，下，下。"十几分钟过去了，爸爸妈妈并没有理会我的哭闹。我只好大吼一声："妹妹，尿尿。"妈妈一边叫我稳住，一边让爸爸停车。车停了，爸爸妈妈才发现上当了，妈妈哭笑不得，刮了一下我的小鼻子，说："小屁孩，居然晓得骗人了嘛。"

2013 年 1 月 6 日

今天，我让妈妈给我看电脑上的动物图片。一看见猫咪的图片，我便惊叹"好萌"。晚上我和爸爸妈妈出去散步，看到校园里的彩灯，我情不自禁地大呼"哇"。我拿着一块菠萝放进嘴里，紧皱眉头"好酸呀"。当我看到妈妈嘴角长了溃疡，我会充满同情地对她说："嘿痛。"（重庆方言，很痛的意思）拿着妈妈的发夹，我一本正经地说："妈妈，花花发夹，扎揪揪，嘿乖。"刚一进门，我一边嚷着要吃葡萄干，一边指着衣服口袋对妈妈说："妈妈，装，快点。"

2013 年 1 月 14 日

我最喜欢听妈妈教我唱儿歌了。到目前为止，我会唱的儿歌有：《一分钱》《数鸭子》《春天在哪里》《聪明的一休哥》《好爸爸坏爸爸》《卖报歌》《摇到外婆桥》《小宝宝快睡觉》《小老鼠上灯台》《好孩子要诚实》《old McDonald had a farm》。我还特别喜欢随着音乐的节拍跳舞呢。最近，我迷上了《Gangnam style》和《最炫民族风》。当我躺在床上睡不着觉的时候，会大叫："放音乐啦，妹妹要跳舞啦，欢迎欢迎。"

2013 年 1 月 17 日

我已经一岁八个月了，开始喜欢捉弄爸爸妈妈了。我会故意将"梅花鹿"说成梅花糖。妈妈努力纠正了我好几次，我仍然执着地说"梅花糖"。妈妈只好妥协："好嘛，梅花糖。"这时，我就会得意地纠正妈妈："错，梅花鹿。"奶奶想吃我手上的奥利奥，我会用地道的重庆话说："咩点。"（掰一点的意思）爸爸每次问我要喝多少毫升牛奶，我都会不假思索地回答："一百二。"有时候，我会故意干咳两声，然后自言自语地说："妹妹生病了，要吃药药啦。"当妈妈说要去拿药的时候，我会摆摆手，说："妹妹不吃药了，妹妹好了。"

2013 年 1 月 19 日

妈妈问我："宝贝儿，你知道奶奶叫什么名字吗？"我答："方—梅—英。"妈妈又问："爸爸叫什么？"经提示，我回答正确。妈妈锲而不舍地继续追问："妈妈叫什么？"我摇摇头，妈妈提示我："杨……"我脱口而出："洋—人—街（重庆的一条街）"。说完，我洋洋得意地笑着跑开了。

2013 年 1 月 22 日

最近，我经常对妈妈讲的话有："妈妈痛了，妹妹吹""妈妈不哭，吃，吃"，"妹妹保护妈妈"，"妈妈不打，妹妹乖了"，"想妈妈了，要喊妈妈"，"妈妈，抱妹妹起来耍"，"妈妈讲，熊熊遭了"。

2013 年 1 月 31 日

今天，爸爸妈妈带我去看爷爷奶奶。我兴致勃勃地趴在车窗上欣赏沿途的风景，突然我振臂高呼："扇扇。"妈妈一看，原来我说的是壳牌石油的 logo。我在客厅里捡到一张从鞋盒上掉下来的圆形纸片，对妈妈说："妈妈看，币。"爸爸给我一个红包，我指着红包封口的半圆形说："月亮。"看见拖把上的两个图钉和弧形构成的图案，我骄傲地对妈妈说："猫猫。"我将三个衣服夹子摆在地上，对妈妈说："妈妈看哟，花花。"

2013 年 2 月 3 日

今天，我又躺在妈妈怀里听她讲故事。我指着书上的彩虹问："是啥子？"妈妈说："彩虹。"我站起身来，一本正经地用大拇指在妈妈的额头上按了一下，夸奖道："妈妈真棒，奖励一个大拇指。"最近，我特别喜欢模仿妈妈的口气说话，比如："眼睛睁开，不睡觉觉了"，"眼睛闭起，睡觉了"，"冷哟，盖起"，"看嘛，摔下来了哟"。

2013 年 2 月 4 日

今天我把爸爸的眼镜扯掉了，爸爸捧着我的小脸问："这是谁呀，我看不清楚了，是文文妹妹吗？"我回答："不是。"爸爸又问："是瞳瞳姐姐？"我坚决否定："不是。"爸爸再问："那是哪个？"我淡定地看着爸爸，说："是雨雨哥哥。"

2013 年 2 月 6 日

今天爸爸妈妈带我去璧山绣湖公园玩。妈妈把我的头发剪短了，所以照片上的人究竟是"西瓜太郎"还是我呢？

2013 年 2 月 10 日

早上起床，我将食指轻轻放在妈妈的脸上，说："妈妈，爱你。"这可是妈妈和我的专属暗号哦。我的小嘴儿像鸡啄米一样在妈妈的脸上一边亲，一边说："这边，上面，下面，不，不，不，没亲完，嘴嘴，鼻鼻，好啦，亲完了。"然后我会调皮地命令妈妈："妈妈，撒娇。"坐在车上的时候，我会搂着妈妈的脖子说："妹妹保护妈妈，嘿抖（重庆方言，颠簸的意思），妈妈要遭摔了，妹妹喜欢妈妈。"

2013 年 2 月 11 日

今天吃午饭的时候，妈妈在我的碗里放了两根胡萝卜，我一边指着故事书上的胡萝卜图片，一边高兴地对妈妈说："一样，一样的。"我拿起一根胡萝卜，咬了一口，发现胡萝卜并不像妈妈说的那么美味，于是我灵机一动，对老爸说："爸爸，来吃嘛，好吃哟，嘿甜（重庆话，很甜的意思）。"接着我把另外一根胡萝卜强行塞到妈妈的嘴里，还一本正经地说："妈妈吃完，好吃。"爸爸妈妈相视一笑，哎，小屁孩居然忽悠老爸老妈。

2013 年 2 月 16 日

我喜欢和爸爸妈妈玩捉迷藏。当我找不到妈妈的时候，我会急中生智大叫一声："妈妈，妹妹在这里。"当我遇到自己不喜欢吃的蔬菜时，我会怂恿妈妈："妈妈吃菜菜，吃嘛，好香哟，不长溃疡哟。"当我在商场遇见自己心仪的熊猫玩具时，我会抱着它自言自语："好乖哟，妹妹喜欢。"妈妈教我认识图片，我老是记不住"袋鼠"这个词，这时我就会指着图片先发制人："妈妈，说嘛，是啥子？"当我想要妈妈抱抱的时候，我会撒点小谎："妈妈，妹妹要尿尿哟。"

2013 年 2 月 19 日

我的 1 岁 9 个月儿保报告：体重 10.7 公斤，中上；身长 86.4 厘米；头围没变化。体重增长不多，身高还不错，三个月长了 3 厘米。儿保医生问："能不能说 7 个字短语？"爸爸掘出手指头算了一下，"外语校，招得少，不是哪个都读得到"。哇，严重超标啦。

2013 年 3 月 3 日

晚上，我坐在妈妈的腿上抱着玩具耍，爸爸正在给我洗脚。突然，妈妈的头不小心碰到了门上的把手，听到妈妈的"哎哟"声，我迅速地将手中的玩具抛给爸爸，大声说道："拿到。"然后，我猛一转身紧紧搂着妈妈的脖子，安慰她："妈妈，不要哭了嘛。"我还假装用自己的手打了几下门："妹妹打它，妹妹报仇了，不要哭了嘛。"我知道关心妈妈了，妈妈一定很开心吧。

2013 年 3 月 5 日

客厅的门上有一个猫眼。我一直很好奇，从猫眼望出去会是什么景象呢？妈妈抱着我从猫眼往外看。我问妈妈从猫眼里看到的是什么？妈妈说对面墙壁上有"消火栓"三个字。我默默记在心中，从此只要在路上看到任何文字，我都会脱口而出："消火栓，消火栓，消火栓。"有时候，我还会指着故事书上的字问妈妈："是啥子？"妈妈摇头，我便会得意洋洋地告诉她："妹妹教你嘛，消火栓。"（看来，我是把"消火栓"三个字当成了一个图像啊。）

2013 年 3 月 17 日

我已经一岁十个月啦。爸爸妈妈决定带我重游动物园，和上次一样，我最爱的还是憨态可掬的大熊猫。不过，我很快又找到了自己喜欢的项目：划船。爸爸负责划船，我负责唱歌："小船划得快，划得快呀，划过青山划过河呀。"回家路上，妈妈问我在动物园里看到了什么？我回答："熊猫呀，斑马呀，大象呀，羚羊呀，孔雀呀，老虎呀……"妈妈问："那你最喜欢什么呀？"我回答道："豆乐园，骑马马。"

2013 年 3 月 18 日

妈妈给我做了好吃的虾面，我会对妈妈说："谢谢妈妈哈。"刚吃了一口，我站起来对妈妈说："等到起妹妹。"原来我是去给妈妈拿凳子呢。家里的氢气球"嘭"的一声爆炸了，我会拍着妈妈的肩膀，安慰她："不哭嘛，妹妹保护哈，妈妈哭了哪个办？"调皮的时候，我双脚站在沙发屏包上高歌："法海你不懂爱，雷峰塔会掉下来。"妈妈奇怪地问："咦，跟谁学的呀？"我说："跟妈妈学的，世上只有妈妈好。"

2013 年 3 月 24 日

我不想喝牛奶的时候，会将剩下的牛奶塞到妈妈手里，然后调皮地对她说："妈妈，喝完。"妈妈喝完后，我得意地说："妹妹喝完啦。"我想让爸爸来看我的靠枕，叫了好几声，爸爸都没有应答。于是我大喊："老爸，做抓子，嗯？紧倒不出来（重庆话，怎么还不出来的意思）。"妈妈正准备教训不睡午觉的我，不料我却先学起了她的口吻："幺妹儿，四点钟了都还不睡觉，到底要做啥子，嗯？"妈妈哭笑不得。

2013 年 4 月 5 日

睡觉的时候，我喜欢抓妈妈的头发，妈妈对我的这个怪癖很无奈，说："妹妹，不要抓妈妈的头发了，不然妈妈就成光头强啦。"我立马回答："要得，光头强不乖，抓爸爸的头发，爸爸成光头强嘛。"想喝牛奶的时候，我会对妈妈说："妈妈，兑奶奶，少兑点哈，喝多了妹妹要咳哟。"妈妈说："好嘛，那妹妹是妈妈的啥子呢？"我很诚恳地说："朋友，嘿好的朋友。"我还会用手蒙住自己的眼睛，问："妈妈，看到妹妹没得呀？"

2013 年 4 月 8 日

我现在特别喜欢接电话。刚才爸爸打来电话，我一把抢过来接："喂，爸爸呀？你在外语校没得哟？我吃了饭饭的，还有菜菜呀，嘎嘎呀，你吃的啥子哟？好嘛，妈妈来接。"

今天我和爸爸在路上看见一只麻雀被汽车轧死了，回家后，我愁容满面地告诉妈妈："妈妈，外头的雀雀遭车车轧死了，没得妈妈，没得爸爸，好造孽（重庆话，可怜的意思）哟。"妈妈趁机对我加强安全教育："那以后妹妹看到车车该啷个办？"我回答："要牵妈妈，保护妈妈。"

2013 年 4 月 10 日

这两天我全身长满了红疙瘩，两只眼睛肿得像水蜜桃，全身奇痒无比，我一边哭一边说："不哭，妹妹哭了妈妈要伤心。"妈妈抱着我一夜未眠，第二天一下班就累倒在沙发上，看见妈妈疲惫的样子，我走到她的身边，用稚嫩的双手轻轻拍着妈妈的肩膀，还一个劲儿地安慰她："妈妈，妹妹不痛了。"看着我这么懂事，再看看我的水蜜桃眼睛，妈妈一定是既欣慰又心疼。

2013 年 4 月 12 日

我手里拿着一片莲藕，对妈妈说："他给我的。"妈妈问："他是哪个，我指的又是哪个？"我回答："他是爸爸，我是妹妹。"爸爸一直看电视，我大喝一声："爸爸，紧倒不来吃饭，不听话，妹妹打你哟。"我拿着西瓜喂妈妈："我喂你嘛，你尝点嘛，好吃，你再吃一口嘛。"我开始用人称代词"你、我、他"来代替"妈妈、妹妹、爸爸"了。

2013 年 4 月 16 日

妈妈看见我一个人躺在床上发呆，便问道："妹妹，在想啥子？"我头也不回地说："想问题。"妈妈问："想什么问题呢？"我回答："核问题。"妈妈又问："啥子核问题哟？"我回答："世上只有妈妈好。"

2013 年 4 月 21 日

每天晚上，妈妈都会给我讲故事。今天妈妈说要给我讲一只小鸡的故事，我看着故事书上的图片，画得可不像小鸡啊，于是我用怀疑的口气说："是一只小鸟。"这可是我第一次质疑妈妈哦。于是，妈妈就给我讲了一只小鸟的故事，我也尝到了"挑战权威"的甜头。从此，我便有了批判的底气："妈妈，猪猪在哪里哟？""妈妈，说错没得哟？"

2013 年 5 月 1 日

妈妈被辣椒呛了，咳嗽了几声，我一边给妈妈捶背，一边捧出双手放到妈妈的嘴边，着急地说："妈妈，快吐嘛，吐到妹妹身上，妹妹给你接到。"我还吩咐一旁的爸爸："老爸，倒水噻。"

我现在特别喜欢提问，"老爸，这个是啥子？""妈妈，这个是啥子？"老爸说我是"十万个是啥子"，再过一段时间，我会不会是"十万个为什么"呢？

161

2013 年 5 月 3 日

下午，我们一家三口出去玩，爸爸在前面开车，妈妈抱着我坐在后排，妈妈问："宝贝儿，我们应该给爸爸说点什么呢？"爸爸妈妈正期待我说出他们以前教我的"小心点哟""慢点哟""看到人哟"。没想到我说了一句："老爸，注意安全哟。"妈妈惊呼，天啊，这个我可没有教过呢。

2013 年 5 月 5 日

这几天，妈妈经常带我去附近的一家餐馆玩，因为这家餐馆外有我最喜欢的小白兔，我可以隔着笼子观看小白兔，还可以拿菜叶喂它们呢。不过，今天我发现餐馆的阿姨捉走了其中的一只兔子，我想一定是有客人点了兔子肉吧，于是我伤心地对妈妈说："妈妈，那个小白兔好造孽哟。"妈妈安慰了我一番。回到家里，我在厨房里发现了一只蟑螂，我还把它踩死了呢。我兴奋地喊道："爸爸快看，妹妹好勇敢。"妈妈问我，为什么小白兔死了造孽，蟑螂死了就不造孽。我说："蟑螂坏。"在我的眼里，蟑螂、蚊子、狐狸和大灰狼都是坏的。

2013 年 5 月 6 日

今天，爸爸带我们去金汉斯吃自助餐，现在我喜欢自己动手，所以我最近的口头禅是："妹妹来"。

2013 年 5 月 9 日

我喜欢用自己的玩具手机给爸爸打电话："喂，爸爸呀，我想你了哟，快点来接我嘛，开起车车，呼呼呼。"

2013 年 5 月 16 日

两岁生日爸妈寄语：喜欢你的第一声啼哭，第一次叫爸爸、妈妈，第一次爬行，第一次走路，第一次撒娇，第一次任性，第一次想念……每一个成长的见证都让我们欣喜若狂。你是我们的奇迹，宝贝儿，感谢天，感谢地，感谢命运，让我们相遇。You are the apple of our eyes! 两岁生日快乐！

2013 年 5 月 19 日

我对妈妈说："明天妹妹给你买睡觉裤裤要得不？买衣服，嘿漂亮哟，要得不？"妈妈问："妹妹没得钱怎么办呢？"我说："妹妹有币嘞，妹妹给你坐旋转木马，给你看天线宝宝，看丁丁、拉拉、波波。"妈妈："好嘛，妈妈等着穿妹妹买的漂亮衣服哟。"我："要得，可以。"

2013 年 5 月 28 日

星期天，我们一家三口搭乘地铁去大学城玩。我又可以去看湖里的那几只黑天鹅了，妈妈还特意去超市买了黑天鹅最喜欢吃的面包。黑天鹅，一定要等着我来喂你们哦。

2013 年 6 月 1 日

今天是"六一"国际儿童节，爸爸妈妈说要带我去铜梁"龙温泉"泡温泉。这可是我第一次穿泳装泡温泉，我的心里可紧张了，老爸要给我戴上游泳圈，我表示了严重抗议。后来，我就一直用双手紧紧搂着妈妈的脖子，不肯松手，妈妈说我是"跟屁虫"。妈妈还说我是"叶公好龙"，每次在家里洗澡时总是玩不够，现在怎么怂成这样啦？

2013 年 6 月 3 日

我最近的语录："妹妹要用奶粉瓢瓢来舀沙，妈妈，你帮我找一下嘛，可能在篮子里头的""妈妈，这个图片好像是猪猪哟""妹妹不晓得，我没看清楚"。我开始用"可能、好像、不清楚"这类词汇表达自己不确定的概念意义了。

2013 年 6 月 7 日

今天，爸爸给我切了一盘我喜欢吃的西瓜，我双手分别拿了一块西瓜跑到妈妈面前。妈妈说："宝贝儿，妈妈也想吃西瓜了。"我拿出右手那块西瓜，咬了一口，递给妈妈，说："妈妈，来嘛，我喂你。"妈妈说："这一块西瓜已经被你咬过了，我不要。"我还想耍赖皮，继续说："来嘛，就吃这个嘛，妹妹喂你，嘿好吃。"可是妈妈十分坚定地说："妈妈就要新的嘛，不要你吃过的。"几个回合下来，我虽然有些舍不得，但最终还是把左手那块没有咬过的西瓜让给了妈妈，我想此时妈妈的心里一定很甜很甜吧。

2013 年 6 月 9 日

我最不喜欢睡午觉了，妈妈拿我没办法，只好起床陪我在客厅玩。我看见妈妈从卧室走出来，连忙问："妈妈，你睡醒了呀？你也起床了吗？"妈妈一脸的无奈："其实妈妈好想睡觉呢，但是妹妹不愿意睡觉，妈妈只好陪妹妹噻，你说这是为什么呢？"我回答："因为妈妈爱妹妹。"妈妈问："妈妈为什么爱妹妹呢？"我回答："因为妹妹是妈妈的小棉袄、小宝贝、小朋友，我们是好朋友噻。"

2013 年 6 月 13 日

爸爸妈妈的晚饭快吃完了，我还在磨蹭。爸爸看着我的碗，对我说："你看嘛，爸爸吃完了，妈妈也快了，你的还没动。"我立马拿起饭勺手舞足蹈，狡黠地对爸爸说："妹妹在动，妹妹在动。"

2013 年 6 月 21 日

今天早上起床，我发现我和妈妈居然同时伸懒腰、打呵欠，于是我欣喜若狂地对妈妈说："妈妈，我们啷个一起伸懒腰、打呵欠呢？未必我们两个是双胞胎呀?"

2013 年 6 月 24 日

我轻轻抚摸着妈妈的头发,对她说:"妈妈,你的头发掉下来了,好像树叶子。"吃饭的时候,我喜欢叮嘱一番:"老爸,饭饭和菜菜都要吃哟,光吃嘎嘎(重庆方言,肉的意思)的话要长胖哟,妹妹都要吃菜菜和饭饭,长得漂亮,白白生生的。"睡午觉时,我突然冒出一句:"妈妈,你好狡猾哟,赶快把妹妹抱起来,不然大灰狼来了哪个办嘛?"

2013 年 6 月 25 日

自从我认定光吃嘎嘎不吃蔬菜和米饭就会长胖这个道理后,每次吃完一口嘎嘎,我都会担心地问妈妈:"妈妈,妹妹长胖了没有?"妈妈说,才两岁大的小屁孩,就晓得以瘦为美了?

2013 年 7 月 2 日

今天,爸爸妈妈又带我出去玩,爸爸在前面开车,我和妈妈坐在后排。本来我在妈妈的怀里都要睡着了,听说妈妈晕车了,我立马从妈妈的怀里挣脱出来,关切地询问:"妈妈,你不舒服了呀,不要怕,妹妹会保护你的,你的头靠着妹妹嘛。"说完,我便将自己的头依偎在妈妈的臂弯里,一只小手伸过来紧紧握住妈妈的手,不停地安慰:"妈妈,我们手拉手,你不要哭,回家我就给你吃甜药药,一分钟就好了。"

2013 年 7 月 10 日

奶奶和我的对话。我:"婆婆,我想穿上这双鞋子到楼顶上去玩。"奶奶:"这双鞋子小了,穿不得了。"我:"好嘛,那就等鞋子长大了我再穿吧。"

2013 年 7 月 11 日

校门口新立了一块大石碑，妈妈说石头上的字还没有刻好。我像发现了新大陆，指着石头对妈妈说："妈妈，快看啰，这块石头没有穿衣服，打的光叉叉（重庆话，光溜溜的意思），好羞人。"

2013 年 7 月 17 日

自从我满了两岁，爸爸妈妈决定带我出去看世界，我们一家三口的厦门六日游今天就要启动了，这可是我第一次出远门哦。上午 10 点半，我们全家安全抵达厦门，顺利入住泰谷大酒店，我开心极了，还说酒店比我家漂亮，有大浴缸，我可以痛痛快快地玩水了。我们在酒店修整了半日。晚上，爸爸妈妈带我去台湾名小吃闲逛，我的胃口突然变得出奇地好，一个人就吃掉了一只大龙虾。在回酒店的途中，我望着天上的月亮问："妈妈，今晚的月亮怎么只有一半呢？"

2013 年 7 月 18 日

今天，我们在酒店睡到自然醒，按照爸爸设计的路线，我们全家要坐轮渡去鼓浪屿。我终于坐上了期盼已久的轮船，自然是心花怒放。由于受到台风的影响，岛上一直断断续续地下着雨。我的好心情并没有因为台风而受到丝毫的影响，因为我可以踩水，还可以和小蚂蚁玩。后来，我们收到了返航的信息。轮船上的人好多啊，我太疲倦了，刚一上船就趴在妈妈的肩上酣然入睡了。

2013 年 7 月 19 日

爸爸说，今天的台风警报暂时解除了。虽然外面还下着雨，我们还是决定按照原定计划重游鼓浪屿，我想爸爸一定是想让我去海底世界和海洋生物亲密接触吧。不过，在我的心里，螃蟹、雨水、树叶都是我的玩伴。轮到海狮表演的时候，我已经躺在妈妈的怀里做美梦了，我心爱的海狮，让我们在梦中相见吧。

2013 年 7 月 20 日

持续几天的大暴雨导致厦门大学严重内涝，学校决定闭校两天救灾，原定于今天游览厦门大学的计划只得暂时搁浅。还好，爸爸在厦门的同学周阿姨一家开车将我们的行李搬到了曾厝垵附近的悦蓝湾客栈。妈妈说客栈的条件比酒店差了很多，不过对随遇而安的我来说这算不了什么，我觉得任何地方都是那么新奇。中午，周阿姨一家请我们吃了海鲜，我一个人吃光了一盘水煮虾。下午我们和周阿姨一家一起游览了战地观光园。

2013 年 7 月 21 日

今天吃过早饭，我们开始在曾厝垵附近的海边玩。我最喜欢玩水和沙啦，虽然我的全身都被海水打湿了，但是我一点儿也不在乎。下午我们一家三口去 SM 广场，玩累了我就一头栽到妈妈的肩上呼呼大睡。晚上我们一家人去吃海鲜，我一个人又灭掉了两只富贵虾。

2013 年 7 月 22 日

早上出门，妈妈叫爸爸给我换衣服，我坚决反对："我要妈妈换。"妈妈说："妈妈要洗脸刷牙，让爸爸帮忙换一下嘛。"我十分坚持："不，就要妈妈换。"妈妈无语："那你说说看，为什么不让爸爸换？"我回答："因为爸爸是男生。"妈妈还夸奖我性别意识很强呢。

晚上，我和妈妈躺在床上，妈妈对我说："宝贝儿，妈妈告诉你哈，你和妈妈是俩娘母，你和爸爸是俩爷子，记住啰。"我似懂非懂地点点头。第二天一早，妈妈问："宝贝儿，你和妈妈是什么关系？"我答道："俩娘母。"妈妈又问："那你和爸爸是啥子关系呢？"我又回答："两片树叶子。"

2013 年 7 月 23 日

今天是我们在厦门旅游的最后一天，吃完早餐，爸爸开始办理退房，寄存行李。在客栈老板的好心提醒下，我们三人打了一辆出租车，顺利进入厦门大学参观，我们还去厦门大学的芙蓉餐厅体验了食堂的饭菜呢。芙蓉隧道的涂鸦还没看完，我又睡着了。

2013 年 7 月 24 日

今天，我又缠着妈妈讲故事。妈妈对我说："宝贝儿，你给妈妈讲一个故事嘛，妈妈今天肩膀好痛哦。"我爽快地答应了，开始讲故事："从前有一只斑马在高高兴兴地跳舞，故事讲完了，妈妈你还疼不疼？"

2013 年 7 月 27 日

今天，我和爸爸妈妈一起看电视节目《中国好声音》。我看到电视中一位歌手很激动，还和亲友团抱着哭了。于是，我从沙发上拿起一根小木棍当话筒，跑到客厅中间唱起了歌，唱完后还不忘说："妹妹唱歌都不哭。"爸爸妈妈被我逗笑了，我严肃地对他们说："妹妹真的不哭，你们相信我嘛。妹妹真的很勇敢。爸爸和妈妈也不许哭。"

2013 年 7 月 29 日

今天，我和爸爸、妈妈、外婆、小姨全家一起去青龙湖玩，我们还划了船哦。我告诉妈妈："爸爸不乖，因为他上厕所时喜欢和妹妹打斗凑（重庆方言），妈妈乖，因为妈妈喜欢妹妹。妈妈，你千万不要去厕所哈，爸爸在洗澡哟，男生洗澡不能看，妹妹都不看。"妈妈说，我的性别意识越来越强了。

2013 年 8 月 3 日

每天晚上吃完晚饭，爸爸妈妈都要带我去操场上玩。今天我居然可以自己吊双杠了，我迫不及待地把这个好消息告诉了妈妈："妈妈，快来看妹妹哟，妹妹长大了，妹妹把脚一弯，就上去了。"

2013 年 8 月 4 日

我看了一眼刚屙完的粑粑，对爸爸说："像个电话。"爸爸笑着说："要不你拿起来打个电话？"我可不上当，连忙说："臭得很。"

2013 年 8 月 6 日

爸爸说我在厦门旅游时表现非常好，妈妈说我第一次旅游就这么乖，应该授予我"特别能吃苦，特别能战斗"奖章。爸爸决定再组织一次旅游，以满足我喜欢住酒店的小心愿。于是，我们一家三口的成都清凉之旅又要开始了。

2013 年 8 月 7 日

经过动车—地铁—动车的辗转，我们一家三口总算到了青城山。在青城花园酒店休息片刻，我便兴高采烈地和爸爸妈妈在山门附近转悠起来。天气闷热难当，空气中弥漫着青草的味道。傍晚下起了雷雨，我们从酒店的一位住客口中得知，由于暴雨的影响，青城山已经封山了。看来在青城山待几天的计划要泡汤了。

2013 年 8 月 8 日

昨晚下了整整一夜暴雨。今天早上，天气十分凉爽，我们决定提前一天去成都。来到车站，却被告知动车晚点，在等待近一个小时后，又被告知青城山到成都的动车全部停运。我们只好搭乘一辆私家车直奔成都，到了成都，等待我们的依然是倾盆大雨。不过，我可没有哭鼻子哦。我们临时入住百花世家，总算安顿下来了。雨还在下，我还是那么开心，爸爸妈妈都表扬我，说我比他们还厉害呢。

2013 年 8 月 9 日

今天天气很好，气温十分舒适。早上，我和爸爸妈妈在文化公园划了船。中午，我们换到了索菲斯民族大酒店。我好喜欢这个酒店哦，一个劲儿央求爸爸妈妈："今天我们就在酒店里唱歌跳舞吧，哪里都不要去了。"不过，下午我们还是去了宽窄巷子和春熙路。可能是太兴奋了吧，晚上我还在壹购潮流购物广场跳起了自编的街舞，我再也不是那个认生的羞涩小女孩了。

2013 年 8 月 10 日

今天，爸爸妈妈带我去熊猫基地。要知道，熊猫可是我的最爱哦。平时我最不喜欢照相，尤其不喜欢摆拍，可是今天一看到熊猫那可爱的模样，我就再也不淡定了，居然主动要求老爸："爸爸，快点给我和熊猫拍个照片噻。"最开心的是，爸爸妈妈还给我买了一只熊猫玩具呢。

2013 年 8 月 11 日

今天我们的旅游主题是悠游锦里和天府广场。我每天都精力充沛，随时随地都抱着新买的熊猫玩具。逛商场的时候，我看中了另一只熊猫玩具，心里十分喜欢，该怎么办才好呢？于是，我可怜巴巴地央求妈妈："妈妈，我们再买一只熊猫嘛。"妈妈说："你不是已经有了一只吗？为什么还要买一只呢？"我急中生智，说："因为这是熊猫妈妈噻，我们再给她买个小 baby 嘛，不然熊猫妈妈哭了好可怜嘛。"妈妈终于被我打败。

2013 年 8 月 12 日

今天是我们在成都游玩的最后一天。在酒店吃完早餐退房时，我们的几张发票都中了奖呢。我们全家开开心心地在酒店附近的永陵公园游玩，中午在滋味烤鱼吃完午餐，我恋恋不舍地离开了成都。

2013 年 8 月 15 日

我看见妈妈在脸上贴了一层东西，紧张地问："妈妈，你脸上是啥子？"妈妈回答："宝贝儿，不要害怕，这是面膜，你用手来摸一下嘛。"正在这时，爸爸回来了，我急忙跑去告诉爸爸："爸爸，我给你讲嘛，妈妈脸上有泡沫，妹妹长大了也要学妈妈敷泡沫。"爸爸一脸茫然。

2013 年 8 月 28 日

我听见妈妈对爸爸说："暑假就剩最后半天了，我们去哪里玩呢？"爸爸说："商量嘛。"我听了当即表示赞同："商量，就去商量玩。"

2013 年 8 月 29 日

从成都回来以后，我对熊猫几乎是着了迷，出门、睡觉都和我的熊猫玩具形影不离。现在我已经有了熊猫妈妈和熊猫 baby，但是我的熊猫家族还差一名成员呢。于是，我又使出了惯用伎俩："妈妈，我们又去买一只熊猫，要得不？"妈妈说："你不是说有熊猫妈妈和熊猫 baby 就行了吗？"我说："还差一个熊猫爸爸噻。"

2013 年 8 月 30 日

爸爸问："如果现在只有一根棒棒冰，是给妈妈吃还是给妹妹吃呢？"我的第一反应：妹妹要吃。但是转念一想，马上改口："妹妹和妈妈一人吃一半。"

2013 年 9 月 9 日

中秋节就要到了，爸爸妈妈带我去华生园梦幻城堡玩，我和爸爸妈妈一起做了好吃的月饼，还参观了月饼的制作流程呢。

2013 年 9 月 17 日

今天晚上,爸爸不在家,妈妈正在洗手间,我一个人在客厅看《巧虎》。突然停电了,四周一片漆黑,我吓得哭了起来。正在这时,妈妈一个箭步从洗手间飞奔出来,手上的泡泡都还没有擦干净,就把我紧紧搂在怀里了。我破涕为笑,对妈妈说:"妈妈,你是大鸟,是小鸟的妈妈,你飞出来保护妹妹了。"

2013 年 9 月 18 日

今天,我问了妈妈两个问题:1. 为什么动画片里的太阳公公有嘴巴,还会说话? 2. 为什么哆啦 A 梦有胡子? 妈妈好像都不知道答案。

2013 年 10 月 7 日

我特别喜欢坐在地上玩。今天,妈妈见我一屁股坐在地上,又开始了她的友情提醒:"嘿,美女,不要坐在那里嘛,脏兮兮的。"我对妈妈说:"妈妈,这样妹妹就变成臭美女了噻。"

2013 年 10 月 8 日

由于经常看《巧虎》,我现在又成了巧虎迷,爸爸给我买了巧虎布偶,我好开心。之前最喜欢的熊猫一家被我冷落了,因为现在我只带巧虎出门了。

2013 年 10 月 16 日

今天,我和妈妈坐在大树下,看一片片树叶飘落地上,妈妈问:"宝贝儿,你知道树叶为什么掉下来吗?"我说:"因为它们变黄了。"妈妈又问:"那为什么其他的树叶没掉下来呢?"我说:"因为它们没有变黄呀。"

2013 年 10 月 19 日

最近我特别黏妈妈，希望妈妈天天都在家里陪着我，于是我抱着妈妈撒娇："妈妈，你明天不要再去上班了好不好？就陪你的宝贝耍嘛。"妈妈："如果妈妈不上班，就挣不了钱，怎么给妹妹买好东西呢？"我："我不要好东西，我只想和妈妈在一起。"

2013 年 10 月 20 日

今天，我们一家三口去逛商场。妈妈拿了一件红色外套让我试穿，我不喜欢，妈妈坚持让我试一试。我对妈妈说："妈妈，你拿的这件衣服不好看，是男生的衣服。"妈妈把衣服放回原处，发现果然是男童区的衣服，妈妈说我现在有自己的审美了。我还喜欢为爸爸妈妈提建议："老爸，你的衣服大了。妈妈，你穿这件不好看。"

2013 年 10 月 26 日

今天我们一家三口和爷爷、奶奶、小姑婆、雪雪姐姐一行七人去融汇泡温泉。在雪雪姐姐的带领下，我第一次主动下了泳池，玩得可开心了。晚上我们去千厮炖鸡馆就餐，我在餐桌上发表了一句精辟论断："要好好读书才有精神。"

2013 年 10 月 27 日

这段时间，我特别期盼可以上幼儿园。每次我自己吃完饭，便会问妈妈："我会吃饭了，可以上幼儿园了吗？"路过附近的航天幼儿园，我总会充满自豪地告诉外婆："这是我的学校，我们进去耍嘛。"我还逢人便说："我满了三岁就可以上幼儿园了。"有时候，我会双手托腮，憧憬道："让我想想，买个大书包。"

2013 年 10 月 28 日

又是阳光灿烂的一天，爸爸妈妈带我去融侨公园玩，捉蝌蚪、玩沙、充气堡都是我喜欢的活动。

2013 年 11 月 12 日

爸爸妈妈忙里偷闲，又带我去三亚旅游了，想想重庆的小伙伴还穿着厚厚的衣服，而我却在大东海边发呆、游泳、晒太阳，真是惬意啊。碧海、蓝天、白沙……谢谢爸爸妈妈给我的快乐童年。

2013 年 11 月 16 日

自从我迷上游泳和泡温泉后，游泳衣就成了继熊猫、巧虎后我的第三件睡觉必备神器。妈妈不解，问我怎么睡觉时都要抱着游泳衣。我的解释是："我喜欢游泳衣，因为游泳衣很漂亮。"妈妈说："我也喜欢宝贝儿，那我可不可以每天睡觉时抱着你呢？"我说："好的，妈妈，就让我来当你的小玩具吧。"

2013 年 11 月 20 日

今天我两岁半了，爸爸妈妈带我去两江幸福广场玩，希望我们一家能够永远这样幸福下去。

2013 年 11 月 26 日

我看见妈妈正在吃药，于是关切地问道："妈妈，药苦不苦啊？赶快喝一口水吧。"然后我将自己的水杯递到妈妈的嘴边，还鼓励她："妈妈，你吃了苦药药，要快点好起来哟。妈妈和妹妹都很勇敢，吃苦药都不哭。"

2013 年 12 月 15 日

由于长期看巧虎的节目，妈妈说我的语言带有台湾腔："妈妈，我想快快长大，这样就可以上幼稚园了""爸爸，你把牙签给我，我帮你丢进 lese 桶""爸爸妈妈快看，好漂亮的耶诞树，我好想要耶诞老公公的礼物""妈妈，好有意思的读本哟，我们一起来认国字吧""妈妈，我最喜欢草莓味的土司了"。

2013 年 12 月 22 日

圣诞节快到了，我心里一直挂念着圣诞礼物，不停地问妈妈："妈妈，圣诞老公公到底会不会来嘛？"妈妈："当然会来呀，告诉妈妈，你想要什么礼物，我会写信告诉圣诞老公公的。"我："我想要红色的玩具车、布偶、琪琪。可是圣诞老公公晚上来的时候，我睡着了怎么办？"妈妈："不要担心，他会把礼物放进圣诞袜，你醒来就可以看见了。"

2013 年 12 月 24 日

每天早上起床，我总是不厌其烦地请求妈妈讲她小时候的故事。妈妈总会感叹："宝贝儿，你怎么一眨眼就长这么大了呢？你长大了，就要离开妈妈，上幼儿园，上大学……"这时我就会用小手捧着妈妈的脸，撒娇地说："妈妈，我不想长大。"

2013 年 12 月 25 日

我向妈妈告状："妈妈，刚才爸爸把我的桌子打湿了。"妈妈问："那你想怎么办呢？"我气呼呼地说："等爸爸回家，我要冒火他。"

2013 年 12 月 26 日

我特别喜欢坐旋转木马，为此，老爸还专门和玩具店的老板商量，每次都让我多坐一次。可是今天我刚一坐上旋转木马就嚷着要下去，爸爸只好把我抱下来，妈妈很奇怪，忙问我原因。我说："我听到旋转木马叮当叮当地唱歌，这是我的歌曲，我才是叮当姐姐，我不要它唱我的歌。"

2014 年

2014 年 1 月 6 日

妈妈正在热火朝天地打扫卫生间，我觉得自己受到了冷落，于是跑过去对妈妈说："妈妈是个可恶的妈妈，因为妈妈不要我了。"妈妈赶紧停下手中的活儿，问："怎么说妈妈可恶呢，你知道妈妈是喜欢你的啊，怎么会不要你了呢?"我不高兴地说："因为妈妈只晓得做家事，不陪我玩。"

2014 年 1 月 7 日

早上醒来，妈妈看见我正窝在被子里甜甜地笑，忙问我："宝贝儿，你怎么这么开心啊?"我回答："妈妈，刚才我做了一个梦，我看见了一个树桩，树上的苹果长了好多虫子哟。"妈妈："我的宝贝儿，你做的梦怎么和妈妈讲的故事一模一样呢?"我笑着说："妈妈，我逗你的，这是嗒嘀嗒做的梦，我在学它呢。"

2014 年 1 月 19 日

我紧紧抱住妈妈说："妈妈，我这几天好想你哟。"妈妈："妈妈上班的时候也想你了。"我："妈妈，你上班看不到我的时候有没有哭呢?"妈妈："妈妈和宝贝儿都很勇敢，都不哭。"我："好嘛，妈妈，以后等我长大了，你长小了，我就可以抱你了。"

2014 年 1 月 23 日

妈妈正在为我抹宝宝霜，这时爸爸过来捣乱。我大喝一声："爸爸不要来，你是男生，抹了我的香香会变臭。"

2014 年 1 月 26 日

看完我喜欢的电视节目《爸爸去哪儿》后，我和妈妈开始模仿节目中的对白。我："爸比，你会唱小星星吗?"妈妈："不会啊。"我："那我教你吧。"妈妈："好啊。"我："twinkle, twinkle, little star..."妈妈："你有跑调哦。"我一边起身逃走，一边说："我有跑掉噢，我真的跑掉了哦。"

2014 年 1 月 28 日

看着窗外光秃秃的树木，妈妈问我为什么树叶都掉光了。我说："因为秋天到了呀。"妈妈又问："还有没有其他原因呢?"我回答："是不是可恶的光头强砍光的哟?"

2014 年 2 月 1 日

每次看完一部动画片，我就会给全家人分配角色。爸爸是灰太狼，妈妈是红太郎，我自己是小灰灰。我还时刻不忘提醒妈妈："我不是妹妹，红太郎你又喊错了，我是小灰灰。"

2014 年 2 月 2 日

最近，我喜欢听《红袋鼠和跳跳蛙》的故事，还经常追着妈妈问东问西。我："妈妈，红袋鼠它们是不是迷路了?"妈妈："嗯，是的。"我："为什么呢?"妈妈："因为草原上到处都是草，他们找不到出口了。"我："为什么找不到出口呢?"妈妈："因为他们不知道东南西北方向了。"我："为什么不知道呢?"妈妈："我晕。"我穷追不舍："妈妈为什么晕呢?"

2014 年 2 月 8 日

近段时间，我特别喜欢反复听同一个故事。现在我又缠着妈妈讲百听不厌的小蝌蚪找妈妈的故事了，故事的结尾总是小蝌蚪找到了妈妈，和妈妈一起快乐生活，小蝌蚪一天天长大，最后也变成了青蛙，长得和妈妈一模一样了。听完这个故事，我兴奋地问："妈妈，我长大了会不会和你一模一样呢？"

2014 年 2 月 13 日

吃完了梨子，我问妈妈："妈妈，为什么梨子的核不能吃？"妈妈："核太硬了，牙齿要嗑坏。"我："不是的，妈妈，因为核是籽的家。"

2014 年 2 月 14 日

妈妈说今天是情人节，老爸到现在还没送礼物呢。于是，我搂着妈妈，在她的脸上猛亲了一口，说道："妈妈，我就是你的情人节礼物。"

2014 年 2 月 18 日

又是一个阳光灿烂的日子，我们去璧山瀚恩公园玩。亲爱的爸爸妈妈，你们是要带我把所有的公园都玩遍吗？

2014 年 2 月 22 日

最近，我看了一部超人的电影，于是突发奇想，对妈妈说："妈妈，我好想快点长大，这样就可以变成超人了。"妈妈笑着问我："宝贝儿为什么想变成超人呢？"我："因为变成超人我就可以飞起来了。"

2014 年 2 月 24 日

又到了我和妈妈的每日故事时间。妈妈和我一起讨论了故事书中不合常理的图片，比如鱼在天上飞，树上长南瓜，等等。突然，我指着一张图片问妈妈："咦，妈妈，你看，嘟嘟熊怎么长了两只手呀，这个图片是不是错了哟？"妈妈绞尽脑汁想把"拟人"的概念灌输给我："宝贝儿快看，红袋鼠也有两只手呢，这是为什么呢？"我轻轻一笑："嘿嘿，妈妈，这是因为它自己想要两只手噻。"

2014 年 3 月 1 日

妈妈给我绘声绘色地讲了狼外婆的故事，我听得有点胆战心惊，闷闷地说："妈妈，天黑了，我好怕有大灰狼哦。"妈妈安慰我："宝宝不要担心，大灰狼进不来的，妈妈已经关好门了。"可是我还是很不放心地问："要是大灰狼找到了钥匙，自己开门进来怎么办？"

2014 年 3 月 16 日

我和妈妈去校园散步，在路上捡到一片小鸟的羽毛，我想送给妈妈，我对妈妈说："妈妈，我送你一片羽毛。"妈妈问："小鸟的羽毛怎么掉地上了呢？"我说："肯定是大风吹下来的呗。"

2014 年 3 月 24 日

爸爸妈妈决定送我去奶奶家附近的幼儿园试读。两周过去了，我还是没有喜欢上这家幼儿园，于是，忧心忡忡的妈妈向有经验的同事请教对策。一同事建议妈妈让我带一件最依恋的物品去幼儿园。妈妈如获至宝，回到家就问我："宝贝儿，告诉我，你上幼儿园最离不开的东西是什么？"我："我最离不开的是妈妈。"

2014 年 4 月 1 日

最近，我又不想上幼儿园了，我对妈妈说："我不要妈妈长大。"妈妈问我："为什么？"我说："我要妈妈当小朋友，这样我们就可以一起上幼儿园了。"

2014 年 4 月 4 日

电视上正在播放一对连体婴儿的新闻，妈妈不禁感叹："唉，这么乖的孩子连到一起，太可怜了。"正在摆弄玩具的我扭过头来问："妈妈，为什么他们连到一起了？"妈妈正准备给我解释什么是连体婴儿，我急忙说："我知道了，他们两个可能是被胶水粘到一起了。"

2014 年 4 月 6 日

我："妈妈，为什么我一打哈欠就会流泪呢？"妈妈："那是为什么呢？"我："因为眼泪一下就掉下来了噻。"

我："妈妈，你知道为什么鸵鸟不能飞吗？"妈妈："难道是鸵鸟光吃嘎嘎，长得太胖了？"我："错，是鸵鸟的翅膀退化了。"

2014 年 4 月 7 日

我从《巧虎》上学到了很多知识。今天我想考一考妈妈，于是，我对妈妈说："妈妈，放了很久的巧克力上面有一层白白的粉末，你知道是什么吗？"妈妈："是细菌吗？"我："不对噢，是糖菌。"

2014 年 4 月 17 日

晚上，奶奶让我去客厅拿椅子，可是客厅没有开灯，我的心里好害怕，于是我对奶奶说："我不去，我又不是夜行动物，眼睛不会发光，只有猫头鹰在晚上才看得见。"

2014 年 4 月 19 日

傍晚，我和妈妈去校园散步，看见周围的路灯都亮了，我问妈妈："妈妈，路边怎么有那么多的灯呢？"妈妈说："这些都是路灯，到了晚上，它们就会发光，为我们照亮回家的路。"我对妈妈说："路灯好辛苦噢，妈妈和我一起对它们说声谢谢吧。"

2014 年 4 月 20 日

昨天晚上吹了一夜的风，今天地上就铺了一层枯黄的树叶，我和妈妈一起踩树叶，听树叶窸窸窣窣的声音，真好玩。我一边捡树叶，一边兴奋地说："妈妈，这一片片树叶好像小白兔的耳朵哟。"

2014 年 4 月 22 日

爸爸妈妈趁周末带我去广州旅游。我们去了上下九，看了渔村的海蛇，夜游了珠江，住了长隆酒店，还和小蛮腰拍了照。妈妈说，读万卷书，行万里路。可是，现在我比较关心的还是那些让我眼花缭乱的小玩意儿啊。

2014 年 4 月 30 日

妈妈问："宝贝儿，你的眼泪怎么是咸的呢?"我："因为我放了盐噻。"

2014 年 5 月 2 日

雨后初晴，我又和妈妈一起去操场上踩树叶。我对妈妈说："雨水是用来给树叶洗澡的。"妈妈问："那风用来干吗呢?"我："风是用来吹的。"

2014 年 5 月 12 日

今天是母亲节。我们一家三口去南山枇杷园摘枇杷、吃火锅。我送了一支康乃馨给妈妈。我对妈妈说："妈妈，母亲节快乐! 这是我送你的礼物。以后你头晕的时候不要害怕，我的肩膀借你靠一下就会好的。"

2014 年 5 月 16 日

今天我三岁了。姑姑送了我一辆玩具车，小姨送了我跳跳蛙故事机，外婆送了我熊猫生日蛋糕。佳佳姐姐不能亲自来参加我的生日聚会，她给我画了三张漫画，我看了她的画以后说了两个字："天才。"

2014 年 5 月 23 日

今天爸爸妈妈带我去看了大黄鸭，我好开心。

2014 年 6 月 2 日

我："我最不开心的就是和妈妈分开。"妈妈："可是妈妈必须上班啊。"我："我想到了一个办法，就是让妈妈变老，这样妈妈就不用上班了。"

2014 年 6 月 14 日

爸爸给我更换了跳跳蛙故事机的电池后准备把废弃的电池丢到垃圾桶，我瞪大眼睛，开始责备爸爸："爸爸，你搞错了，电池不能丢到垃圾桶，要用盒子装起来，不然会毒死小草的。"爸爸奇怪地问："谁教你的？"我骄傲地说："巧虎。"

2014 年 6 月 16 日

为了不让妈妈上班，我可是绞尽了脑汁。我央求妈妈可不可以推迟一天上班，还假装打电话给妈妈请假。晚上睡觉的时候，我终于想出了一条妙计：明天我就去买一瓶胶水，把妈妈和宝贝的肚子粘在一起，这样我的袋鼠妈妈就不能去上班了。

2014 年 6 月 18 日

妈妈给我讲故事，说孵卵寄生的布谷鸟趁山雀妈妈不在的时候，赶走了窝里的其他山雀宝宝。我听了同情地说："山雀宝宝别伤心呀，等我长大了，就可以走进故事书里来救你了。"

2014 年 6 月 30 日

我不想妈妈上班，就对她说："妈妈，要不我们去买巴拉拉能量吧，我用它把妈妈变成袋鼠，袋鼠妈妈用肚子上的口袋把袋鼠宝宝装好，我们就可以一起上班了。"

2014 年 7 月 12 日

妈妈问我："宝贝儿，你长大了想干什么呢？"我："我想当快递员。"妈妈："为什么呢？"我："我不告诉你。"难道我是想天天收快递吗？

2014 年 7 月 15 日

妈妈想把眉头上的痣去掉，征求我的意见："宝贝儿，妈妈想把眉头上的痣去掉，你说好不好？"我："不好，去了痣就不是妈妈了。"

2014 年 7 月 19 日

妈妈搂着抱枕说："噢，我的小棉袄。"我嫉妒地把抱枕拿开，躺在妈妈怀里，得意地说："看看，这才是你的小棉袄。"

2014 年 7 月 20 日

妈妈："宝贝儿，你知道小白兔最喜欢吃什么吗？"我："胡萝卜。"妈妈："小猴呢？"我："香蕉。"妈妈："小鸡呢？"我："啄米。"

2014 年 7 月 28 日

妈妈和爸爸随口说起旅游的时候可能要带上没有完成的工作，说要是有一个超级小的笔记本就好了。我默默记在心上，晚上我对妈妈说："妈妈,你还想不想要一个小笔记本呢?等我长大了给你买一个。"

2014 年 7 月 29 日

妈妈在电脑上忙活了半天,工作没有实质性进展,显得有点沮丧。这时候,我走过去安慰她:"妈妈,你别着急啊,让我用妙妙工具来帮助你吧。"

2014 年 7 月 30 日

电视上正在播放一位小姑娘跳肚皮舞。爸爸逗我:"你看那个小姐姐的肚肚都露出来了。"我说:"肯定是她的衣服太短了。"

2014 年 8 月 1 日

爸爸给我买了一个紫色斑马游泳圈。妈妈说:"宝贝儿,你的斑马游泳圈好漂亮。"我说:"斑马身上的条纹是黑白的,这是紫色的,所以它不是斑马,它就是一匹马。"

2014 年 8 月 2 日

我们一家三口在昆明待了好几天,正赶上昆明的雨季,满城桂花飘香,的确是消暑纳凉的好地方。我禁不住感叹:"昆明真好。"

2014 年 8 月 3 日

今天我们去抚仙湖玩。一到湖边,我就大呼小叫:"太漂亮啦。"玩沙、戏水、划船、唱歌,生活就是这么美好。

2014 年 8 月 4 日

今天我们要去大理,爸爸开车,我和妈妈坐在后排,晴空万里,我望着天空中的朵朵白云,问妈妈:"真是奇怪了,白云没长翅膀,怎么飞到天上去了？"

2014 年 8 月 6 日

今天我们坐船游了洱海，我对白族三道茶的表演十分感兴趣，连续看了两次。我们还在大理海湾国际大酒店吃了自助餐哦。

2014 年 8 月 7 日

今天，爸爸开车，带着我和妈妈环游了洱海，我们欢呼雀跃，拥抱大海。蓝天、白云、村落，还有不时闪过的人力马车。其实，我还是喜欢乡村风景的，只是有点臭，可是妈妈却说这是粪香。

2014 年 8 月 8 日

今天，我们在大理观看了白族的婚俗表演，看着漂亮的新娘，我很羡慕地对妈妈说："妈妈，我也想打扮得像新娘一样漂亮。"妈妈："可是，宝贝儿要长大了才能当新娘噢。"我说："那我现在可以当小新娘呀。"

我们一家三口在大理已经待了五天，今天准备要启程回昆明了。风花雪月、大理古城、苍山洱海；黄焖鸡、酸辣鱼、烤乳扇、饵丝、米线、茉莉花饼、野菜，我还没有看够、吃够呢。我对妈妈说："我还想多玩五天。"

2014 年 8 月 9 日

今天，我们去昆明大观公园游玩。晚上，艾叔叔请我们吃了超级巨大的烤羊腿。

2014 年 8 月 10 日

爸爸在昆明叫出租车时遇到了一辆非法营运车，悄悄对妈妈说："又是一辆黑车。"我听见后急忙纠正道："火帽子，你说错了，明明是一辆白车。"

2014 年 8 月 11 日

昆明—抚仙湖—大理—昆明十四日清凉自由行结束了，我们一家三口乘坐火车回家。凌晨六点，突遇暴雨，火车只好停下来等待，对于我来说，等待七个小时并不是什么难事，我在火车上还结识了许多好朋友呢。

2014 年 8 月 13 日

我最近不想喝牛奶。妈妈语重心长地告诉我："宝贝儿，一定要多喝牛奶，你看你的体重又减少了哟。"我说："噢，妈妈，我本来就不想长重，因为重了妈妈就抱不动我了。"

2014 年 8 月 15 日

今天，我们在小姨家吃饭。吃完饭，大家让我来决定该由谁来洗碗，我很严肃地告诉大家："洗碗是很辛苦的劳动。"

2014 年 8 月 25 日

妈妈决定去医院去痣，可是医院的人实在太多了，回家后妈妈便向我倾诉了在医院候诊的郁闷心情。我紧紧抓住妈妈的手说："妈妈，你不要再难过了，我来给妈妈建一个新的医院吧，然后我就长呀长呀，长很大很大，长成医生那么大，我就可以为妈妈看病啦，你就不用排队了。"

2014 年 8 月 26 日

妈妈说，等我长大了，她就老了。我对妈妈说："妈妈，我真的不想长大，因为长大了妈妈就会老，就会死。"不过，今天看了电视后我就不担心这个问题了，我高兴地大喊："妈妈，快来看哟，电视上的小朋友长大了，他们的妈妈没有变老哦，真是太好了，我长大了妈妈也不会老了。"

2014 年 8 月 27 日

我睡觉时老爱踢被子，为此妈妈感到很恼火："宝贝儿啊，最近天凉，妈妈拜托你盖好被子，行吗？"我却不以为然地说："妈妈，你不要担心，我不过就是想透透空气嘛。"

2014 年 8 月 28 日

今天，我连续收到三个快递，妈妈好像有点嫉妒呢，我只好安慰她："妈妈，你不要怄气，等我长大了当个快递员，天天给你送快递。"

2014 年 9 月 1 日

今天是我去幼儿园的第一天。我高高兴兴地和爷爷奶奶上学去了，我还自信满满地对爸爸妈妈说："你们相信我嘛，我是不会哭的。"

2014 年 9 月 2 日

开学第二天，我好像很喜欢上幼儿园呢。

2014 年 9 月 5 日

幼儿园开心的一周结束了，我对妈妈说："妈妈，幼儿园真的很好玩，我还想上幼儿园。"

2014 年 9 月 6 日

今天是中秋小长假的第一天，我们一家人驱车前往南川黎香湖农耕博物馆。汽车颠簸在乡村小路，沿途的稻田、鸡鸭、鲜花、野草，还有路边悠闲走过的牛羊，让我好美慕："我觉得农村比城市好，什么东西都有。"
黎香湖湿地生态公园也不错哦。

2014 年 9 月 8 日

几天过去了，我的快递还没有到，我不禁对妈妈抱怨："妈妈，我觉
得圣诞老爷爷比快递叔叔送礼物要快，睡觉醒来就可以看到圣诞老爷爷送
的礼物。可是，我的快递这么多天还没送到，都变成慢递叔叔了。"

2014 年 9 月 9 日

今天，爸爸妈妈送我去上幼儿园，分别的时候，我哭了："妈妈下午
要早点来接我哦。"爸爸妈妈还没有走出校门，我就擦干了眼泪，融入小
朋友的队伍中了。

2014 年 9 月 12 日

我："妈妈，要是幼儿园上完了，我还没有长大怎么办呢？"妈妈：
"别担心，每个人都会长大的，你以后还要上小学、中学、大学呢。"我：
"那我还要上几天幼儿园才能上完呢？"妈妈："三年。"

2014 年 9 月 14 日

今天，我们向日葵班的全体小朋友去美德公园户外活动。看来，幼儿
园的生活还是不错的。

2014 年 9 月 30 日

我最喜欢缠着妈妈讲故事。今天，妈妈被我缠得很疲惫，偷偷溜到客
厅，躺在沙发上休息。我关切地问："妈妈，你怎么啦？"妈妈："妈妈喉
咙不舒服，不能讲话了。"我："那妈妈喝口水吧，现在由我给妈妈讲故
事，从前，红袋鼠和跳跳蛙去旅游，看到地上有一个大大的小毛球……"

2014 年 10 月 1 日

今天，爸爸妈妈带我去英利国际广场参加了《多多奇遇记之拯救蚂蚁》的童话剧观影会。

2014 年 10 月 3 日

妈妈："宝贝儿，你在幼儿园可以自己吃饭，怎么在家里要妈妈喂呢？"我："因为幼儿园里没有妈妈。"

2014 年 10 月 8 日

国庆节后的第一天，爸爸妈妈送我去幼儿园，我的心情还不错。教我们体智课的老师叫牛奶和芒果，是不是很有食欲啊？

2014 年 10 月 13 日

今天，我们向日葵班的小朋友去公园负重徒步游，我觉得幼儿园的生活越来越有意思了。

2014 年 10 月 18 日

听说童兜天地 Tico 店开张了，我这个资深的玩具迷怎么可以错过这么多好玩的东西呢？

2014 年 10 月 24 日

我在幼儿园的第一件美术作品出炉：就是给一张苹果的图片涂上颜色。妈妈为我感到骄傲，仿佛我已经是一个伟大的艺术家了。

2014 年 10 月 26 日

今天，我和幼儿园的同学相约去动物园玩，和小伙伴一起游动物园的感觉还真不一样呢。

2014 年 10 月 27 日

外面下着大雨,我不解地问:"天上没有水管,雨怎么下来了?"

2014 年 10 月 28 日

今天我感冒咳嗽了,妈妈问我感冒是什么感觉,我回答道:"妈妈,我的喉咙里好像有五只小瓢虫在爬。"

2014 年 10 月 29 日

今天,我在幼儿园里被班上的一个男生不小心砸到了鼻子,我痛得哭了起来,王老师给了我一颗糖。下午妈妈来接我,我对妈妈说:"好奇怪哦,老师发了一颗糖给我,我吃了糖就不会哭了,难道她们的糖可以止哭吗?"

2014 年 11 月 2 日

晚上吃鱼,我眉头紧锁,小嘴还翘得老高:"哼,你们把鱼煮来吃,我生气了,我还想和它做朋友呢。"

2014 年 11 月 3 日

我在路边玩水,不肯离开。一旁的妈妈开始倒计时:"宝贝儿,我们再玩十分钟,现在妈妈来帮你计时,一分钟,两分钟,三分钟……"我说:"妈妈,你不要数了,十分钟自己会到的。"

2014 年 11 月 10 日

今天,我们一家三口参加了爸爸单位组织的户外活动:铜梁黄桷门花海一日游。

2014 年 11 月 17 日

今天，我看见有个女孩在抽烟，于是悄悄对妈妈说："妈妈，你看那个女生在抽烟呢，不公平。"妈妈："宝贝儿，你知道不公平是什么意思吗？"我："我知道啊，不公平就是女生不能抽烟，男生也不能抽烟。"

2014 年 11 月 18 日

妈妈："宝贝儿，爸爸要过生日了，我们一起想想送什么生日礼物好呢？"我："要不我们就送一个超级大的生日蛋糕吧。"妈妈："嗯，生日蛋糕不错啊，还有没有更有创意的礼物呢？"我："我知道了，我就是最好的礼物啊，妈妈你把我包装好，快递给爸爸，他一定会开心的。"

2014 年 11 月 19 日

我运动，我健康。今天我们幼儿园举行了开学以来的第一次运动会，我们班的口号是：冲、冲、冲、向前冲，超越刘翔，绝不投降。

2014 年 11 月 20 日

今天，我们向日葵班的小朋友去华生园梦幻城堡做蛋糕啦！

2014 年 11 月 23 日

我："妈妈，为什么地球一直转，我们却掉不下来呢？"妈妈："因为地球有引力，把我们紧紧地吸住了。"我："可能是地球上有透明胶吧。"

2014 年 11 月 30 日

自从我去华生园梦幻城堡做了蛋糕后，我的梦想就不再是当快递员了，我宣布："我的愿望是长大了当一个糕点师，小朋友过生日的时候，我就可以为他们做美味的生日蛋糕了。"

2014 年 12 月 1 日

今天，我们学校举行了亲子运动会。爸爸和我配合得还不错哦，我们获得了"大脚小脚"项目的一等奖和"小乌龟爬爬爬"项目的三等奖呢。

2014 年 12 月 2 日

我："妈咪，蚊子会不会咬老人呢?"妈妈："会啊。"我："难道蚊子不晓得尊敬老人呀?"

2014 年 12 月 6 日

妈妈："宝贝儿，以后不能对妈妈乱发脾气，要学会尊重老人。"我："哈哈，你好像是年轻人吧?"

2014 年 12 月 7 日

我："妈咪，你再帮我生一个小妹妹吧，我好想有一个同伴一起玩。"妈妈："我去把楼下的妹妹叫来和你一起玩吧。"我："不嘛，我需要一个每天都可以住在我家的小妹妹。"

2014 年 12 月 9 日

妈妈："宝贝儿，我们今天朗诵的诗歌名字叫作《杨树》，杨就是姓杨的杨。"我："哦，我知道了，还有李树、王树、温树。"

2014 年 12 月 10 日

今天，我第一次当上了幼儿园的礼仪小天使。我和小伙伴的肩膀上都披上了礼仪绶带，我们对每个入园的小朋友弯腰打招呼："早上好。"

2014 年 12 月 13 日

今天，我去外婆的菜园摘菜，我还拔了好多好多萝卜呢。

2014 年 12 月 14 日

我一口气做了好几张沙画，开始在家里叫卖："谁来买我的沙画呀？快来买我的沙画哦。"妈妈："宝贝儿，你在干吗呢？"我："妈妈，我在卖我的沙画呢，等我换了很多很多钱以后就可以给你买松子、桂圆、开心果和漂亮衣服啦。"这些都是妈妈喜欢的东西呢，妈妈好开心哦。

2014 年 12 月 15 日

我喜欢巧虎，每天缠着爸爸把巧虎举起来。妈妈不得其解，问我原因。我回答道："因为举起巧虎，它就活了，我就可以和它一起玩了。"

2014 年 12 月 16 日

早晨，我从被窝里钻出来，喊道："鸡妈妈，你快看，小鸡从蛋壳里孵出来了。"妈妈："宝贝儿，不要掀被子，会感冒的。妈妈给你穿好衣服，你去找爸爸玩一会儿。"我："奇怪了，鸡爸爸也会孵小鸡啊？真是笑得我龇牙咧嘴的了。"

2014 年 12 月 17 日

我猜不出谜底为"金钱豹"的谜语，妈妈开始启发我："宝贝儿，你想想啊，它的身上有圆圆的斑点哦。"我脱口而出："七星瓢虫。"

2014 年 12 月 18 日

妈妈："宝贝儿，要不你去暗示一下爸爸，让他提前把妈妈的生日礼物买了。"我："哎，妈妈，我不是跟你说过不要着急的吗？等我长大了会给你买漂亮衣服的。"

2014 年 12 月 19 日

我："妈妈，等我长高了，超过你了，我就去上班，你就要当小朋友了哟，到时候你去上幼儿园。"妈妈："真是太好了，妈妈早就羡慕你们幼儿园呢。"我："可是我得先问问司机叔叔去不去翠楼，不然到时候我怎么到幼儿园来接你呀？"

2014 年 12 月 20 日

爸爸妈妈带我去看马戏。我对妈妈说："妈妈，马戏是挺好看的，可是为什么要让狮子和老虎钻火圈呢？那些动物好可怜哦……"

2014 年 12 月 22 日

今天，我们幼儿园举行升旗仪式，我当上了小鼓手。

2014 年 12 月 27 日

我："妈妈，我想喝白开水。"妈妈："好的，宝贝儿，等我们洗完手就可以去爸爸那里喝水了。"我："有爸爸的地方就有水喝。"

2014 年 12 月 28 日

我："妈妈，为什么你的眼睛里面有我呢？"妈妈："宝贝儿，你的眼睛里也有妈妈呢。"我："可能是我的眼睛里有光，所以就实现了呗。"

2014 年 12 月 31 日

今天，我们幼儿园举行了"跨年演唱会"。新的一年又要开始了，我希望明年会更好。

2015 年

2015 年 1 月 4 日

今天是我第二次来天赐华汤泡温泉了，这一次我们看到了美丽的孔雀。

2015 年 1 月 9 日

最近我迷上了做手工。今天小姨教我剪纸，我学会了剪刺猬，妈妈夸我有一双巧手呢。

2015 年 1 月 10 日

妈妈正准备责问我嘴角的水泡是怎么回事，我顽皮地吐着泡泡说道："妈妈，你看，原来是你的鱼宝宝吐了一个小泡，她在海底世界自由自在地玩呢。"

2015 年 1 月 11 日

我："我觉得胖鸭妈妈比人类要多喝很多水。"妈妈问："为什么呢？"我："因为它的肚子好大哟。"

2015 年 1 月 18 日

我问妈妈："为什么恐龙要吃树叶，而我们人类不吃树叶呢？"妈妈："让我想一想哈。"我："我觉得是不是因为恐龙都是哑哑的，所以要吃树叶呢？"

2015 年 1 月 21 日

今天，小姨教我做灯笼。我的手工灯笼会得奖吗？

2015 年 1 月 26 日

妈妈："宝贝儿，过几天妈妈就要过生日了，你准备送什么礼物给妈妈呢?"我："妈妈最好的礼物就是宝贝的爱。"

2015 年 1 月 29 日

今天我们幼儿园举行了中国年游园会。穿唐装、坐花轿、舞狮子、吃元宵、挂灯笼、剪纸、观川剧、品沙拉、串串香，还有跳蚤市场。第一次打工我就挣了一元钱呢。

2015 年 1 月 30 日

妈妈："宝贝儿，我觉得今天好冷哦。"我："我一点也不冷啊，因为我有妈妈，你是我的大暖宝宝。"

2015 年 1 月 31 日

我向妈妈请求："妈妈，你可不可以给我装上翅膀?"妈妈不解地问："可是宝贝为什么想要翅膀呢?"我回答："因为我好想飞上蓝天，和蝴蝶、小鸟做朋友啊。"

2015 年 2 月 1 日

现在还没有开饭，我的肚子饿得咕咕叫，开始眼冒金花，我对妈妈说："妈妈，我的肚子饿得好像一块饼干。"

2015 年 2 月 2 日

妈妈："宝贝儿，你来描述一下一个人的样子，比如眼睛像……"我："我知道啦，眼睛像弹珠，眉毛像腿毛，嘴巴像月亮……"

2015 年 2 月 3 日

午睡后，妈妈见我的脸一半红，一半白，问我："宝贝儿，为什么你只有左边脸是红扑扑的呢？"我回答："可能是我吃苹果的时候只用了这边的牙齿吧。"

2015 年 2 月 4 日

我问妈妈："妈妈，你说宝贝是从妈妈的肚子里生出来的，那宝贝的家长是从哪里来的呢？"妈妈："你想想啊，妈妈也有自己的妈妈呢。"我："难道真的是外婆？"

我紧紧抱住妈妈，说："妈妈，你看，我们紧紧拥抱在一起，就像一块融化了的雪糕。"

我："妈妈，你真是我的大理石（大力士）妈妈，大厉害妈妈，因为你很强壮，很厉害，可以打败所有的怪兽。"

2015 年 2 月 5 日

爸爸妈妈终于带我出国旅游啦！今天，我们来到了泰国曼谷 Central World 和 Sea World，我们在这里还巧遇了好朋友豆豆姐姐。晚上我们一起在泰国最高建筑 Baiyoke Sky Hotel 的 81 楼泰式自助餐厅吃晚餐，从 84 楼旋转观景台鸟瞰曼谷夜景，玩得可开心了。

2015 年 2 月 6 日

今天我们去了大皇宫，太阳好毒啊，人山人海，我们在这里巧遇了爸爸的高中同学。

2015 年 2 月 7 日

今天我们去了 Siam Center，我越来越爱 shopping 了！

2015 年 2 月 8 日

我在酒店大厅认识了一个女孩，可是她只会讲英语，我只有傻傻地站在那里。回到酒店房间，我让妈妈播放英文动画片，看来不学好英语不行啊，我对妈妈说："刚才那个妹妹居然说英语，我也要像她一样学好英语。"

2015 年 2 月 9 日

妈妈："宝贝儿，让爸爸帮你换一下衣服，爸爸也很喜欢你的。"我："不行，我要妈妈换，谁生的我，我就喜欢谁。我有办法让妈妈特别喜欢我，那就是吹个泡泡是心形。"

2015 年 2 月 13 日

我问妈妈："妈妈，为什么我吃完糖后，所有的水果吃起来都是酸的呢？"妈妈："是时候给宝贝买《十万个为什么》这本书了。"我："妈妈，真的有这样一本书吗？"

2015 年 2 月 18 日

我："妈妈，你刚才打死的那只蚊子好可怜哟。"妈妈："宝贝儿，蚊子是坏的，它咬人呢。"我："但是它的妈妈再也看不到它了，你不觉得它真的很可怜吗？"

2015 年 3 月 3 日

我："妈妈，我们人类是从哪里来的呢？"妈妈："所有的宝贝儿都是妈妈生的呢。"我："那第一个妈妈又是谁生的呢？"

2015 年 3 月 9 日

我："妈妈，你为什么会出现在我的梦里呢？"妈妈："可能是妈妈太想宝贝了吧。"我:"我想可能是因为昨天我亲了一下妈妈吧。"

2015 年 3 月 10 日

我:"爸爸,为什么你给自己买了新手机,却没有给妈妈买呢?"爸爸:"要不你长大了给妈妈买吧。"我:"行啊,可是我要很久很久才能长大。"

2015 年 3 月 11 日

一位住 7 楼的阿姨刚下电梯,我望着电梯里的两列楼层数字不解地问:"妈妈,为什么明明 7 在 17 的上面,7 楼的阿姨却比我们先下电梯呢?"

2015 年 3 月 12 日

我:"妈妈,你这么久了还不给我生妹妹,只有我自己长大了生一个了,可是我现在还在上幼儿园,不能带妹妹去,不然老师会生气。"

2015 年 3 月 14 日

我:"妈妈,你今天有什么惊喜给我吗?"妈妈:"妈妈就是宝贝最好的惊喜。"我:"可是我想要不能动的礼物呢。"

2015 年 3 月 15 日

我告诉妈妈昨天晚上做了一个坏梦,妈妈为我画了一块椭圆形的石头并写下"美梦石"三个字。晚上睡觉的时候,我坚持要妈妈和我一起握着美梦石,这样我就只会做甜甜的美梦啦。

2015 年 3 月 16 日

我:"妈妈,你小时候是怎么长大的呀?"妈妈:"我也和宝贝一样,上幼儿园，然后慢慢长大的。"我："可是我怎么长得这么慢呢?"

2015 年 3 月 20 日

我："妈妈，为什么晚上比白天冷呢?"妈妈："因为白天有太阳啊，所以很暖和。"我："是不是因为月亮上有很多风呢?"

2015 年 3 月 21 日

我："妈妈，天上的星星不像我们人类一样可以自己走路，星星宝贝和它的爸爸妈妈隔那么远，好可怜噢。"妈妈："那我们一起来想想办法吧。"我："要不我跳蹦极，弹到天空把他们放在一起吧。"

2015 年 3 月 22 日

我："妈妈，我到底要上几个幼儿园才可以上小学呢?"妈妈："宝贝儿只需要上一个幼儿园就可以上小学了。"我："好期待噢。"

2015 年 3 月 22 日

我："妈妈，为什么鲨鱼不吃鲨鱼呢?"妈妈："因为它们是同类，所以不会互相吃对方。"我："可是前天我放学，在回家的路上看到笼子里有两只老鼠，一只活的老鼠正在咬另外一只呢。"

2015 年 3 月 29 日

我："爸爸是画画神，所有的小人都是他画的。妈妈是衣服神，因为买的衣服比较多，我的玩具最多，所以就是玩具神。"

2015 年 4 月 1 日

我："妈妈，昨天晚上我没有做美梦。"妈妈："妈妈不是给你做了美梦石的吗?"我："可能是我做美梦的时候睡着了吧。"

2015 年 4 月 10 日

妈妈："宝贝儿，没想到外面还挺热的呢。"我："妈妈，我教你一招，热的时候把舌头伸出来。"妈妈："哈哈，你是小狗吧?"

2015 年 4 月 25 日

妈妈问我："宝贝儿，你怎么也吃起咸菜来了?"我："没有啦，我只是吃了点萝卜干而已。"

2015 年 4 月 27 日

妈妈看着我的眼睛，开心地说："谢谢老天爷给了宝贝儿漂亮的双眼皮。"我问妈妈："老天爷是谁啊?"妈妈回答："老天爷就是上帝。"我问："他在哪里生活?"妈妈答："天上。"我问："那上帝有翅膀哦。"妈妈："Oh, my God!"我："上帝会说英语吗?"

2015 年 4 月 29 日

毫不擅长画画的妈妈在我的软磨硬泡下画了一只小鸭，看着四不像的图画，妈妈显得有些尴尬。一旁的我笑着安慰她："妈妈，你千万不要难过，其实你的小鸡真的画得很好。"

2015 年 5 月 1 日

妈妈晕车的时候会在额头上抹一些风油精。今天妈妈又晕车了，我搂着妈妈亲了一口，说："妈妈，我就是你的风油精。"

2015 年 5 月 3 日

电视上正在讲哺乳动物的特征，妈妈试图让我明白人类也是哺乳动物，就问我："宝贝儿，人属于什么动物呢?"我回答："人类又不是动物。"

2015 年 5 月 9 日

今天是母亲节，我画了一张图画送给妈妈。我对妈妈说："妈妈做的饭菜真好吃，我要把它们全部都吃光光。"妈妈说："宝贝儿真会说话。"我说："本来就很好吃嘛。"

2015 年 5 月 14 日

妈妈："宝贝儿，你喜欢白天还是黑夜？"我："都讨厌，因为黑夜怪会吃掉白天。"

2015 年 5 月 15 日

明天我就满四岁了，我向妈妈郑重宣布要独立睡觉。妈妈软硬兼施不想和我分床，我立场非常坚定，还劝慰妈妈："妈妈，你自己先好好想想，你到底担心我啥子嘛？"

2015 年 5 月 23 日

我："妈妈，你的愿望是什么？"妈妈："妈妈的愿望是希望宝贝儿每天开开心心，那你的愿望是什么呢？"我："我的愿望是拥有一对儿翅膀，在堵车的时候我就可以飞起来了。"

2015 年 5 月 24 日

我："妈妈，你小时候的幼儿园是什么样子的呢？"妈妈："我小时候的幼儿园可没有宝贝现在的幼儿园漂亮，妈妈好想变小，去上你的幼儿园呢。"我："哈哈，太好笑了吧，妈妈想变小，我却想长大呢。"

2015 年 5 月 25 日

我："妈妈，我过生日的时候许了一个愿望，希望爸爸健康快乐。"

妈妈："宝贝儿真棒，难怪爸爸这么快就好了呢。"我："难道我是爸爸的止痛膏?"

2015 年 5 月 26 日

我："妈妈，你看，秋天到了，树叶在和大树妈妈说再见呢，可是它们为什么要离开妈妈呢?"妈妈："其实它们也不想和大树妈妈分开哦，应该是大风吹的吧。"我："哦，那吹风的时候，它们为什么不像我这样紧紧抱着妈妈呢?"

2015 年 5 月 29 日

我和妈妈比赛谁雪糕吃得更快。妈妈："宝贝儿，妈妈的雪糕快吃完了，你怎么还剩这么多呢?"我："妈妈你说赢更重要还是快乐更重要?"

2015 年 5 月 30 日

妈妈："宝贝儿，为什么这一片树叶是红色的呢?"我："可能是这些绿色的树叶需要一片红色的树叶做朋友吧。"

2015 年 5 月 31 日

妈妈："宝贝儿，昨天晚上妈妈失眠了，现在眼睛都睁不开了。"我："可是你并没有黑眼圈啊，剩下的都是眉毛呢。"

2015 年 6 月 8 日

今天爸爸妈妈带我去参加职业体验，我换上了各种服装，体验了消防队员、警察、厨师和邮递员的角色。通过体验，我明白了大人挣钱也是不容易的呢。

2015 年 6 月 9 日

我："妈妈，为什么动物可以喝脏水而我们人类却喝的是自来水呢？"
妈妈："是不是因为动物的肠胃适应力比人类更强呢？"我："我觉得是因
为动物的肠胃是脏的，所以它们可以喝脏水，而我们人类的肠胃是香的，
所以就喝自来水。"

2015 年 6 月 14 日

妈妈给我讲故事：小兔伯特对白肚燕蒂比说，"让我来教你在地上跳
跃吧。"我说："不对噢，妈妈，鸟自己就会跳，好像不需要教吧？"妈
妈："哦，是嘻哈跳跃。"

2015 年 6 月 16 日

我："妈妈，今天晚上我要睡自己的小床了哦，你会不会想我，会不
会哭啊？"妈妈："可能会。"我："你想我的时候就悄悄来看看我，那你
还会哭吗？"妈妈："可能会吧。"我："嗯，怎么办呢？要不你多来看我
几次吧，那你还哭不哭嘛？"妈妈："要哭。"我："哎，算了吧，我今天
晚上还是陪妈妈好了。"

2015 年 6 月 17 日

我问奶奶："婆婆，为什么男生站着尿尿，女生却蹲着尿尿呢？"奶
奶："这个问题你回家问一下妈妈吧。"我："哎，怎么老年人啥都不
懂啊。"

2015 年 6 月 18 日

妈妈："宝贝儿，妈妈好想变小哦，像你一样每天开开心心去上幼儿
园，还有那么多好朋友一起玩。"我："妈妈，其实我还想长成你那么大
呢。这样我就可以像妈妈一样，生一个像我一样可爱的小宝贝儿了。"

2015 年 6 月 20 日

我："妈妈，为什么汽车的尾部都要高一些呢?"妈妈："难道是它们的屁股翘得高?"我："是不是汽车启动的时候冒烟给冲起来的哟?"

2015 年 6 月 21 日

我："妈妈，天还没有黑路灯怎么就亮了呢?"妈妈："路灯亮的时间是提前设置好了的，因为现在是夏天，白天比黑夜长。"我："我知道了，路灯在冬天的时候为那些不温暖的人照亮回家的路。"

2015 年 6 月 28 日

妈妈："宝贝儿，妈妈不会画画，不会手工，也不会十字绣，是不是有点笨哦?"我："妈妈别难过嘛，我觉得妈妈是最好的，因为我最喜欢难看的作品了。"

2015 年 7 月 8 日

我："妈妈，我想喝白开水。"妈妈："宝贝儿自己去拿吧。"我："你还想不想让我做你的女儿嘛?"

2015 年 7 月 9 日

妈妈："宝贝儿，你最近都没有说幽默的话了哦。"我："妈妈，什么是幽默?"妈妈："幽默的话就是好笑好玩的话。"我："今天晚上的月亮好大啊!"

2015 年 7 月 14 日

妈妈告诉我女生要学会撒娇，不要大吵大闹。我运用这个方法，果然得到了很多想要的东西。有一天，我和妈妈在游泳馆玩水，我撒娇要妈妈

205

抱抱我，妈妈却对我不理不睬。我伤心地大哭："明明刚才我撒了娇的，你都不陪我，我要你刚才陪我，刚才就是现在。"

2015 年 7 月 16 日

我："妈妈，佳佳姐姐属什么呢？"妈妈："属兔。"我："好奇怪哦，她属兔怎么也喜欢洗澡鸭呢？又不是属鸭子的。"

2015 年 7 月 17 日

我："妈妈，蚂蚁是好的还是坏的？"妈妈："好的。"我："可是你刚刚还说它会咬人呢。"

今天，爸爸妈妈带我去重庆科技馆玩，我最感兴趣的还是吹泡泡。

2015 年 7 月 18 日

妈妈给我解释了"优点"和"缺点"两个词的意思。今天出门，我主动向一位老奶奶打了招呼，回头兴奋地对妈妈说："我今天很大方噢，我又增加了一个优点，给我记上哦。"

爸爸给我捉了一只蚂蚁当宠物，看着瓶子里四处乱窜的蚂蚁，我好开心，妈妈见状，伺机讲了讲"急得像热锅上的蚂蚁"。晚上，妈妈催促我快点吃饭，我笑着说："妈妈，你也太着急了吧，怎么就像一只蚂蚁上的热锅呢？"

2015 年 7 月 19 日

妈妈从冰箱里拿出两天前买的西瓜尝了一口说："西瓜好像坏了。"我也尝了一口，对妈妈说了一句："心理作用。"看见妈妈吃着香香的毛豆，我眼馋了，说道："其实我也觉得西瓜有点酸。"

今天，爸爸妈妈陪我去奥体游泳，没想到这里正在举行足球比赛，场馆对车辆实行管制，我们只好将车停在远处，步行一段路程去游泳馆。看着火热的太阳，妈妈担心我会打退堂鼓，没想到我兴致高涨，对妈妈说：
"放心吧，我一定会坚持走到游泳馆的。游泳其实也是走路，只不过是在
水里走而已嘛。"

2015 年 7 月 20 日

逛完街，妈妈对我说："宝贝儿，你又买了两件漂亮衣服哦。妈妈什
么都没买到。"我："妈妈，要不你就假装我是你新买的玩具。你按一下
按钮试试，她还会叫妈妈呢。"

路上，我又想用撒娇的伎俩让妈妈抱抱，妈妈也只好用撒娇的办法对
付我。我不高兴地说："我撒娇了你也不抱我。"妈妈回答："我还不是撒
了娇的呀。"我："但是我先撒娇的。"

妈妈、小姨、佳佳姐姐和我一起去欢乐迪唱卡拉 OK，这可是我第一
次去卡拉 OK 呢。回家的路上，我对妈妈说："今天过得真开心，我们唱
了哈喽 K 呢。"

我为小姨讲了"蒂比试一试"的故事。故事中的白肚燕蒂比、松鼠
萨拉、小蛇赛丽达、小蛇妹妹索尼娅、小兔伯特、海龟哈利、青蛙卡鲁
索、小气鬼老猫、罗宾太太和罗宾宝宝的情节一字不落，得到了小姨的大
力称赞，我得意地对妈妈说："妈妈，现在你知道为什么我总是让你重复
讲同一个故事的原因了吧?"

2015 年 7 月 21 日

我："哎，妈妈，你可不可以过去一点点嘛，我都快被你挤成了一块
Pizza 啦。"

妈妈："宝贝儿，你看看枕头上的头发，是不是你又扯妈妈的头发
了?"我："肯定是那根头发老了，自然就掉了呗。"

2015 年 7 月 22 日

妈妈:"宝贝儿,你昨天还嘲笑余小妹,说她都三岁了还要大人抱,可是你都四岁了,怎么还要赖皮要妈妈抱呢?"我:"因为我的妈妈还没有老噻。"

2015 年 7 月 23 日

今天,我们从桂林来到了阳朔,阳朔的天空渐渐沥沥飘起了小雨,有些凉意。从宾馆的窗户一眼望去,是青翠的山峦。我推开酒店的房门,说道:"不是桂林山水甲天下,阳朔山水甲桂林吗? 这个酒店的房间是不是有点小啊?"

2015 年 7 月 24 日

阳朔时晴时雨。妈妈说,西街有点磁器口的风格。今天的大师傅啤酒鱼和昨晚的桂林米粉都不是我的菜。我要玩具,玩具!

下午去银子岩,妈妈担心我不能走完全程,故意说她需要我照顾。我一路牵着妈妈的手,不停地鼓励她:"妈妈,你要勇敢点,不要害怕黑洞,我们一起来探险,美丽的风景肯定在前面。"晚上我们去吃阳朔十八酿之田螺酿和豆腐酿,我一口未沾,说:"妈妈,我们还是吃桂林米粉吧。"

2015 年 7 月 25 日

今天外面下大雨,我们全家只好暂时窝在酒店。我又开始监督妈妈做仰卧起坐,还对她说:"今天轻松多了哈? 只要坚持,妈妈的超级丑肚一定会变成和我一样的超级美肚。"中午吃漓江小河虾,我给妈妈出了一道难题:"妈妈,可以请你帮我剥一下虾吗?"妈妈:"你以为这是小龙虾啊?"

爸爸出去买了一个斗笠,刚到酒店,发现被雨水冲刷后的斗笠褪色了。我悄悄对妈妈说："爸爸好笨哦，这么快就上了一个帽子当。"我们在雨中游了世外桃源，排了很久的队，我们终于吃到了椿记的烤鹅、蒜蓉大虾、榴莲酥。

2015 年 7 月 26 日

今天还是雨天，我如愿穿上了新买的雨衣，我挣脱妈妈的手，对她说："妈妈，现在我穿了雨衣，你就不用牵我的手啦，不然你的雨伞会把我的雨遮住。"

我们去遇龙河竹筏漂流。每当遇到竹筏下滩，我就会收紧妈妈环在我腰上的双手，大喊："妈妈，快系安全带。"

回到酒店，我拿着新买的水枪在洗手间一阵疯玩，看着妈妈羡慕的表情，我安慰道："妈妈，等你老了我就把水枪送给你玩。"妈妈："难道老人需要玩具吗?"我："当然了，老人经常把我们小孩当玩具。"

2015 年 7 月 27 日

我："爸爸妈妈，你们快看，小山和她的妈妈在一起呢。可是山妈妈怎么会生 baby 呢?"

今天我在阳朔公园，结识了几个当地的小朋友。我对妈妈说："妈妈，不要走嘛，我还没玩够呢。"

2015 年 7 月 28 日

在路上，妈妈给我简单介绍了一下桂林山水甲天下。一到桂林，我就开始心心念念："妈妈，我们到底什么时候去桂林山水甲天下?"今天，妈妈去开会，爸爸带我在酒店附近玩。我叫爸爸看水中的倒影："爸爸快来看，房子掉进水里了。"

2015 年 7 月 30 日

今天我们一家游叠彩山，为了坐好运滑道，我一口气爬到了山顶。我和爸爸坐了 400 米的滑道，我对临阵逃脱的妈妈说："你下次一定要作勇敢妈妈噢。"

吃冰激凌的时候，我问妈妈："我可以用巴拉拉能量把我的冰激凌变大吗？"

晚上，我在桂林的中心广场和当地的小朋友玩。我问妈妈："妈妈，为什么今天不是中秋节，月亮却是圆形的？"

2015 年 7 月 31 日

今天，我给爸爸妈妈讲在幼儿园学到的火灾和地震自救常识，妈妈高兴地说："宝贝儿的知识还挺多的嘛。"我得意地说："当然啦，我还有很多文化等着你们呢。"

2015 年 8 月 1 日

在桂林待了几天，我已经和当地的小朋友玩得不亦乐乎，没有半点回家的意愿，爸爸不经意提到我网购的小熊玩具到货了，我果断表示："妈妈，我们现在马上坐飞机回重庆，我的快递到了。"

今天我们要回重庆了。飞机在跑道上慢慢滑行，做起飞前的准备，我不停地问妈妈："我们的飞机怎么还不起飞啊？"被问得不耐烦的妈妈只好解释："飞机起飞也要排队，就像你们幼儿园开运动会，小朋友要在起跑点等发令枪一样。"我恍然大悟道："哦，原来飞机也喜欢跑步啊。"

2015 年 8 月 2 日

我："妈妈，为什么鱼不能生活在沙滩上？"妈妈："因为鱼离开水太久就会死掉。"我："我觉得是因为鱼没有腿儿，在沙滩上也不好玩儿吧。"

2015 年 8 月 4 日

今天，我们一家三口从水世界玩水归来，妈妈说回家的路线和来时有点不一样。我安慰她说："我们就相信爸爸一次嘛，如果他迷路了，就给他取个外号'找不到先生'"。

爸爸给我买东西还是比较慷慨，于是我悄悄对妈妈说："我想到了一个好主意，你告诉我想买什么，我给爸爸说是我想买，然后我再给你，怎么样？"

2015 年 8 月 5 日

爸爸羡慕妈妈和我都买到了东西。我对爸爸说："刚才在书店的时候我不是叫你买一本男生书吗，你看看，现在书店关门了吧，什么也买不到了。"

妈妈给我兑完奶粉，发现刚刚还在床上的我不见了，吓了一大跳。我不慌不忙地从地板上爬起来，淡定地说："妈妈，不要这么吃惊嘛，我不过是想和你捉迷藏而已，如果我从床上掉下去的话，你肯定能听见哭声嘛。"

2015 年 8 月 6 日

我的小腿被蚊子叮了几个包，问："妈妈，为什么蚊子喜欢吃 A 型血？"妈妈："可能是 A 型血吃起来很香吧。"我："看来我得把小腿弄臭了才行。"

2015 年 8 月 7 日

我们一家三口去逛街，爸爸一个人又走到前面去了，我好奇地问妈妈："老爸是不是从小到大都是这样哦？"妈妈："我也不知道他小时候是不是这样。"我："难道小时候你不认识他吗？"

2015 年 8 月 8 日

雨水敲打着车窗，妈妈对我说这就是瓢泼大雨，望着在水流成河的街道中艰难前行的车，我说："这下我们的车可以洗个舒服澡了，其他的车怎么成了小船?"

2015 年 8 月 9 日

妈妈对蚊子叮咬一点也不敏感，A 型血的我对 AB 型的妈妈表示羡慕："妈妈，可以把你血中的 B 型借给我用一下吗?"

2015 年 8 月 10 日

我发现妈妈又多了一条裙子，妈妈声称是以前买的，只不过没舍得穿而已。我笑着对妈妈说："妈妈，可不要欺骗小朋友哦，我看见衣服上的商标都还没有剪掉哦。"

2015 年 8 月 11 日

我："你们大人不上幼儿园，也不爱看动画片，所以没有学到文化。"妈妈："噢，那宝贝儿一定是学到了很多文化啰?"我得意地说："当然啦，起码有二十个呢。"

2015 年 8 月 12 日

连续三天爸爸妈妈带我去时代天街玩，我终于亲密接触了羊驼。妈妈问："宝贝儿，为什么羊驼也喜欢吃胡萝卜啊?"我："因为羊驼的身份和小白兔一样，也是试了很多东西后才发现自己喜欢吃胡萝卜的。"

2015 年 8 月 15 日

幼儿园的好朋友经常炫耀，每次放学她的妈妈都是第一个冲进教室接走她的。妈妈告诉我，下次可以和她比谁的家长最后来接。第二天，我和妈妈石头剪子布决定谁去客厅拿玩具。正当妈妈庆幸自己赢了的时候，我却说："妈妈，这次就比谁赢了谁去拿玩具吧。"

2015 年 8 月 16 日

我每天精力充沛，妈妈表示自愧不如："宝贝儿，你每天不睡午觉，精神还这么好。"我："当然了，你们大人有眼袋，所以就很容易发困。"

2015 年 8 月 17 日

妈妈："宝贝儿，妈妈找不到蚊帐的支架了，你可以给妈妈一点线索和提示吗?"我："我也不知道，你真的以为我是巴拉巴拉小魔仙吗?"

2015 年 8 月 18 日

妈妈："宝贝儿，你那么喜欢去游乐场玩，不如我们把家搬到那里去吧?"我："妈妈，我们的家太重了，我们应该多吃点饭才有力气搬。"

2015 年 8 月 19 日

我："妈妈，为什么我们人有两只眼睛，两只手，两只脚，两个耳朵，却只有一个嘴巴呢?"妈妈："可能是因为嘴巴多了会很吵吧。"我："哈哈，我觉得嘴巴集合才有趣呢。"

2015 年 8 月 20 日

妈妈："宝贝儿，你知道七夕节是谁的节日吗?"我："是妈妈和小孩的节日，因为今天我和妈妈都想收到礼物。"

2015 年 8 月 21 日

妈妈在我的嘴里塞了一块巧克力，说道："不要让爸爸看见了哟，不然他又会说妈妈了。"我："为什么爸爸要说你呢？难道大人喜欢自己的小孩不是一件好事情吗？"

2015 年 8 月 22 日

我："每个小朋友的心里都有一个理想，我要赶快把我的理想都画出来。我的理想是长大了开一家游乐园，里面有摩天轮、溜滑梯，小朋友就可以在里面开开心心地玩耍了。"

2015 年 8 月 23 日

妈妈给我抹宝宝金水："宝贝儿，妈妈没有抓住咬你的坏蚊子，看你的腿上又被叮了几个包。"我："妈妈别难过啊，蚊子本来就是夜行动物，你一开灯，它们就跑了。"

2015 年 8 月 24 日

妈妈："现在的蚊香片怎么对蚊子都不起作用了哟？"我："可能是蚊子很坚持嘛。"

2015 年 8 月 25 日

妈妈时常给我灌输女生一定要学会保护自己，安全最重要，我早已熟记在心。早上出门，妈妈给我穿上漂亮裙子，我对爸爸说："爸爸，你看，妈妈给我穿了打底裤，这样就走不光了。"

2015 年 8 月 26 日

我不喜欢吃冬瓜，妈妈告诉我多吃蔬菜少吃肉有利于身体健康，还有美容的功效。我对妈妈说："妈妈，你吃了那么多蔬菜，怎么还是没有变漂亮啊？"

2015 年 8 月 27 日

我:"妈妈,为什么金鱼睡觉都睁着眼睛呢?"妈妈:"因为金鱼没有眼皮。"我:"是不是水里模模糊糊的,它们睁着眼睛也看不清楚呢?"

2015 年 8 月 31 日

妈妈告诉我:描述一个人摔倒了很狼狈可以用"四脚朝天"来形容。我不解:"我们人类不是只有两只脚吗?应该是两脚朝天吧。"

2015 年 9 月 2 日

夜晚,妈妈和我手牵手在桂花树下散步,妈妈沮丧地说:"今天妈妈的鼻子不灵了,怎么连桂花的香气都闻不到了?"我急忙安慰道:"妈妈别担心,可能是天黑了,桂花都去睡觉了。"

2015 年 9 月 3 日

为了让我能迅速辨别"左"和"右",妈妈用最简单明了的方式:"宝贝儿,记好啰,你吃饭时拿筷子的手就是右手。"我:"妈妈,你确定吗?我可以用两只手夹菜噢。"

2015 年 9 月 4 日

我:"妈妈,为什么我们讲话之前要先想好了才能说出来呢?"妈妈:"因为我们的嘴巴和身体的其他部位比如手和脚都要听大脑的指挥才能发出声音和动作。"我:"原来我们的大脑是总部,其他的都是集合呀。"

2015 年 9 月 5 日

电视上正在播放人贩子拐卖儿童的事件,爸爸妈妈趁机给我灌输怎样进行自我保护,几分钟后,我大声宣布:"爸爸的一只鞋子找不到了,难道是被鞋贩子抓走了?"

2015 年 9 月 6 日

妈妈："宝贝儿，你说说看，为什么可爱的东西看起来都是小小的？小猫、小狗、小熊、小兔子、小金鱼、小树苗……"我："噢，妈妈，我知道了，其实我也不想长大的。"

2015 年 9 月 7 日

爸爸指着桌上的水煮虾对我说这些虾都是因为贪吃诱饵被人捕获而成为盘中餐的。我对着一桌饭菜笑着说："快来看啊，上当的虾子，上当的鱼，上当的南瓜，上当的番茄，还有上当的米饭。"

2015 年 9 月 12 日

妈妈给我讲"狼来了"的故事，然后问道："宝贝儿，你猜猜，那个撒谎的小孩最后会不会被狼吃掉啊？"我："当然不会，他又没有对大灰狼撒谎。"

2015 年 9 月 13 日

我："妈妈，我告诉你一个秘密。有一次我太困了，在幼儿园睡午觉，刚一爬上床倒头就睡着了，老师们哈哈大笑都没有把我吵醒。"妈妈："你都睡着了，怎么知道老师在哈哈大笑呢？"我："对呀，我是睡着了，但是我的耳朵没睡着啊。"

2015 年 9 月 27 日

我让妈妈扮演巧虎的角色。我："巧虎，你看，姐姐给你带了你最喜欢的小熊玩具，因为你小时候也是属熊的。"妈妈："我是老虎，怎么会属熊呢？"我："这有什么奇怪的？我是人，还属兔呢。"

2015 年 10 月 1 日

我放学回家，兴奋地对妈妈说："今天是我们园长妈妈的生日，她请我们吃了生日蛋糕，可是我只吃到一小块。"妈妈一看老师发的照片，原来是祖国妈妈过生日。

2015 年 10 月 5 日

近来，妈妈感觉读书的压力山大，不禁望书兴叹道："这么多书，怎么看得完嘛？看来只有跳起跳起看了（重庆话：挑部分内容看的意思）。"我听了说："我来看看妈妈到底是怎么跳起来看书的。"

我在爸爸的手背上贴了一张白雪公主的贴画后说："如果你还想多要一张贴画，请关注我们的微信公众号。"

2015 年 10 月 6 日

妈妈又给我讲了一遍灰姑娘的故事，结尾照例是王子和灰姑娘幸福地生活在一起。我好奇地问："他们有没有生宝贝呢？结婚的人都应该要生一个宝贝的吧？"

虽然已经拥有了两个蒙奇奇，可是我一看见商店里吸奶嘴的萌嗤嗤就又迈不开腿儿了。妈妈说："你看，这么小的蒙奇奇，还卖这么贵呢。"我说："要不我们买个大的？"

2015 年 10 月 8 日

我："妈妈，幼儿园的小朋友都说我是逗人能手呢。"妈妈："你是不是经常把小朋友逗得哈哈大笑哦？"我："妈妈，你的头发上面怎么有火？……怎么样啊，妈妈也遭我逗了。"

2015 年 10 月 12 日

妈妈："宝贝儿，今天晚上怎么看不见月亮和星星呀？"我："妈妈，其实我也不知道月亮和星星上夜班的地方在哪里。"

2015 年 10 月 13 日

今天，我要去小姨家住一晚，临走时我安慰了一下爸爸妈妈："爸爸妈妈，我带上行李去小姨家住一晚上，你们两个一定要鼓起勇气不哭噢。"

2015 年 10 月 16 日

我一直想养小宠物，妈妈总是搪塞说养小动物可不简单，之前的乌龟和金鱼都没养活呢。今天，我在电视上看见毛毛虫蜕变成蝴蝶的画面后突然改变了主意："妈妈，我看还是养一只毛毛虫当宠物好了，即便养死了，至少会有一只美丽的蝴蝶啊。"

2015 年 10 月 30 日

今天，幼儿园家长开放日，妈妈来我的学校了。妈妈说，爱，就是陪伴，爱你，就是陪着你一起长大。

2015 年 10 月 31 日

我听见爸爸和妈妈说二胎政策来得晚了点，我说："看来你们两个以后只能当外公和外婆啰。"

2015 年 11 月 1 日

我看着花园里盛开的鲜花，问道："盛开的花朵是花妈妈，花骨朵都是她的宝贝，那花妈妈是怎么生出这些可爱的宝贝的呢？"

2015 年 11 月 2 日

今天，我当上了幼儿园升旗仪式的主持人，我宣布升旗仪式正式开始：出旗、敬礼、奏乐。

2015 年 11 月 6 日

妈妈给我解释了"擅长"的意思，我立马造句："爸爸擅长吃三文鱼，妈妈擅长讲故事。"

2015 年 11 月 7 日

妈妈说我最喜欢拍马屁："宝贝儿，你的嘴巴怎么像抹了蜂蜜哦?"我："妈妈，我真的没有拍马屁，你倒的白开水都像饮料一样甜。"

2015 年 11 月 8 日

爸爸妈妈因为一些鸡毛蒜皮的小事儿来让我裁决，我不想管他们大人的事情了，于是对他们说："从现在开始我不想管你们两个的事情了，我们魔仙界关心的是整个人类世界的和平。"

2015 年 11 月 9 日

我："妈妈，你说过要给圣诞老人写信的，我们一言为定哦。"妈妈："那你知道一言为定是什么意思吗?"我："当然知道，就是拉钩上吊一百年不许变的意思。"

2015 年 11 月 10 日

妈妈给我解释了"老虎不发威，当我是病猫"的意思，我趁机发挥："我不发威，当我是板凳啊?"

2015 年 11 月 11 日

妈妈："宝贝儿，我们出门去时代天街玩，让你的老爸回家找不到我们干着急。"我："妈妈，拜托你了，难道你忘了世界上有种东西叫电话吗?"

2015 年 11 月 15 日

妈妈和我都感冒咳嗽得厉害，妈妈说这就是同病相怜。我想了想，说："妈妈，我在幼儿园住上铺，可你在寝室却住的是下铺，那我们俩就不是同病相怜了噢。"

2015 年 11 月 18 日

我参加了幼儿园的运动会，在阅兵仪式的时候哭了。妈妈问我："宝贝儿，你怎么哭了呢？"我："可能是我变娇气了吧。"

2015 年 11 月 21 日

我把爸爸点的鸡腿吃光了，还说："看到鸡腿，我可不会下手留情的。"

2015 年 11 月 22 日

今天，我们一家三口去铜梁的三色乡下时光玩，我又结识了几个好朋友哦。

2015 年 12 月 5 日

妈妈："我猜以后你的宝贝儿肯定也会和你一样漂亮。"我："妈妈，那可不一定噢，万一是个帅哥呢？"

2015 年 12 月 13 日

妈妈："宝贝儿，赶快把衣服穿上，不然冷感冒了又要咳嗽了。"我："妈妈，你不是说我是热咳吗？"

2015 年 12 月 25 日

妈妈："宝贝儿，妈妈忘记给圣诞老爷爷写信了，只有打电话告诉他你想要的礼物了。"我："好吧，妈妈，请你把圣诞老爷爷的电话号码说一遍。"

2016 年

2016 年 1 月 1 日

新年的第一天，我在万象城和小朋友们进行海洋球枕头大战。

2016 年 1 月 3 日

今天，爸爸妈妈又带我去大学城玩，折腾了大半天，我们捉到了七只小蝌蚪、四只田螺。我开心地说："真是个奇妙的池塘，让我们今天收了好大的获，我可以做一个海底世界了。"

2016 年 1 月 16 日

我："妈妈，为什么鸡不能飞呢？"妈妈："因为鸡太重了。"我："它们减了肥还是飞不了。"

2016 年 1 月 17 日

今天是腊八节，我和幼儿园的小伙伴们在毛毛虫生态农场摘菜、摘水果、野餐、喂猪、滚铁环，好开心的一天。

2016 年 1 月 24 日

今天，妈妈带我去少年宫观看舞台剧《灰姑娘》，灰姑娘的水晶鞋真漂亮，我也好想穿呢。

2016 年 1 月 26 日

今天，我们幼儿园举行了新年家庭联谊会。小朋友们唱歌、跳舞、玩游戏，迎接新年，玩得可开心啦。

2016 年 1 月 28 日

我："妈妈，我好羡慕豆豆姐姐噢，她去过俄罗斯。"妈妈："你也想去俄罗斯吗？"我："是啊。"妈妈："嗯，好的，那我们去普吉岛吧。"今天爸爸妈妈要带我去泰国普吉岛啦。我们在香港中转的时候，没能赶上飞机，我却显得很开心："妈妈，由于航班发炎（延），我们可以在香港多住一晚了。"

2016 年 1 月 31 日

普吉岛，我来了。我终于可以穿裙子了。我将刚画好的画送给妈妈："妈妈，我把冬天画出来了，这样你就不怕热了。"

2016 年 2 月 12 日

我在普吉岛游泳的时候皮肤被晒伤了，疼了一夜。妈妈说："不听老人言，吃亏在眼前。"我立即反驳："你又不是老人。应该是不听妈妈言，吃亏在眼前才对哟。"

2016 年 2 月 13 日

妈妈："宝贝儿，今天我们去看电影《功夫熊猫》，还是国语版的哦。"我："不行，我要看英语版的。"每次从国外旅游回来，我都会受到刺激，要想当公主，必须学好英语啊。

2016 年 2 月 14 日

妈妈："宝贝儿，你的小脚有点臭哦"。我不高兴了，回答道："我是香脚。"妈妈："不就开个玩笑而已，宝贝儿大气点嘛。"我："哎呀，妈妈，我都大气了很多次了，你就让我小气一回嘛。"

今天是情人节，我对爸爸说："老爸，今天是情人节，还不赶快给妈妈买花去。"拿到爸爸买的花，我对妈妈说："妈妈，你看，这是我送你的花。现在，我们可以去买氢气球了吧?"

2016 年 2 月 16 日

这几天我咳嗽得厉害，妈妈听得胆战心惊，说："怎么这么久了咳嗽还不好嘛?"我安慰妈妈："妈妈，你不要用耳朵嘛，这样我就没有咳嗽了噻。"妈妈笑着说："宝贝儿，这不是典型的掩耳盗铃吗?"

2016 年 2 月 21 日

妈妈："宝贝儿，妈妈给你兑的牛奶怎么没有喝完呢，有点浪费哦。"我："没有喝完应该是节约吧?"

2016 年 2 月 25 日

妈妈："宝贝儿，你不是说今天晚上想让爸爸陪你玩吗，叫他不要去跑步噻。"我："哎，爸爸不听我的。不听宝贝言，吃亏在眼前，外面都下雨了，他一定会遭淋成汤姆鸡的。"

我："妈妈，为什么天上陨落一颗星星，地上就会有一个人死去?"妈妈不知道怎么回答。我又说："妈妈，以后你就假装我是双子星，我想和贝贝公主一样。"

2016 年 2 月 26 日

妈妈对爸爸说："以后可不能只听你的，让孩子天天玩。"我叹了口气，说："那就不是自由行了哦。"

2016 年 2 月 27 日

我不喜欢吃蔬菜，只喜欢吃肉，爸爸又开始语重心长地对我说："只吃肉不吃蔬菜会长胖哦，难道你不怕长得像猪猪一样？"我反驳："爸爸，你觉得老虎胖不胖？它可是只吃肉哦。"

爸爸妈妈带着我换了好几趟公交车，我紧张地说："妈妈，我们是走进迷宫了吗？怎么还没有到家？我担心今天我们要喝西北风了。"

2016 年 3 月 3 日

我在电视上听到了"无私"这个词，问妈妈是什么意思。妈妈说："宝贝儿，你知道吗？妈妈会把自己最喜欢的东西给你……"我说："太好了，妈妈，你的愿望终于实现了。"

2016 年 3 月 5 日

妈妈："宝贝儿，妈妈的肚子已经饿得像一块比萨了。"我："妈妈，比萨还有那么厚呢，我早已饿得像北京烤鸭的面皮了。"

我："妈妈，电视上有个小女孩可以给青蛙催眠，太不可思议了。"妈妈："真的吗？她是怎么做到的？"我："肯定是她的手上可以散发一种叫'催眠'的味道。"

2016 年 3 月 6 日

妈妈："宝贝儿，你冷不冷？"我："哎，真的像汤姆猫说的那样，世界上有一种冷叫妈妈觉得你冷。"

2016 年 3 月 7 日

妈妈："宝贝儿，你知道三八节是谁的节日吗？"我："我们幼儿园的老师说了，家长的任务是给宝贝儿买礼物。"妈妈："三八节好像是妈妈的节日吧?"我："别忘了我也是女生好吗?"

2016 年 3 月 19 日

春天在哪里? 老师让我们去找春天。我和爸爸妈妈来到了花卉园，到处都是盛开的郁金香，原来春天躲在花园里。

2016 年 3 月 20 日

妈妈告诉我，猫咪的胡须是用来测量距离和感知识别物体的。我听了，有些担心地说："猫妈妈，现在我们躲在猫洞里也不安全，老虎也有胡须哟。"

2016 年 4 月 1 日

妈妈给我解释什么是"愚人节"，听完之后，我立马拨通了爸爸的电话："喂，老爸，刚才妈妈把你新买的衣服退了，因为妈妈说它太难看了。"

我："妈妈，为什么你不让我晚上戴帽子呢?"妈妈："白天戴帽子是用来遮太阳的。"我："晚上戴帽子还可以遮月光呢。"

2016 年 4 月 9 日

爸爸抢走了我的切片面包，我不高兴地嘟起了小嘴。妈妈赶忙安慰我："宝贝儿，其实这是女生美容的专用面包，男生吃了一点也不管用。"于是我对妈妈偷笑道："妈妈，千万不要告诉爸爸，他明天就会变成丑帅哥。"

2016 年 4 月 17 日

我："妈妈，为什么人类必须要吃饭呢?"妈妈："因为我们只有吃了饭才有营养，才能长大、长高，就像鱼必须要喝水一样，不然就会死掉。"我："可是妈妈，我们家里的那条金鱼天天都喝水，怎么还是死了呢？"

2016 年 4 月 24 日

妈妈："宝贝儿，妈妈肯定是上辈子拯救了地球，不然怎么会有你这么可爱的女儿呢？"我笑着说："我的超人妈妈，你准备什么时候带我去外太空呢？"

2016 年 4 月 25 日

妈妈给我讲什么是比喻："宝贝儿，人们经常用比喻形容人的眼睛、眉毛、嘴巴，可是很少有人说鼻子像什么"。我："妈妈，鼻子像山洞。"妈妈："噢，这个比喻不美。"我："鼻子像山谷。"妈妈："还是缺乏一点美感。"我："我知道了，鼻子像美丽的山谷。"

2016 年 4 月 28 日

妈妈经常说我是马屁精，我问妈妈："妈妈，你屙的粑粑是糖果算不算拍马屁？"（妈妈说，我真的是太有才了。）

2016 年 4 月 30 日

我："妈妈，你知道吗？其实我是圣诞老爷爷送给你的礼物？"妈妈："真的吗？圣诞老爷爷为什么要送这么可爱的礼物给我呢？"我："当然是因为你表现好才奖励你的噻。"

2016 年 5 月 2 日

妈妈告诉我，一只小鸟撞上高速前进的飞机，会让整个飞机毁灭。我不禁啧啧称奇，然后问妈妈："要是飞机先撞上高速前进的小鸟，小鸟会怎么样呢?"

2016 年 5 月 8 日

妈妈:"宝贝儿,谢谢你成为妈妈的女儿,妈妈才有机会过母亲节。"

我:"妈妈,你是天空中最甜的棉花糖,我要把最好的惊喜送给你。"

2016 年 5 月 14 日

妈妈肚子里发出的咕噜声被我听到了,于是我善解人意地说:"妈妈,这是小肠的声音,表示它很饿了。"妈妈:"可是声音太大了,都被你听到了,真的很尴尬呢。"我:"没关系啦,大人比小朋友的声音大很正常嘛。"

2016 年 5 月 16 日

今天我五岁啦。妈妈:"宝贝儿,可不可以悄悄告诉妈妈,今天你许的生日愿望到底是什么?"我:"我希望妈妈越来越漂亮。"妈妈:"你过生日怎么给妈妈许了个愿望呢?"我:"因为宝贝的生日就是妈妈的辛苦日啊。"

2016 年 5 月 21 日

我:"妈妈,我想请教你一个问题,为什么人类睡觉前必须把全身洗干净?"妈妈:"全身脏兮兮的去睡觉会被小老鼠咬的。"我:"其实我本来是想问今天晚上可不可以不洗澡就睡觉?"

2016 年 6 月 1 日

今天是六一儿童节,我和妈妈去参加了三朵向日葵美术工作室的剪纸活动。我问妈妈:"妈妈,做手工的时候,你怎么让我帮你剪纸呢?"妈妈:"其实有时候大人也需要小朋友帮忙。"我:"是不是儿童节这一天小

227

朋友就会比大人聪明些哟?"

早上,我一起床就开始给妈妈按摩捶背,还一边关切地说:"虽然今天是儿童节,可是妈妈每天给我收拾玩具,真的很辛苦。"妈妈心里好感动,我马上来一句:"妈妈,你给我的儿童节准备了什么惊喜?"

2016 年 6 月 5 日

我的妈妈是一个讲故事的高手,讲笑话就不一定了。今天妈妈绞尽脑汁为我讲了一个笑话,听完后,我只能说:"拜托了,老妈,我要的是惊笑,不是惊吓,好不好?"

2016 年 6 月 6 日

妈妈说我缠人的本事一天天见长。每天起床,我总是央求妈妈和我一起扮演主人买小猫咪的游戏,被迫玩了 N 次的妈妈终于爆发了:"对不起,小猫咪,今天我可不能买你回家当宠物了,因为我没带钱。"我:"没关系的,你去领一张优惠券,我们可以免费送的哦。"

2016 年 6 月 10 日

我一直想,要是我们家有一对龙凤胎就完美了,男生让老爸带,女生由妈妈带。为什么呢?因为老爸不会梳头。

我:"妈妈,为什么灭蚊药片只消灭蚊子而人却没事呢?"妈妈:"可能是因为人和蚊子的构造不一样吧。"我:"我觉得是因为人喜欢香味,而蚊子却喜欢臭味。"

2016 年 6 月 11 日

妈妈捏了捏我满是胶原蛋白的脸,好不羡慕地说:"宝贝儿,为什么小朋友的皮肤都那么有弹性呢?"我:"可能是吃了 QQ 糖吧。"

2016 年 6 月 17 日

我看见爸爸抹了些盐在手上，觉得有点奇怪。妈妈解释说盐可以用来杀菌，我更加困惑了："老爸也太奇怪了吧，难道他想把细菌咸死不成？"

2016 年 6 月 18 日

我："妈妈，蟑螂怎么又叫偷油婆呢？"妈妈："是因为它们喜欢偷油吃。"我："虽然它们偷油，但又不是婆，还是应该叫偷油虫吧。"妈妈："宝贝儿，为什么每年的两个长假叫作寒假和暑假呢？"我："因为冬天很寒冷，夏天需要避暑。"

2016 年 6 月 20 日

妈妈告诉我其实每个人都会有双面情绪，我若有所思地说："其实我上幼儿园的时候就是这样，既开心又生气。开心有很多好朋友可以一起玩，生气看不到爸爸妈妈。"

2016 年 6 月 24 日

爸爸和妈妈正讨论暑假去一个凉快的地方避暑。我不乐意了："我不要去凉快的地方，我想一直待在夏天，我想游泳、穿裙子、吃冰激凌。"

妈妈告诉我吃饭时要像女神一样优雅，不要学女汉子狼吞虎咽，我偷瞄了一眼爸爸，说道："妈妈，你快看看老爸，简直就是一个男汉子。"

今天，爸爸说要来幼儿园接我。我悄悄告诉妈妈："妈妈，你还是应该给爸爸讲讲道理，叫他不要那么任性，还是你来接我吧。"

2016 年 6 月 25 日

妈妈问爸爸是不是该给车加油了，我说："拜托，现在还不是车子吃饭的时间。"

妈妈听说强强哥哥家喜添一对龙凤胎，马上就在家里清理出几大包我婴儿时期的玩具。我不解地问："老妈，你确定这些小儿科的玩具真的可以换来一个弟弟？"

和妈妈一起逛超市，我一看见印有贝贝公主头像的牙膏后就挪不动脚步了。妈妈温柔而坚定地说 NO："宝贝儿，你知道什么是买椟还珠吗？就为了一个印有贝贝头像的牙膏盒……"我："妈妈，我只不过是想给我的贝贝牙刷配个套而已嘛。"

2016 年 6 月 26 日

我问妈妈什么是段子手，妈妈说就是那些会讲有创意的话，而且又有那么一点冷幽默的人。我说："老妈，会说幽默的话应该是段子嘴吧？"

我："妈妈，我一点都不期待明天，又要上幼儿园了。"妈妈："不过宝贝儿，星期四上完课不就放暑假了吗？"我："我真的好期待星期三的明天哦。"

2016 年 6 月 27 日

今天，我不小心弄了一点水到妈妈的耳朵里，我眼泪汪汪地大声喊"妈妈我爱你"。经过多次检测，发现妈妈居然能听见，我破涕为笑："我怕妈妈的耳朵聋了，听不到我爱你了。"（妈妈感动得要哭了。）

2016 年 6 月 30 日

妈妈在网上买了一件体恤，拿到快递后迫不及待地穿给我看。妈妈问我："宝贝儿，你觉得怎么样？"我回答道："妈妈，你是不是有了小 baby 啊？"从此，这件衣服压箱底了。

2016 年 7 月 1 日

听到我开心地唱儿歌，妈妈不禁感叹："妈妈再也回不到童年了。"我安慰妈妈："要是妈妈回到童年，我就没有妈妈了，这样一想，我好幸运哦。"

2016 年 7 月 2 日

妈妈告诉我植物也喜欢听音乐，经常听小提琴的番茄地会结出更多更大的果实，而经常听鼓声的番茄地结出的果实又稀又小。我半信半疑："难道是鼓声太大，把番茄的耳朵给振聋了？"

2016 年 7 月 4 日

今天中午，我又不肯睡午觉，妈妈开始苦口婆心地劝说："宝贝儿，睡觉是女生最好的美容，不是有睡美人的说法吗？"我："妈妈，我可不想当永远醒不过来的美人。"

2016 年 7 月 6 日

炎热的下午，我毫无怨言地陪着妈妈东奔西跑。办事不顺利的妈妈看起来好像有点不开心，我不时安慰她："妈妈不要难过，我相信下一次你一定可以办好的，回家我就嗑一把瓜子给妈妈吃哦。"

2016 年 7 月 7 日

我："妈妈，你看我都放暑假了，干脆你也别去上班了。"妈妈："这样不好吧，要遭炒鱿鱼哦。"我："我觉得你当全职妈妈也挺好的嘛。"

2016 年 7 月 8 日

我坐在妈妈的车上，从车载广播里听到"闺蜜"两个字，连忙问："妈妈，什么叫闺蜜？"妈妈："就是很好的朋友。"我："那广播里怎么说闺蜜有毒呢？"

2016 年 7 月 10 日

天气好热啊，我和妈妈一路寻找树荫，妈妈："宝贝儿，现在你明白大树底下好乘凉的意思了吧?"我:"就是说大树很聪明,把凉快先存起来以后用。"

2016 年 7 月 13 日

妈妈:"宝贝儿,作为一个重庆人,你可以尝试吃点麻辣的东西了,不然会错过好多好多的美食哟。"我:"没品位。"

2016 年 7 月 14 日

妈妈:"宝贝儿,今天让爸爸帮你梳一下头吧。"我:"妈妈,你是不是把我当成试验品哦?"

我:"妈妈,为什么大象老爹要走过那座桥去大象天堂呢?"妈妈:"因为它老了……"我:"要是人不死就好了,我就可以永远和妈妈在一起了。"

妈妈:"宝贝儿,为什么在妈妈的眼里,你是最漂亮的呢?"我:"因为你是我的亲妈。"

2016 年 7 月 16 日

妈妈:"宝贝儿,颜值高就是长得漂亮的意思。"我:"妈妈,你的颜值都高到几个亿了。"(妈妈说我马屁精又附身了。)

2016 年 7 月 20 日

今天,我和妈妈买到了融化后又重新凝固的雪糕,妈妈不禁感叹,卖雪糕的老板也太坑爹了。我表示非常同意:"不仅坑爹还坑妈。"

妈妈:"宝贝儿,不要每天都穿裙子嘛,你看电视上那个姐姐穿裤子也挺好看的呀。"我:"妈妈,你是裤子控吧?你有看见过穿裤子的公主吗?"

2016 年 7 月 23 日

我的几个梦想：糕点师（生日的时候就不愁没有生日蛋糕了）；游乐场场主（在游乐园想玩多久就玩多久）；医生（让那些护士阿姨也尝尝打针的滋味）；快递员（天天收到快递的感觉真不错）；舞蹈家（可以穿漂亮的裙子）；美术老师（想画几张就画几张）。

2016 年 7 月 24 日

连续几次碰到苍蝇，我心里不高兴了："妈妈，苍蝇这么讨厌，怎么还给它起这么好听的名字？"妈妈忍不住乐了："你确定苍蝇这个名字真的好听？"我："对啊，不信你试试它的小名，小英，小英，是不是很可爱啊？"

2016 年 7 月 25 日

我拿着手绘的白杨树问："妈妈，你知道图片中两棵紧紧挨着的白杨树是什么关系吗？"妈妈："应该是树妈妈和树宝宝吧？"我："哈哈，是遮挡关系。"

2016 年 7 月 26 日

妈妈总是担心自己老得太快。我为她献出了一条锦囊妙计："妈妈，假装我是你的孙女，我在外面就喊你年轻外婆。"

2016 年 7 月 27 日

爸爸妈妈带我去贵州的赤水玩了几天，从此，我认定凡是不清澈透亮的水就是赤水了。今天我看见爸爸在喝可乐，于是向妈妈告状："妈妈，快看，老爸又在喝赤水可乐了。"

2016 年 7 月 28 日

妈妈："宝贝儿，快看妈妈新买的裙子，打五折哟。"我："要是八折就更好了。"妈妈："折扣的数字越小，才更便宜呢。"我："那有没有可能打零折哦？"

2016 年 8 月 1 日

我："妈妈，你看，一朵美丽的黑色的花盛开了。"妈妈："宝贝儿，你在什么地方见过黑色的花？"我："想象的时候。"

2016 年 8 月 2 日

今天，爸爸妈妈带我去綦江登古剑山，我缠着妈妈找鹅卵石回家画画，妈妈说有水的地方才有鹅卵石。天空中飘起了雨，我终于逮着了机会："真是天助我也，现在有水了，鹅卵石该出来了吧？"

2016 年 8 月 3 日

今天，妈妈咽喉疼痛，不能给我讲故事了。我只好走到窗前，双手合十，念叨："流星，快出来吧，我要许个愿，让妈妈的病快点好起来。"

2016 年 8 月 12 日

妈妈："宝贝儿，你最喜欢妈妈身上哪个部位？"我："眼睛。"妈妈："为什么？"我："因为妈妈的眼睛里有我。"

2016 年 8 月 13 日

今天，我一口气捏了七八个大小不同的小黄人，让爸爸猜哪个是小黄人的妈妈。爸爸随便指了一个。我说："这些小黄人的妈妈是我的手啊，你忘了它们全部都是我用手捏出来的吗？"

2016 年 8 月 15 日

妈妈给我吹头发时说我的头发不是很多。我听了有点不服气："我的头发才不少呢，要不你来数一数，告诉我到底有多少根？"

2016 年 8 月 26 日

爸爸妈妈带我去日本旅游，我们去奈良看了梅花鹿。妈妈："宝贝儿，怎样才能区别头上有犄角和没有犄角的梅花鹿？"我："头上有犄角的肯定是梅花鹿爸爸，因为爸爸要保护妈妈和宝贝儿，没有犄角怎么行呢？"

2016 年 9 月 9 日

我："妈妈，我好希望每周星期六和星期天也可以上幼儿园哦。"妈妈："宝贝儿真是越来越乖了耶。"我："这样星期一到星期五就可以休息了，是不是很爽啊？"

2016 年 9 月 10 日

妈妈："宝贝儿，其实世界上有很多东西不一定非要买下来，我们可以用不同的方式来记住它们，比如照相，或者存在脑海里，或者用文字记录。"我："好的，妈妈，请先帮我和 Hello kitty 照个相，然后再买下来，这样不就有两种纪念方式了吗？"

2016 年 9 月 30 日

妈妈："宝贝儿，其实生老病死是我们每个人都不能逃避的苦。"我："生不是一件快乐的事情吗？怎么也是苦呢？噢，我明白了，生的时候大人会很苦。"

2016 年 10 月 7 日

我："妈妈，你看我的超级美肚练出人鱼线了。"妈妈："哈哈，人鱼线是指男生，女生是马甲线。"我："难道美人鱼不是女生吗？"

2016 年 10 月 13 日

我看中了一条迪士尼的公主项链，爸爸提醒道："老师不是不让戴项链的吗？"我："我上幼儿园的时候又不戴，只在一些小场合才戴呢。"

2016 年 12 月 14 日

新买的小脚裤不听使唤，老是往上蹭。我不禁打趣地说："瞧瞧，你们怎么给我买了一条爬山裤哦？"

2017 年

2017 年 1 月 15 日

已经开启度假模式的我强烈要求换上休闲服，理由是："我不过是想让自己有点家居感而已嘛。"

2017 年 1 月 16 日

今天，爸爸妈妈带我去马桑溪古镇玩，我最喜欢的是在乱石堆上踩来踩去。在成功穿越了几个碎石堆后，我得意地说："刚才我的左耳发出一个胆怯的声音，右耳却发出一个要坚持的声音，这难道就是心理作用？"

2017 年 1 月 17 日

妈妈告诉我，青蛙是冷血动物，体温会随着周围的环境发生变化，如果被太阳暴晒后体温就会升高。我想了想，说："妈妈，如果我们把青蛙放进冰箱里，猜猜会怎样？"

2017 年 1 月 21 日

妈妈说我的脾气越来越大了。今天我又耍脾气被妈妈惩罚了，我只好卖萌装可怜："妈妈，有时候小朋友有点小犟小犟的，你们大人是不是也应该大气点呢？"

2017 年 1 月 24 日

妈妈和我讨论生男孩还是女孩的问题。我说："我觉得越是想要男孩的家庭越会生女孩，越是想要女孩的家庭越会生男孩。"妈妈："这是为什么呢？"我："妈妈，你不是经常告诉我，如果我叫得越凶，就越是得不到想要的玩具吗？"

2017 年 1 月 25 日

妈妈给我讲故事：大象伯伯对小白兔说，"小白兔，你不要哭了，你看你的眼睛都哭红了"。我笑着问妈妈："小白兔的眼睛本来就是红的吧？"

2017 年 1 月 26 日

为了让我知道换牙的重要性，妈妈不厌其烦地告诉我："宝贝儿，之前妈妈告诉过你，手是女人的第二张脸，其实牙齿也很重要，是女人的第三张脸……"我："妈妈，可以告诉我女人的第四张脸是什么吗？"

2017 年 1 月 27 日

我："妈妈，今天我的画没有一位小朋友投票，我好难过哦。"妈妈："宝贝儿，萝卜青菜各有所爱，艺术都是主观的，妈妈觉得你的画最漂亮了。"我："妈妈，我就知道你要打亲情牌。"

2017 年 1 月 28 日

我："妈妈，你看我做的手工好丑。"妈妈："一点儿也不丑啊，简直就是艺术品。"我:"我明白了,艺术都是主观的。"

2017 年 1 月 29 日

佳佳姐姐要过生日了,我决定拿出自己的压岁钱给她买一个生日礼物,当然,我更想搭个便车,为自己买点什么,于是和妈妈商量:"妈妈,我可不可以顺便给自己也买一个礼物?"妈妈:"今天可不是你的生日,你需要说出一个买礼物的理由。"我:"今天我掉了一颗牙。"

2017 年 1 月 30 日

我捡起妈妈扔掉的隐形眼镜,自言自语:"可怜的隐形宝宝,我怎样才能把你救活呢?"妈妈笑着说:"隐形眼镜又没有生命。"我很严肃地告诉妈妈:"可是它们有一颗让你看清这个美丽世界的心啊。"

2017 年 2 月 1 日

今天,爸妈带我去看电影。我在电影院里听到一句广告词:"让我们把房子变成美丽的家。"我不禁好奇地问:"这个广告有点奇怪,房子难道不是家吗?"

2017 年 2 月 7 日

爸爸妈妈带我去马来西亚旅游。晚上,我和妈妈在月光下散步。妈妈:"宝贝儿,你看天上的月亮好漂亮。"我:"妈妈,小点儿声,不要打扰月亮妈妈给她的星星宝贝儿讲故事,你看,星星宝贝儿听得那么起劲儿。"妈妈:"不过,我亲爱的宝贝儿,月亮怎么是星星的妈妈呢?"我:"怎么不可以呢,青蛙不也是蝌蚪的妈妈吗?"

2017 年 2 月 8 日

在酒店里，妈妈拿出了商家赠送的护肤品小样，我说："我是小样，我就这样。"

2017 年 2 月 10 日

在马来西亚的沙巴夜游红树林，一树树闪烁的萤火虫让我兴奋不已。看着从指缝间划过的璀璨，妈妈轻声告诉我，一定要小心翼翼呵护这些美丽而短暂的生命："宝贝儿，你知道吗？你现在看到的萤火虫要经过七个月才能长成这样，而它们却只能绽放七天的光明。"我听了若有所思，叹息到："哎，为什么美好的时光总是那么短暂，就像我的寒假一样。"

2017 年 2 月 13 日

为了打发飞机上的无聊时光，我和后排的小朋友玩起了躲猫猫的游戏。小朋友："你看不见我，你看不见我，你现在是个瞎子。"我说："拜托，我可不是瞎子，虾子还在水里游泳呢。"

2017 年 2 月 18 日

今天出门，我们又堵车了，妈妈不禁抱怨："什么时候这条路才能不堵车啊？"看着前面的车队，我开心地说："我看这条路很受欢迎嘛。"

2017 年 2 月 20 日

我和妈妈一起盘点新学期的节日。我："妈妈，这学期没有圣诞节，好遗憾哦。"妈妈："不过，我的宝贝儿，你现在可以憧憬一下今年想要的圣诞礼物，让圣诞老爷爷有充足的时间来准备礼物。"我："妈妈，你说圣诞老爷爷是不是安装了天下监控，不然他怎么知道哪些小朋友表现好呢？"

2017 年 2 月 26 日

我目不转睛地看着玻璃缸里的小蝌蚪，不肯睡觉。爸爸见我如此喜欢，就说："要不你把小蝌蚪带去幼儿园，让小朋友们一起来观察?"我："千万不要啊，小蝌蚪见到这么多陌生人一定会害羞的。"

2017 年 4 月 15 日

妈妈："宝贝儿，衣服的颜色搭配很重要，红色和绿色的比例切记不要一比一，不然就是红配绿，丑得哭。但是，如果其中一种颜色仅仅作为点缀，就会收到意想不到的效果，比如……"我："红绿灯。"

2017 年 4 月 16 日

爸爸妈妈带我去丽江旅游。妈妈："宝贝儿，除了满大街的小玩意儿，你还喜欢丽江什么地方?"我："没有闹钟叫你起床，我们这里都是用鸡叫的。"

2017 年 4 月 22 日

妈妈："宝贝儿，你知道吗，今天是世界地球日。"我："世界末日吗? 那谁是地球的敌人呢?"妈妈："地球有敌人吗?"我："流星雨就是地球的敌人，它不是要撞向地球吗?"

2017 年 4 月 23 日

妈妈和我一起听童话故事，妈妈说"蟒蛇汤""烤长颈鹿腿"也太暴力了吧。我却笑着说："其实我们幼儿园也有黑暗料理。有一次我在幼儿园吃包子，居然是苹果馅儿的呢。"

2017 年 5 月 15 日

我问："妈妈，牧鹅女是什么意思?"妈妈解释道："牧就是放，比如牧羊女就是放羊女的意思……"我："那有没有牧猪女呢？"

2017 年 8 月 1 日

机场正在广播："旅客们请注意……"我好奇地问："为什么不叫男客注意？"

2017 年 8 月 15 日

爸爸："信佛的话就不能吃肉，只能吃蔬菜。"一向不喜欢吃蔬菜的我说："还好我姓温。"

2017 年 8 月 19 日

妈妈给我讲故事：海鸥之所以敢喝咸的海水，是因为它们体内的盐腺可以过滤海水中的盐分。我问："那海鸥还能喝淡水吗？"

2017 年 8 月 26 日

妈妈问我："宝贝儿，你知道什么是梦吗？"我回答："梦就是脑子里面的小丹参。"

2017 年 9 月 25 日

妈妈为我读古诗《登鹳雀楼》，我听后说道："我觉得'白日依山尽'不好，应该是'红日依山尽'，因为太阳是红的呀。"

2017 年 10 月 9 日

国庆长假的最后一天，我不禁感叹："为什么快乐的时光总是过得那么快呢？要是我能把时间调到放假的第一天就好了。"妈妈附和道："我也得上班了，要是全职妈妈就好了。"我说："我还想当个全职宝贝呢。"

2017 年 11 月 20 日

妈妈给我讲故事：骄傲的孔雀到处炫耀自己的尾巴，结果差点被狼抓住了。我不解地问："如果孔雀不骄傲，狼就不会抓它了吗?"

2017 年 11 月 21 日

我画了一幅画送给妈妈，上面写着："妈妈，我爱妳。"妈妈笑着说，宝贝儿好像把"你"错写成了"妳"。我解释道："因为妈妈是女生，当然应该用女字旁的'妳'才对。"

参考文献

［1］曹碧华，李红．0－18个月婴儿言语发展的个案分析［J］．学前教育研究，2009（11）．

［2］陈鹤琴．儿童心理之研究［M］．北京：商务印书馆，1925．

［3］陈敏．儿向语在语言复杂程度上的调整［D］．湖南大学，2005．

［4］陈新仁．国外儿童语用发展研究述评［J］．外语与外语教学，2000（12）．

［5］陈雅丽，陈宝国．儿童句法意识与阅读理解的关系［J］．心理科学进展，2006（01）．

［6］迟立忠，许政援．儿童前言语阶段语音发展［A］．第八届全国心理学学术会议文摘选集，1997．

［7］崔荣辉．5－6岁儿童语言习得状况的考察与研究［D］．山东大学，2009．

［8］丁建新．发展语用学关于儿童话语能力的研究［J］．外国语，1999（02）．

［9］杜映．儿童最初词汇的习得及其词义分析［J］．语言教学与研究，2003（03）．

［10］傅满义．儿童语言中的副词［D］．安徽师范大学，2002．

［11］傅满义．儿童语言中"不"字否定句的语用考察［J］．淮南

师范学院学报，2006（01）.

［12］盖笑松，张丽锦，方富熹. 儿童语用技能发展研究的进展［J］. 心理科学，2003（02）.

［13］龚少英，彭聃龄. 4~5岁幼儿句法意识的发展［J］. 调查与研究，2005（7~8）.

［14］韩戈玲. 儿童交际行为的认知对比研究［J］. 外语教育，2004（00）.

［15］何自然. Grice语用学说与关联理论［M］. 上海：上海外语教育出版社，1995.

［16］胡承佼. 5岁前汉族儿童因果复句习得情况的调查和分析［J］. 淮北煤炭师范学院学报（哲学社会科学版），2008（03）.

［17］胡范铸. 幽默语言学［M］. 上海：上海社会科学院出版社，1987.

［18］华红琴. 5-7岁儿童语用技能调查［J］. 心理科学通讯，1990（02）.

［19］黄宇，彭小红. 儿童违反会话合作原则的原因分析［J］. 湖南科技学院学报，2010（07）.

［20］汲克龙. 两至四岁汉语儿童叙事语篇生成能力的发展：从语篇衔接与连贯角度所做的初步探索［D］. 首都师范大学，2009.

［21］贾永华. 语言输入与输出角色的再认识——克拉申输入假说评析［J］. 闽江学院学报，2005（01）.

［22］姜涛. 汉语儿童的语音意识特点及阅读能力高低读者的差异［J］. 心理学报，1999（01）.

［23］纪悦，杨小璐. 儿童早期语言中的"来"和"去"［J］. 中国语文，2015（01）.

［24］金颖若，盘晓愚. 婴儿语音发展研究［J］. 贵州大学学报（社会科学版），2002（03）.

［25］鞠辉．关联理论的幽默观［J］．哈尔滨学院学报，2006（06）．

［26］元蓉，方富熹．幼儿朴素理论发展的研究现状［J］．心理科学进展，2005（01）．

［27］孔令达，周国光，李向农．1~5岁儿童使用结构助词"的"情况的调查和分析［J］．心理科学，1990（06）．

［28］孔令达，周国光，李向农．儿童动态助词"过"习得情况的调查和分析［J］．语言文字应用，1993（04）．

［29］孔令达．汉族儿童实词习得研究［M］．合肥：安徽大学出版社，2004．

［30］李亮．3－5岁幼儿幽默感发展特点及其与相关因素关系的研究［D］．辽宁师范大学，2010．

［31］李慧敏．儿童语言中的语气词［D］．安徽师范大学，2005．

［32］李庆荣．现代汉语实用修辞［M］．北京：北京大学出版社，2010．

［33］李嵬．说普通话儿童的语音习得［J］．心理学报，2000（02）．

［34］李向农，周国光，孔令达．儿童比较句和介词"比"习得状况的考察和分析［J］．语文建设，1991（05）．

［35］李宇明，唐志东．汉族儿童问句系统习得探微［M］．武汉：华中师范大学出版社，1991．

［36］李宇明，李汛，汪国胜等．试论成人同儿童交际的语言特点［J］．华中师范大学学报（社会科学版），1987（06）．

［37］李宇明．语言学习异同论［J］．世界汉语教学，1993（01）．

［38］李宇明．儿童语言的发展［M］．武汉：华中师范大学出版社，1995．

［39］李宇明，陈前端．儿童问句系统理解与发生之比较［J］．世界汉语教学，1997（04）．

［40］李宇明．儿童语言的发展［M］．武汉：华中师范大学出版社，

2004.

[41] 刘街生. 婴幼儿说明性身势的发展特征 [J]. 心理科学, 1999 (06).

[42] 刘润清, 文旭. 新编语言学教程 [M]. 北京: 外语教学与研究出版社, 2006.

[43] 刘森林. 学龄前儿童语用发展状况实证研究—— 聚焦言语行为 [J]. 外语研究, 2007 (5).

[44] 刘文, 李亮. 儿童幽默感研究的新进展 [J]. 心理研究, 2009 (06).

[45] 刘颖. 汉语儿童早期语言发展个案研究 [D]. 山东大学, 2009.

[46] 李红, 何磊. 儿童早期的动作发展对认知发展的作用 [J]. 心理科学进展, 2003 (03).

[47] 李贞静. 儿童语言习得过程中母亲言语及其与普通话儿童言语的相关性研究 [D]. 国立台湾师范大学, 1991.

[48] 罗黎丽. 五周岁汉语儿童的言语交际研究 [D]. 暨南大学, 2012.

[49] 穆亚婷, 邓永红. 说汉语儿童早期动词习得个案研究 [J]. 四川理工学院学报 (社会科学版), 2009 (03).

[50] 彭小红, 崇慧芳. 从范畴化视角看汉语儿童的早期名词习得 [J]. 安徽理工大学学报 (社会科学版), 2010 (01).

[51] 彭小红, 李尤. 从意象图式看儿童早期方位词的习得 [J]. 临沂师范学院学报, 2010 (06).

[52] 桑标. 当代儿童发展心理学 [M]. 上海: 上海教育出版社, 2003.

[53] 司玉英. 普通话儿童语音习得的个案研究 [J]. 当代语言学, 2006 (01).

[54] 王永德. 基于认知发展的儿童汉语句法习得 [J]. 宁波大学学报（教育科学版），2001（02）.

[55] 王永德. 基于认知发展的词汇习得过程 [J] 宁波大学学报（教育科学版），2002（04）.

[56] 王宇虹.《从饭没了秀》看儿童语用能力的特点 [D]. 山东大学，2012.

[57] 魏锦虹. 0–3岁儿童心理词库的建立与发展 [J]. 阜阳师范学院学报（社科版），2002（05）.

[58] 魏锦虹. 低龄儿童词义理解的策略 [J]. 修辞学习，2005（02）.

[59] 吴琳. 试论汉语儿童语用能力的发展 [D]. 哈尔滨工程大学，2002.

[60] 吴天敏，许政援. 初生到三岁儿童言语发展记录的初步分析 [J]. 心理学报，1979（02）.

[61] 肖丹，杨小璐. 一岁儿童动词发展的个案研究 [J]. 清华大学教育研究，2003（S1）.

[62] 谢书书，张积家. 3–6岁儿童对言语行为的元认知发展 [J]. 心理学探新，2007（04）.

[63] 徐亮，杨巍，戚国辉. 汉语学龄前儿童普通话辅音音位习得的自然音系学分析——一名两周岁十一个月儿童的个案研究 [J]. 宁波大学学报（人文科学版），2010（02）.

[64] 徐山. 0至1岁半的儿童语言 [J] 苏州大学学报（哲学社会科学版），1995（04）.

[65] 徐通锵. 语义句法刍义 —— 语言的结构基础和语法研究的方法论初探 [J]. 语言教学与研究，1991（03）.

[66] 徐洪征. 解析术语"话语"与"语篇" [J]. 外语学刊，2010（03）.

[67] 徐韵. 纯真并快乐着 —— 论儿童幽默与儿童发展 [D]. 南京

师范大学，2005.

　　[68] 许政援，郭小朝. 11—14个月儿童的语言获得——成人的言语教授和儿童的模仿学习 [J]. 心理学报，1992 (02).

　　[69] 杨先明. 沉默期理论的再认识 [J]. 湖北成人教育学院学报，2008 (01).

　　[70] 杨先明. 0-5岁汉语儿童语言发展的认知研究 [D]. 武汉大学，2012.

　　[71] 乐守红. 2岁至3岁儿童语言中修饰词的发展 [J]. 华章，2009 (16).

　　[72] 曾琦，董奇，陶沙，Joseph J. Campos. 婴儿客体永久性发展机制的研究 [J]. 心理学报，1997 (04).

　　[73] 张放放，周兢. 儿童叙事能力发展研究综述 [J]. 幼儿教育（教育科学版），2006 (06).

　　[74] 张仁俊，朱曼殊. 婴儿的语音发展 —— 一例个案的分析 [J]. 心理科学，1987 (09).

　　[75] 张廷香. 基于语料库的3-6岁汉语儿童词汇研究 [D]. 山东大学，2010.

　　[76] 张亚飞. 关联原则及其话语解释作用 [J]. 现代外语，1992 (04).

　　[77] 张云秋，赵学彬. 早期儿童副词习得的优先序列 —— 北京话早期儿童副词习得个案研究 [J]. 世界汉语教学，2007 (03).

　　[78] 张志公. 语义与语言环境 [A] //西植光正. 语境研究论文集 [C]. 北京：北京语言学院出版社，1992.

　　[79] 周国光. 1-5岁儿童使用双宾结构状况的考察 [J]. 语言文字应用，1996 (03).

　　[80] 周国光. 儿童语言习得理论的若干问题 [J]. 世界汉语教学，1999 (03).

［81］周国光．儿童习得副词的偏向性特点［J］．汉语学习，2000（04）．

［82］周国光．汉语时间系统习得状况的考察［J］．语言文字应用，2004（04）．

［83］周国光．儿童使用否定词"不"及其相关否定结构状况的考察［J］．语言文字应用，2002（04）．

［84］周兢．汉语儿童的前语言现象［J］．南京师大学报（社会科学版），1994（01）．

［85］周兢．重视儿童语言运用能力的发展——汉语儿童语用发展研究给早期语言教育带来的信息［J］．学前教育研究，2002（03）．

［86］周兢．从前语言到语言转换阶段的语言运用能力发展——3岁前汉语儿童语用交流行为习得的研究［J］．心理科学，2006（06）．

［87］周兢，李晓燕．成长模型在特殊儿童语言发展研究中的运用［J］．中国特殊教育，2008（03）．

［88］周兢，李晓燕．不同教育背景母亲语用交流行为特征比较研究［J］．心理科学，2010（02）．

［89］周兢，张鑑如．汉语儿童语言发展研究——国际儿童语料库研究方法的应用与发展［M］．北京：教育科学出版社，2009.

［90］朱曼殊，武进之，缪小春．幼儿口头言语发展的调查研究：幼儿简单陈述句句法结构发展的初步分析［J］．心理学报，1979（03）．

［91］朱雁芳．论儿童的语用特征［J］．华北工学院学报（社会科学版），2004（04）．

［92］Bates E. *Language and Context：Studies in the Acquisition of Pragmatics* ［M］．New York：Academic Press，1976.

［93］Bates E.，Bornstein I.，Snyder L. *From First Words to Grammar：Individual Differences and Dissociable Mechanisms* ［M］．New York：Cambridge University Press，1988.

[94] Bornstein M. H. Maternal responsiveness and cognitivedevelopment in children [J]. *New Directions for Child Development*, 1989 (43).

[95] Bowerman M. *Early Syntactic Development : A Cross Linguistic Study with Special Reference to Finnish* [M]. Cambridge: Cambridge University Press, 1973.

[96] Brown R. *A First Language* [M]. Harmondsworth: Penguin, 1976.

[97] Bruner J. *Child' s Talk* [M]. New York: Norton, 1983.

[98] Chomsky N. *Lectures on Government and Binding* [M]. Dordrecht, The Netherlands: Foris, 1981.

[99] Clark E. V. *The Lexicon in Acquisition* [M]. Cambridge: Cambridge University Press, 1993.

[100] Darwin C. A biographical sketch of an infant [J]. *Mind*, 1877 (2).

[101] Dore J., Franklin M. B., Miller R. T., Bamer A. L. H. Transitional phenomena in early language acquisition [J]. *Journal of Child Language*, 1976 (3): 13 – 28.

[102] Dore J. *Conditions for the Acquisition of Speech Act* [M] // Markova I. Ed. *The Social Context of Language.* Chichester, England: Wiley, 1978: 87 – 111.

[103] Forrester M. *The Development of Young Children' s Social Cognitive Skills* [M]. Hove, East Sussex: Erlbaum, 1992.

[104] Furguson Charles. *Baby Talk as a Simplified Register in Talking to Children: Language Input and Acquisition* [M]. Cambridge University Press, 1977.

[105] Gentner D., Boroditsky L. Individuation, Relativity and Early Word Learning [M] // Bowerman M., Levinson S. C. Eds. *Language Acquisition and Conceptual Development*. Cambridge: Cambridge University Press, 2001.

[106] Greenfield P. M. , Smith J. H. *The Structure of Communication in Early Language Development* [M]. New York: Academic Press, 1976.

[107] Halliday M. A. K. *Learning How to Mean* [M]. London: Edward Arnold, 1975.

[108] Halliday M. A. K, Rugaiya Hasan. *Cohesion in English* [M]. London: Longman, 1976.

[109] Halliday M. A. K. *The Language of Early Childhood* [M]. Beijing: Peking University Press, 2007.

[110] Harris J. *Early Language Development: Implications for Clinical and Educational Practice* [M]. Routledge, New York, 1990.

[111] Hymes D. *On Communicative Competence* [M]. London: Tavistock Publication, 1972.

[112] Kamhi A. G. The elusive first word: the importance of the naming insight for the development of referential speech [J]. *Journal of Child Language*, 1986 (13).

[113] Krashen. S. D. *The Input Hypothesis: Issues and Implications* [M]. London: Longman, 1985.

[114] Leech G. *Principles of Pragmatics* [M]. London: Longman, 1983.

[115] Markman E. M. *Categorization and Naming in Children: Problem of induction* [M]. MIT Press, 1989.

[116] McGhee P. E. , Nelda S. D. The role of the identity of the victim in the development of disparagement in humor [J]. *International Journal of Humor Research*, 2004 (03).

[117] McNeil D. *The Acquisition of Language: the Study of Developmental Psycholinguistics* [M]. New York: Harper & Row, 1970.

[118] Nelson K. C. Word and sentence: interrelations in acquisition and

development [J] . *Psychological Review*, 1973: 81 (4) .

[119] Nino A. The relation of children' s single word utterances to single word utterances in the input [J] . *Journal of Child Language*, 1992 (19) .

[120] Nino A. , Snow E. C. *Pragmatic Development* [M] . Boulder, CO: Westview Press, 1996.

[121] Piaget J. *The Principles of Genetic Epistemology* [M] . Rutledge & Kegan Paul Ltd, 1972.

[122] Rolins P. C. , Snow C. E. , Willett J. B. Predictors of MLU: semantic and morphological development [J] . *First Language* , 1996 (47) .

[123] Schlesinger I. M. *Steps to Language: Toward a Theory of Native Language Acquisition* [M] . Hillsdale, NJ: Erlbaum, 1982.

[124] Skinner B. F. *Verbal Behavior* [M] . Englewood Cliffs, NJ: Prentice – Hall, 1957.

[125] Slobin D. *The Crosslinguistic Study of Language Acquisition. Vol. 1: the Data* [M] . Hillsdale, NJ: Lawrence Erlbaum Associates, 1985.

[126] Snow C. E. Mother' s Speech to Children Learning Language [J] *Child Development*, 1972 (43) .

[127] Sperber D. , Wilson D. *Relevance: Communication and Cognition* [M] . Beijing: Foreign Language Teaching and Research Press, 1995.

[128] Sperber D. , Wilson D. *Relevance: Communication and Cognition* [M] . Beijing: Foreign Language Teaching and Research Press, 2001.

[129] Tardif, Twila. *Adult – to – child Speech and Language Acquisition in Mandarin Chinese* [D] . Yale University, 1993.

[130] Watson J. *Behaviorism* [M] . Chicago: University of Chicago Press, 1924.

[131] Whitehurst G. , Vasta R. Is language acquired through imitation? [J] . *Journal of Psycholinguistic Research*, 1975.

后　记

2018 年 5 月女儿七岁。我问她想要什么生日礼物，她很认真地提醒我："妈妈，您不是说过要把我小时候说过的话做成一本书送给我吗？"没想到，这个小小的心愿成了我写这本书的初始动力。

我开始着手整理六年的微博记录。当我一遍又一遍重读那些文字的时候，就像隔着时空和岁月对话。女儿成长的每一个瞬间自然而然浮现在我的眼前。我想起女儿第一次叫"妈妈"时的稚嫩；第一次独自走路时的傲娇；第一天上幼儿园时的忐忑；第一天上小学时的欣喜。我庆幸，我没有错过她的每一次成长和蜕变；我庆幸，记录让温情成为永恒。

当我将一本印刷好的《心言馨语》送给女儿时，她的喜悦之情溢于言表。我看着她捧着自己的小书，认真地阅读，时而开怀大笑，时而手舞足蹈。我想，或许我还能做得更好。

直到 2020 年初，我才下定决心开始写《汉语儿童语言发展个案研究》一书。然而，写作的过程并没有想象中那么顺利。在看似杂乱无章的文字记录中找到儿童语言发生和发展的规律让我倍感煎熬。"昨夜西风凋碧树。独上高楼，望尽天涯路"应该是我萧索言尽时的真实写照吧。我一边阅读记录，一边惊叹于女儿的语言创造力，她简直就是一个活脱脱的段子手啊。儿童的言语幽默分析成为这本书的突破口。尔后，儿童各个阶段语言发展的特点、方言与标准语并存的双言现象，以及影响儿童语言习得的因素在我的头脑中逐渐清晰起来。真可谓"山重水复疑无路，柳暗花明又一村"。当我觉得无路可走时，我需要的只是再多走一步的勇气。

历经半年的跌跌撞撞，我终于将书稿完成。从女儿出生到现在，九年的时光已经匆匆溜走。我还会继续为她记录，继续在生活里奔忙，继续享受那些悠闲的陪伴。

杨春梅

2020. 6. 8